帮助孩子从容不迫、健康成长

给孩子的

成长技能书

自信口才书

李正歧 / 主编

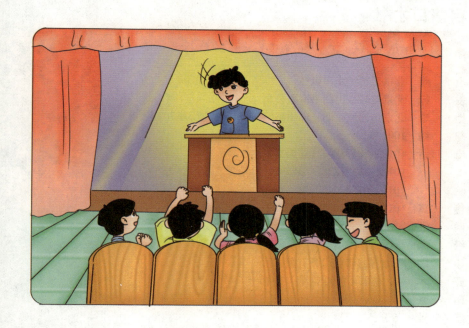

北京工艺美术出版社

图书在版编目（CIP）数据

自信口才书 / 李正歧主编 . -- 北京：北京工艺美术出版社，2023.12

（给孩子的成长技能书）

ISBN 978-7-5140-2681-8

Ⅰ．①自… Ⅱ．①李… Ⅲ．①口才学－儿童读物

Ⅳ．① H019-49

中国国家版本馆 CIP 数据核字（2023）第 144210 号

出 版 人：夏中南　　　策 划 人：杨玲艳　　　责任编辑：王亚娟

装帧设计：宏源设计　　　责任印制：王 卓

法律顾问：北京恒理律师事务所　丁 玲　张馨瑜

给孩子的成长技能书

自信口才书

ZIXIN KOUCAI SHU

李正歧 主编

出 版	北京工艺美术出版社
发 行	北京美联京工图书有限公司
地 址	北京市西城区北三环中路6号　京版大厦B座702室
邮 编	100120
电 话	(010) 58572763（总编室）
	(010) 58572878（编辑室）
	(010) 64280045（发 行）
传 真	(010) 64280045/58572763
网 址	www.gmcbs.cn
经 销	全国新华书店
印 刷	天津海德伟业印务有限公司
开 本	700 毫米×1000 毫米　1/16
印 张	8
字 数	76千字
版 次	2023年12月第1版
印 次	2023年12月第1次印刷
印 数	1～20000
定 价	199.00元（全五册）

成长是美好的、多彩的，也是有烦恼和麻烦的，在孩子成长的过程中会遇到各种问题，有的孩子缺乏自信，有的孩子不懂社交，有的孩子不爱学习，有的孩子无法承受挫折，有的孩子不能管理情绪……

当孩子遇到这些问题时，就需要给予孩子正向的引导，用科学的方法帮助孩子在成长中掌握技能，为孩子未来勇敢面对成长路上的"坑坑洼洼"赋能，帮助孩子不断突破自我，成长为更好的人。

为了提高孩子的综合素养和成长技能，让孩子在成长路上少走弯路，我们根据孩子的认知情况精心编写了这套《给孩子的成长技能书》，本书共包含《自信口才书》《社交能力书》《学习方法书》《抗挫力量书》《情绪管理书》五个分册，每个分册围绕一个主题，每个主题都是孩子成长过程中需要掌握的技能，书中从多个角度阐述成长主题，从不同方向提升孩子的成长技能。

本书以故事的形式代替了枯燥的说教，选择孩子身边经常

发生的成长故事，贴近孩子的实际需求，让孩子在轻松、有趣的氛围中认识学习成长过程中遇到的问题，能够引起孩子的情感共鸣，调动孩子的阅读积极性。本书从孩子的角度出发，在逐步指出问题的同时，提供了切实可行的解决方法，让孩子轻松提高自信和口才，学会社交，找到正确的学习方法，提升抗挫能力，懂得管理情绪，轻松掌握成长道路上的各种技能，帮助孩子健康、智慧地成长。

全书语言生动简洁，通俗易懂，全彩手绘插图，色彩鲜艳，形象生动，让孩子身临其境；版式活泼，栏目丰富，集知识性、实用性和趣味性于一体，可极大地提高孩子的阅读兴趣。

希望这套专门为孩子打造的成长技能培养书，能够悄悄走进孩子的隐秘世界，做真正理解孩子的知心人，陪伴孩子快乐成长，让孩子变得更加优秀。

目录
Contents

NO.1

主动开口，让我显得更自信

新学期开始了，老师分好座位后，秀秀看到自己的同桌是一个小女生，看起来性格挺温和的。秀秀心里七上八下，不知道同桌会不会先跟自己打招呼。但是，令秀秀没想到的是，同桌也在等着她先说话呢！

终于，秀秀想起了妈妈的话："你要主动跟同学说话，这样才能交到更多朋友。"于是，下课铃响后，秀秀鼓起勇气，向同桌伸出右手，用略微颤抖的声音说："你好，我叫秀秀，我们以后互相帮助、
共同进步吧。"同桌一副如释重负的表情，连连回答："你好，我叫小蕾，很高兴和你做同桌。"两人握了握手，都冲对方微笑，然后就开始讨论新买的文具。没过几天，秀秀和小蕾就成了无话不谈的好朋友。

秀秀很高兴自己能交到新的朋友，于是她一有时间就主动找其他同学聊天，她交的朋友越来越多了。

小伙伴们，我们要想与人畅通地交流，心中一定要充满自信。不敢主动开口与别人交流，就是自信心不够强的表现。自信心对我们的成长至关重要，只有建立起自信，我们才能积极地参与各种活动，与他人建立良好的关系。与他人交流多了，我们的口才也会在不知不觉中得到提高。

口才大课堂

有些人为什么不敢主动开口？

❶ 缺乏自信心

有些不敢主动开口的小朋友，未必是缺乏交际技巧，其实根本原因在于缺乏自信心。如果缺乏自信心，就无法正确地评价自己，内心被自卑、畏惧等情绪占据，不敢主动开口与别人交流。

❷ 害怕被嘲笑

有的小朋友虽然没有自卑、畏惧等情绪，却有较多的思想包袱，过于在乎别人对自己的评价，说话前总想着会不会被别人嘲笑。因此，一旦思想包袱重了，也就不敢开口了。

❸ 心怀戒备

有的小朋友从小被爸爸妈妈教导要远离陌生人，以致他们将陌生人与坏人画上了等号。在一些安全且需要与他人交流的场合，他们也会心怀戒备，觉得自己无论说什么，对方都不会善意地回应。长此以往，他们也失去了主动开口的勇气，还越发缺乏安全感。

主动开口为什么很重要？

提升自信心

不敢开口，主要就是缺乏自信心导致的。我们能够克服不敢主动开口这一障碍，自信心也会相应得到提升，以后就不怕跟人交流了。

我们无论是在班集体里生活，还是以后走上社会，只靠自己是不行的，必须有朋友。而朋友也是从陌生人开始通过互相了解而结交的，善于主动开口，就能够为结交更多朋友创造机会。

结交更多朋友

及时得到帮助

有些小朋友由于不敢向陌生人开口，导致在需要帮助的时候，只能手足无措，失去获得帮助的良机。其实，不随便和陌生人说话没有错，但也要看具体情况，在需要陌生人帮助的时候，还是要主动开口，这样才能及时得到帮助。

我来支招儿啦!

大胆开口，你可以这样做

1. 学会心理暗示

很多知名的歌手、演员和演说家等，在表演前都会用心理暗示法来增强自己的信心，如"我很优秀""我一点儿都不紧张"等。我们在向陌生人开口说话时，也可以用类似的方法暗示自己。

2. 学会放松自己

主动开口前，如果感到紧张，就要先弄清楚自己紧张的表现有哪些，是脸红，还是心跳加速？弄清楚之后，就可以有针对性地做一些让自己放松下来的事，如深呼吸等。

3. 寻找对方感兴趣的话题

如果说话时切入点不对，别人就可能不知道该怎么回应你，话题也就难以继续下去。因此，我们在开口前可以先弄清楚对方对什么感兴趣，这样就知道和对方聊什么了。

NO.2

初次见面，我会介绍我自己

　　阿东进入小学后的第一次班会开始了，班主任让大家轮流站起来做一个自我介绍。阿东一听，不由得紧张起来。他一向不喜欢在人多的地方大声讲话，也不清楚自我介绍应该怎么做。这该怎么办呢？思来想去，阿东觉得只能向同学们"取经"了。

第一个站起来的是一个看起来活泼开朗的女生，她用银铃般的声音说道："大家好，我叫贺兰羽，家住庆阳里小区。由于我个子比较矮，大家都叫我'小不点'。没办法，谁让我这么'小巧玲珑'呢！"

同学们发出会心的笑声，课堂气氛顿时轻松起来。贺兰羽继续说："我的爱好是看书和养花，理想是当一名航天员。我会努力学习，实现自己的理想。"说罢，同学们热烈地鼓起掌来。

贺兰羽坐下后，又有多名同学站起来做了自我介绍。阿东在听完这些同学的自我介绍后，也想好了自己要说的内容，紧张的情绪也就慢慢消失了。轮到阿东时，他先是简单介绍了自己的家庭情况，随后重点介绍了自己对海洋科学的热爱，并说自己的理想是当一名海洋学家。他的自我介绍也赢得了同学们的热烈掌声。

进入一个新的群体后，我们的自我介绍要尽量有条有理、落落大方，以便与新同伴之间沟通感情、增进了解。想给大家留下好印象，一次成功的自我介绍是很有必要的。

口才大课堂

成功的自我介绍是什么样子的？

1 尽量体现个性化

成功的自我介绍，要有自己的个性，不能千篇一律。当然，过分追求与众不同也有可能引起大家的反感。所以，我们要尽量用生活化的口语，展现自己的独特之处。

2 自我评价应客观、全面

成功的自我介绍不是夸夸其谈，不会对自己的特点做过分的夸张，否则可能引发别人的反感。最好介绍自己的爱好、特长、理想等内容，使大家对自己有一个比较全面的了解。

3 简明扼要

自我介绍要尽可能全面，但又不能太啰唆，没有必要将自己的履历从头到尾说一遍，而是要用精练的语言展现自己的闪光点。

4 有亲和力和适当的幽默

自我介绍时，语言要尽可能亲切、幽默，避免变成"流水账""白开水"。否则大家听了索然无味，也不会留下深刻的印象。

自我介绍的作用?

社交的钥匙 →

经过自我介绍,可以知道彼此之间的相同点和不同点,因此也就有了交谈的话题。"话匣子"打开了,就可以顺理成章地进行人际交往了。

对于我们来说,有准确的自我认知还真不是一件容易的事。而一个客观、全面的自我介绍,是一次加强自我认知的好机会。

← **加强自我认知**

提升交际能力 →

自我介绍既是对我们自信心的一次考验,也是一次难得的提升交际能力的机会。通过了这场考验,我们在公开场合发言就不会那么怯场了。

我来支招儿啦！

做自我介绍有哪些技巧？

1.巧用名字做自我介绍

每个人都有专属于自己的名字（虽然重名的人也不少），而且大多数名字都有来历，或者有独特的寓意。因此，很多人在自我介绍时会着重对自己的名字进行一番解释，让大家印象深刻，很快记住自己。

2.巧用得体的表情和身体语言

在自我介绍时适当搭配得体的表情和身体语言，能让自己的话更吸引人。

3.自我介绍要有逻辑

我们做自我介绍时，一定要注意有先有后、条理分明。比如先介绍家庭情况，再介绍自己的兴趣爱好，最后介绍自己的梦想，不能东拉西扯、前言不搭后语，否则会让别人产生不耐烦的情绪。

NO.3

练好普通话，交流更顺畅

　　超超刚离开老家，转学到省城的一所小学，普通话还很不熟。由于害怕同学们嘲笑自己的口音，他刚转过来的那几天根本不开口说话，以至于有同学议论他是不是不会说话。超超很苦恼，他觉得这样下去自己彻底没办法融入新环境。

班主任汤老师发现了超超的异常，于是将他叫到办公室询问。超超说出了自己的苦恼，汤老师听后，安慰他说："班里面也有几个同学是转学过来的，他们的情况和你一样，同学们也没有因为他们说话

有口音就嘲笑他们，而且同学们还主动帮他们练好了普通话。所以，你也不用怕，大胆地和同学们说话吧。我相信，在同学们的帮助下，你也能很快说好普通话的。"

汤老师说完，见超超还是有些犹豫，就带着他来到教室，郑重地请同学们帮助超超练习普通话。当超超看见同学们都热情地想要帮自己练习普通话，他彻底放下心来，不再害怕同学们嘲笑自己的口音。后来，超超在同学们的帮助和自己的努力下，很快就学会了标准的普通话。

普通话是大多数中国人都会说的通用语，推广普通话并不是要消灭方言，而是为了消除方言之间的语言隔阂，便于社会交往。我

们要锻炼口才，有必要先掌握标准的普通话，这样到中国其他城市时和人交流也能毫无障碍。

普通话有哪些特点？

1 抑扬顿挫，富有节律

　　普通话的音调高低分明，能增强我们说话时的表现力。普通话各个音节之间有着明确的界限，说起来有一种音乐般的节律感。相信同学们都听过朗诵吧，不借助背景音乐，就能让文字具有抑扬顿挫的音乐美，这是普通话魅力的鲜明体现。

2 音节结构简单，表现力却很强

　　普通话没有其他语言中那些复杂的辅音，直接、清晰，便于理解。同时，普通话还可以运用轻声、儿化音等让表达更准确，表现力更强。

3 语法简单

　　普通话没有英语那样复杂的变化，语法十分简单，很多时候就算语序变换了，也可以准确表达相应的意思。

为什么要练好普通话？

便于交流

虽然我们现在还是小学生，跟各式各样的人交流的机会不多，但是如果不掌握标准的普通话，等我们以后走到其他城市，就可能无法与当地人进行交流，有再好的口才也施展不出来。所以，必须从现在开始就练好普通话。

一些方言有前舌音、后舌音不分等特点，与其他地方的人交流时，就可能互相听不懂对方在说什么，甚至会产生不必要的误会。如果双方都会说普通话，就可以进行流畅的交流了。

避免误会

有利于知识的传播

在中国，科技与文艺等方面的成果，一般都用规范的普通话表达，这可以尽量避免歧义的出现，更有利于知识的传播。我们要想获得准确无误的知识，也需要掌握好普通话。

我来支招儿啦！

怎样才能练好普通话呢?

1. 让爸爸妈妈"以身作则"讲普通话

我们正处在模仿能力最强的年龄段，爸爸妈妈如果说标准的普通话，并频繁用普通话与我们进行日常交流，我们就能轻松学会标准的普通话。所以我们要想练好普通话，就可以让爸爸妈妈多和我们说普通话。

2. 时刻提醒自己讲普通话

可以让爸爸妈妈或同学时刻提醒自己说普通话，或者在家里显眼的位置贴上"请讲普通话"的标志。

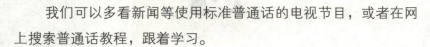

3. 跟着电视节目或普通话教程练习普通话

我们可以多看新闻等使用标准普通话的电视节目，或者在网上搜索普通话教程，跟着学习。

4. 进行正规普通话培训

如果自己学习普通话的难度比较大，就可以去参加正规的普通话培训。例如，可以参加小主持人培训班等，请那里的老师对我们进行正规的普通话培训，其效果往往立竿见影。

NO. 4

善于模仿，让我练出好口才

　　李华是个很聪明的孩子，学习成绩在班级里名列前茅。但是他口才不好，很羡慕那些伶牙俐齿的同学。于是，他下定决心训练自己的口才。

　　李华的妈妈是一位电视节目编导，电视台时常制作一些专家讲座、名师演讲等节目。
李华就让妈妈带自己去，
自己要学习这些专家和名
师的口才。妈妈担心影响
他的学习，一开始并不同
意。但耐不住李华的软磨
硬泡，妈妈也觉得这是一
个改变孩子性格的机会，

于是跟台里领导打好招呼，带着李华去了。

　　此后，每当有类似的活动，李华就第一个拿着笔和笔记本
坐到台下，认真观察台上的演讲者如何辩论、如何做手势，还
有如何与观众互动、如何调动观众的情绪等。他一边看、一边
记笔记，回到家里就对着镜子模仿。经过长期的训练，李华成
了一个口若悬河、能言善辩的人。

　　一个人的口才是可以训练出来的，在青少年时期就进行训练，
会起到事半功倍的效果，而且能对人的一生产生深远影响。模仿伶
牙俐齿的人讲话是训练口才的一条有效路径。

口才大课堂

怎样模仿才不算"鹦鹉学舌"？

1 理解模仿的本质

我们的成长离不开模仿，很多知识和技能都是在模仿的基础上学到的。但是模仿并不是简单地复制别人的言行，而是要通过认真观察，将模仿对象的特点和精髓吸收过来并进行适当的改进。

2 保持自我风格

在模仿的过程中，我们需要保持自己的个性和风格，不能完全照搬模仿对象，而是要吸收模仿对象的优点，并将其融入自己的风格之中。

3 要在模仿中超越

在模仿时，模仿对象的语气、语速、动作、表情等方面都是我们的典范。模仿初期当然是越像越好，但当我们的模仿有了一定的成效后，就要努力在模仿中创造，力争在模仿中超越对方，这也是模仿的最终目的。

锻炼口才为什么要模仿他人?

人生处处需要模仿

从牙牙学语到蹒跚学步，从模仿家庭成员说话到模仿老师朗读……我们时刻对他人进行模仿，同时自己也得到相应的提高。可见，模仿他人是一种必要的学习手段，训练口才自然也不例外。

取长补短

模仿口才方面有专长的人，我们就能看到对方的长处，发现自己的不足，长时间模仿就能取长补短，并在模仿中逐渐有自己的创造。

模仿是成功的捷径

很多口才出众的人，其口才是经过长期摸索、练习、总结、锻炼出来的。我们对他们进行模仿，就可以在短时间内吸收其精髓，从而找到训练口才的捷径。

19

我来支招儿啦!

怎样通过模仿锻炼口才?

1. 模仿朗读

朗读是一种非常有效的口才训练方法。大声朗读,可以使我们口齿清晰、发声准确,也有助于我们充满自信、大胆说话。我们要想掌握朗读的诀窍,就有必要对他人进行模仿:模仿老师、模仿善于朗读的同学等。我们还可以请爸爸妈妈慢读文章,我们跟着读,这样一来爸爸妈妈能够发现我们吐字、表情等方面的不足之处,及时予以纠正。

2 模仿声音

有的小朋友说话含混不清、磕磕巴巴、语调异常或声音很小，会被认为是天生的。其实不然，这些情况很多时候是缺乏训练的结果。我们可以录下优秀的对话、辩论或演讲片段，模仿其速度、语调、声音等练习说话，也可以将自己说的话录下来，重复听或与优秀片段进行对比，查漏补缺。

3. 模仿绕口令

绕口令是一种特殊的语言艺术，能够锻炼口才、增强记忆力，还能培养反应能力。我们可以让爸爸妈妈教我们一些绕口令，也可以找到有关的相声片段，模仿相声演员说绕口令。

4. 对比反思

将自己的模仿练习与"原版"进行对比，找出差距，并思考如何提升自己的语言水平。可以从用词、语调、语气、表情等方面进行反思和改进。

5. 交流互动

与家人、朋友或老师分享自己的模仿练习，听取他们的反馈和建议，进一步提升自己的语言表达能力。也可以通过角色扮演、演讲、朗读等形式，锻炼口才。

NO.5

好口才还可以"打"出来

诺一是一个性格有些孤僻的孩子,在学校也没有什么朋友。爸爸想方设法让他跟别人交流,但是没什么收获。思来想去,爸爸想了一个办法:让人给诺一打电话,以此提升他跟人交流的能力。于是,爸爸立即联系了诺一的二姨,"借"她的儿子浩洋来给诺一打电话。

周日，爸爸妈妈出去逛超市，让诺一在家写作业。他们一出门，电话就响了。诺一本来想不接，但是电话一个劲儿地响，诺一只好拿起电话没好气地说道："喂，你好，我爸

爸妈妈不在家。"话筒里的人说："是诺一吗？我是你的表哥浩洋啊。"诺一说："你有什么事？没事我就挂了。"浩洋说："我听说你在学习奥数，想向你请教几个问题。"

诺一对别的根本不感兴趣，只喜欢数学，他的数学水平远超同龄人，因此，根本没有朋友跟他交流数学问题。没想到，表哥竟然也喜欢数学。他不知不觉地打开了话匣子，跟表哥讨论了一个小时。到最后，他还依依不舍地和表哥说了再见，约定下次再打电话交流。浩洋说："我正在准备中考呢，下次我让我的朋友给你打吧，他们都是数学爱好者，不同年龄的都有，你要记得接电话啊。"诺一答应了，之后果然有很多人给他打电话，诺一接电话时话越来越多，后来还参加了表哥组织的聚会。

爸爸妈妈惊喜地发现，因为有了一些志同道合的朋友，诺一的性格有了很大的改善，他的笑容多了起来，还时常主动跟爸爸妈妈交流自己跟朋友聚会的情景呢！

我们不要小看接打电话这种小事，运用好了也是我们提升口才的有效手段。在电话里与人交流，避免了见面的尴尬，让一些不善言谈的小伙伴有了表达的机会，进而使其口才得到有效的锻炼。

打电话如何做到简洁明了？

1 先厘清思路再讲话

我们要想讲清楚一件事，就要先厘清思路，然后按照事情发展的顺序来讲，这样才容易让对方听明白。

2 说话要挑重点

很多无关紧要的事，并不适合在电话里讲，以免耽误对方的时间。因此，我们打电话时要挑重点来讲。

3 不要讲得过细

如果想要向对方倾诉，可以选一个合适的时间面谈。在电话里，我们不必说得那么详细。

接打电话有哪些基本礼仪？

注意礼貌用语

接电话时，要注意使用礼貌用语，如"你好""请问""请稍等"等，不能用"你是谁啊""你有什么事啊"之类的话一个劲儿地追问对方；请对方帮忙转告时，要表示感谢；在接电话途中有紧急事情插入时，要向对方致歉，并说"请稍等"，再用手捂住话筒，以免影响对方。

给不认识的人打电话，需要先做自我介绍，然后再说打电话的意图，以免对方疑惑。

注意自我介绍

不要影响别人休息

打电话的时间尽量不要太早，以免对方还没起床；不要选在吃饭的时候，以免影响对方用餐；也不要时间太晚，以免影响对方休息。

25

我来支招啦！

电话里说什么，对方喜欢听？

1. 说话要让别人有参与感

打电话时不能一直说自己的事，那样会让对方失去兴趣。正确的方式是让对方也有参与感，例如让对方说说自己的事情或参与到话题中来。

2. 重点说对方感兴趣的话题

如果打电话时对方不回应，我们就要停下来，询问对方是不是对这个话题不感兴趣，我们要尽量选择对方感兴趣的话题。

3. 自己说话的时间不能太长

如果自己长时间说话，对方就会失去兴趣。所以，我们说一会儿话就要停一停，咨询对方的意见，问一问对方的情况。

4. 倾听对方的感受

如果对方有一些感受或情绪，如高兴、悲伤、愤怒等，我们可以倾听并回应对方的感受。这将让对方感到被理解和支持。

NO.6

做同学中的"故事大王"

秋雅从小就格外爱听故事，天天缠着爸爸妈妈给她讲各种各样的故事。爸爸妈妈给她讲完之后，还会耐心地询问她是不是听懂了，如果她没听懂，爸爸妈妈就会再给她讲一遍，直到她听懂为止。后来，爸爸妈妈让秋雅用自己的话把她听过的故事讲给爸爸妈妈听。等到秋雅能自己读书了，妈妈买来很多精彩的故事书，让秋雅在学习之余广泛阅读，并鼓励她讲给爸爸妈妈听。时间一久，秋雅的小脑袋里储藏了很多有趣的故事，爸爸妈妈时常被她的故事逗得哈哈大笑。

　　在学校里，秋雅也经常给同学们讲故事，俨然成了班里的"故事大王"，并被同学们选为班里的文艺委员。到了班会、晚会等场合，她更是成了"压轴演员"，同学们都很期待她讲的故事、编的相声和小品等节目。秋雅乐观开朗的性格鼓舞了很多内向的同学，让他们的性格也逐渐变得开朗起来。

　　讲故事是锻炼口才的好办法，特别是将故事讲给同学们听，既增进了同学间的友谊，又提升了我们的口才和交际能力，可谓一举两得。因此，小伙伴们快点多读书、多记笔记，争取成为"故事大王"吧！

口才大课堂

 讲故事对我们有哪些帮助?

1 锻炼表达能力

将一个故事讲得生动有趣,可不是一件容易的事。我们努力让故事变得生动有趣的同时,也是在潜移默化地培养自己的语言表达能力。

2 锻炼逻辑能力

讲故事和我们日常说话有着较大的差异,需要有条理性和逻辑性。我们在整理故事、讲述故事的同时,自己的逻辑能力也会得到一定的提升。

3 提升自信

在同学或老师面前公开讲故事,需要一定的勇气。得到听众的赞许,有助于我们获得成就感,提升自信。善于在人前讲故事,有助于我们养成乐观开朗的性格。

4 提高作文水平

讲故事的同时,我们的词汇量、遣词造句的能力等都会得到提升,作文水平自然也会得到提升。

如何培养讲故事的能力？

复述故事

所谓复述故事，就是听完、读完故事后，用自己的话再讲一遍。在复述的过程中，我们还可以用自己的语言对故事进行整理加工，融入自己的思考和理解，赋予故事新的面貌。这是一个再创作的过程，对于培养我们的口才很有好处。

描述事物

用自己的语言描述事物，就相当于一次"口头作文"。在没有进行太多的准备和思考的情况下，被爸爸妈妈或老师要求口头描述事物，这就是比复述更进一步的自由发挥，能够全面地锻炼我们的口才。

多阅读

想要当"故事大王"，日常积累故事是必不可少的。这就需要我们广泛阅读、勤记笔记，这样才能有充足的故事积累，成为一个小小的"故事宝库"。这样一来，不管什么时候需要讲故事，我们都能信手拈来，"故事大王"的宝座不就十拿九稳了吗？

我来支招儿啦!

怎样讲好一个故事?

1. 把握好细节

一个故事,就算开头吸引人、结尾出人意料,但如果不注重细节,中间漏洞百出,也会破坏故事的完整性。所以,我们必须重视故事的细节,使故事逻辑完整、前后照应,这样才能让听众感觉回味无穷。

2. 注意语气和肢体语言

讲故事时,如果只是机械复述,那好故事的吸引力也会大打折扣。所以,我们讲故事时一定要注意语气的灵活转变、抑扬顿挫,与故事情节互相配合,让听众不由自主地进入情境之中。同时,配合着故事情节,我们也可以做一些恰如其分的肢体动作,让故事更加生动有趣。

3. 调整语速、语调和情绪

我们讲故事时,要适时调整语速、语调和情绪,让观众感受到故事节奏的变化,保证故事的重点、情感和张力得到更好的表现,并准确地传达故事的主题。

NO.7

有感情地朗读文章不丢人

一天，语文课开始了，张老师一走上讲台就问："同学们，我上节课让你们每人准备一篇自己喜欢的文章，都准备好了吗？"同学们齐声答道："准备好了！"张老师很满意地说："那我可就要抽查了。小天，你来朗读吧。"

小天捧着笔记本站起来，大声说道："我要朗读的文章是《丰碑》。"接着，他开始用清脆而有节奏的声音朗读起来。这篇文章描写的是红军在冰天雪地中行军，一位军需处长把棉衣让给战友，而自己被

冻死的故事。读着读着，小天的眼眶开始湿润起来，声音也不由得哽咽了。同学们注意到他的异样，不少人开始轻声笑起来。但是，小天并不在意，继续朗读。读到"他就是军需处长……"一句时，小天再也无法抑制自己的感情，眼泪夺眶而出。一些同学笑出了声，小天依然充满感情地朗读完了全文。

张老师严肃地说："同学们，小天的朗读声音洪亮、感情充沛，是大家学习的典范，大家为什么要笑呢？我们应该为他鼓掌，向他学习。"于是，同学们热烈地鼓起掌来。

有的小朋友觉得有感情地朗读文章显得夸张，甚至认为很好笑，这种想法是不可取的。我们必须学会有感情地朗读文章，这样

能让我们体会到文章真正的美，也能锻炼我们的口才，更能提升我们的自信心。

口才大课堂

在朗读文章前要做好哪些准备？

1 预习文章

在朗读文章之前，先预习一下文章内容，了解文章的结构和重点，这样可以更好地掌握文章的意义和语境。

2 概括主题

我们在朗读前，要概括出文章的主题，明白作者的思想、主张、态度，这样我们在朗读时才能知道应该采用哪种情绪。

3 了解文章的背景

了解文章的创作背景，就能够更好地了解作者的创作意图，从而更深入地理解文章的内涵，丰富自己的感受。

4 分清文章的主次

一篇文章，不同的段落、语句都包含着作者的思想情感，有的情节作者会重点刻画，有的则一笔带过。分清了主次，我们朗读时就知道在哪些部分应该处理得更有感情，哪些部分应该适度控制感情。

为什么要有感情地朗读文章？

加强记忆

有感情地朗读文章，可以让我们更深入地理解文章，通过反复朗读还可以帮助我们更好地记忆文章内容，加深对文章的理解与体会。

当我们朗读时，通过使用适当的语调、音量、节奏和情感表达，可以使文章更加动人，让听众更容易获得美的享受和情操的陶冶。

使文章更动人

提升我们的口才

有感情地朗读文章，可以提高我们的语言表达能力。同时，有感情地朗读文章需要我们在朗读时注重语气、语调和停顿，进而锻炼我们的语感，使我们掌握语音、语调和语气的变化，能够更加自信和流畅地进行表达。

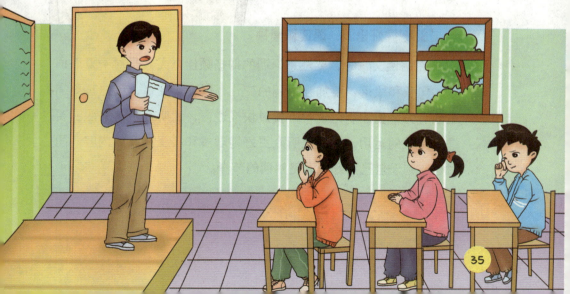

我来支招儿啦!

朗读文章有哪些技巧呢?

1. 合理运用气息

朗读时学会运用气息,就能够更好地控制自己的声音。若不会运用气息,我们可能在朗读初期比较从容、有气势,后期声音就会越变越弱,最后出现声嘶力竭的情况。因此,我们朗读时必须合理运用气息。

2. 注意发音

在朗读文章时,要注意发音的准确性,特别是对于生僻字、外来词和专业术语,要先了解其正确的发音,以免出现误读或误解。

3. 把握好语调、语速和停顿

在朗读文章时,要注意语调的抑扬顿挫,尤其是对于重点词语、句子和段落,要加强语调的变化,以突出重点,使语言更加生动有力;要控制语速,不要过快或过慢,让听众听得舒服;要注重停顿的运用,以便让听众更好地理解和接受文章的内容,同时也有利于自己更好地调整朗读的节奏。

NO.8
肚子里有"墨水"，说话有水平

　　庆恩平常话不多，很少成为教室里"课间百家讲坛"的中心。他喜欢在一旁听同学们高谈阔论，偶尔插一句话，也没有引起大家的注意。

　　这一天课间，庆恩后桌的丁冬和小龙讨论起了恐龙并引发了争执。小龙说:"翼龙是恐龙里的'飞行家',它们的飞行能力很强。"丁冬说:"翼龙不是恐龙,根本就没有会飞的恐龙!"小龙不服气,他见庆恩正看着他俩,像是找到了救星,便说:"庆恩,你来评

评理!"庆恩说:"翼龙确实不是恐龙。"丁冬一听,立刻得意地比了个"耶"的手势。庆恩继续说:"其实丁冬说的也有不对的地方,并不是所有的恐龙都不会飞,像在我国辽宁省发现的顾氏小盗龙,就长着四个翅膀,能在树间滑翔,短距离飞行的能力不比翼龙差。"

接着,庆恩又讲了很多关于恐龙的知识,讲得条理清晰,又很有逻辑,丁冬和小龙听得完全入了神。庆恩讲完后,丁冬感叹道:"庆恩,你讲得太好了,没想到你知道得这么多!"庆恩说:"我只是喜欢读各种各样的书而已。"丁冬说道:"能把你的书借给我看看吗?"庆恩说:"好啊,明天我就给你带来。"第二天他就把书拿来借给了丁冬。

在这之后,庆恩常常在大家的请求下讲恐龙、讲历史、讲宇宙,成功跃居"课间百家讲坛"的"讲师"之位。

　　我们就算训练出滔滔不绝的口才，但如果没有丰富的知识积累，说出来的话也会枯燥无味，别人也不愿意听。我们在与小伙伴的交流中，可以凭借肚子里的"墨水"成为大家瞩目的焦点，可见我们必须重视知识的积累。

好口才为什么要以知识为基础？

1 好口才需要表达出思想和见识

　　如果我们的大脑里没有思想和见识，要么无话可说，要么说出来的话空洞无味、缺乏内涵。一个心灵苍白、头脑空洞的人，就算掌握再多的说话技巧，也不会有好口才。

2 没有知识会缺乏词汇量

　　有的小朋友看起来口若悬河，其实仔细听就会发现他翻来覆去都在说差不多的话，而且使用的词汇是非常匮乏的，让人觉得索然无味。有了充足的知识积累，才能有丰富的词汇量，这样说起话来才能吸引听众。

如何培养阅读习惯？

把兴趣放在第一位

我们如果没有阅读兴趣，是无法真正将书读进脑子里的。所以，必须先培养自己的阅读兴趣，可以先读一些自己感兴趣的书，再慢慢"征服"其他领域的书。

在学校里，我们要努力参与关于书籍的讨论，这样就能从中获得成就感，激励我们继续读书、读更多的书。

和大家讨论书籍

挤出时间阅读

阅读是一件理应伴随我们一生的事情，不管学习多忙，也要挤出一定的时间阅读，这样阅读就会渐渐变成我们生活的一部分。

我来支招儿啦！

阅读有哪些诀窍？

1. "不动笔墨不读书"

俗话说："好记性不如烂笔头。"不记笔记，我们可能读了很多书，但记住的东西却不多，等到要用的时候也想不起来了。因此，我们读书时一定要做笔记，以此加强我们的记忆，这样也能让我们对书的内容反复琢磨、加深理解，需要用的时候就能"出口成章"。

2. 让经典影视剧、动画片来"搭桥"

学习之余看一看经典影视剧、动画片是一种不错的消遣。这些节目很多都是根据小说改编的，我们可以有意识地搜索原著，跟节目对照着看，这样就容易喜欢上读书，养成阅读习惯。

3. 由浅入深

阅读是一个长期的过程，不能急于求成。我们要根据自己目前的阅读水平选择相应的图书，不能一下子就去读比较深奥的著作，而是要由浅入深、循序渐进。

4. 提高阅读速度

提高阅读速度可以更快地获取文本信息。我们可以通过读一些简单的、符合自己阅读水平的书籍来提高阅读速度。还可以尝试阅读一些自己感兴趣的文章，也有助于提高我们的阅读速度和阅读兴趣。

5. 提高理解能力

阅读不仅需要快速读取信息，还要理解和分析书籍、文章的内容。我们可以通过问自己一些问题来提高自己的理解能力，比如"这个故事讲了什么？"或者"这个人的性格是什么样的？"等。

6. 善于找重点

掌握重点信息可以提高阅读的效率，帮助我们更好地理解文章。我们可以通过关键词、标题和章节名来找到文章的重点，以此更好地理解和分析文章内容。

不做没礼貌的"小怪兽"

NO.9

鲁强爱打篮球，他个子高，打得还不错。按理说，这样的小学生应该很受欢迎，而鲁强却得到一个"小怪兽"的外号。这是怎么回事呢？看下面这件事就知道了。

有一次，鲁强正在和宋焱几个人一起打篮球，球一下子砸到篮筐，竟然飞到篮球场的铁丝网外面了。当时，有一个其他班的同学正站在铁丝网外，鲁强高声说："喂，赶紧把篮球给我们扔进来！"那位同学白了他一眼，假装没有听见。鲁强火了，立刻就要冲出去和他理论。宋焱一

把拉住他，然后对铁丝网外面的同学说："对不起啊，同学，我朋友说话有点儿冲。能请你帮忙把球丢进来吗？"那位同学的表情这才缓和下来，捡起球丢进了场内。

看到这样鲜明的"区别对待"，鲁强心里有了一些触动，他对宋焱说："大家都叫我'小怪兽'，我一直没当回事。看起来，我以后跟人说话也必须讲礼貌。"宋焱笑着说："你现在知道这一点还不晚，我也会帮你改正的。"

很多小朋友有着不错的口才，能够滔滔不绝地"推销"自己，但是他们说话时不讲究方式方法，没有做到基本的礼貌，因此容易得罪人，还会给其他同学留下自吹自擂、不懂礼貌的坏印象。可见，我们不仅要有口才和自信，还要学会礼貌待人。

 哪些话是不礼貌的？

① 不雅的话

　　脏话、讽刺人的话、不雅的口头禅等都是不礼貌的，我们要避免这类语言。影视剧与网络中充斥着这类语言，我们要懂得甄别，不要被其熏染。

② 带"刺"的话

　　有些话看似幽默，其实是建立在别人痛苦之上的，这类讽刺人的话是很不礼貌的。此外，"你知道吗""喂""这都不知道吗"之类的话，都会让听者产生不悦的感觉，一定要注意不说这类语言。

③ 命令式的话

　　有的人习惯用命令式的话语和别人交流，或许并不是有意不礼貌，但听的人却会心里不舒服。例如，想请人教自己学习，说："喂，快告诉我这道题怎么做啊？"对方见他不礼貌，即使知道也不会教他。如果他这样说："你能告诉我这道题怎么做吗？"结果就会大不一样了。

为什么要讲礼貌？

礼多人不怪

礼貌可以拉近双方的距离，使沟通更加顺畅。这一点在我们向别人求助的时候最为明显，将心比心，没有人愿意帮助一个不讲礼貌的人。所以，我们向人求助时必须使用对方乐意接受的称呼、致谢语，并注意语气、动作等。

中国是礼仪之邦，文化中有着深厚的礼仪底蕴。因此，我们成为彬彬有礼的小淑女、小绅士，更容易被社会所接纳，成为受欢迎的人。

讲礼貌更受欢迎

礼貌是有修养的体现

在人际交往中，礼貌能够滋润人际关系，营造和他人融洽的沟通气氛。我们日常生活中讲礼貌，不仅能够给予他人尊重，也能将自己的内心修养外化，给人留下良好的印象。

我来支招儿啦！

要怎样做一个懂礼貌的小学生？

1. 尊重他人

尊重老师、同学、家人和遇到的每一个人，礼貌地对待他们，不要说伤害他们的话或做出不尊重他们的行为。

2. 关心他人

关心他人，乐于助人，帮助他人解决问题，尽可能为他人提供支持和帮助。比如，给孕妇让座，扶老奶奶过马路等。

3. 注意言行

注意自己的言行举止，不要说脏话或做出不文明的行为，保持文明礼貌。

4. 会用礼貌用语

常用的礼貌用语还是很多的，比如：初次见面说"您好"；问人姓氏说"贵姓"；慰问他人说"辛苦"；请人接受说"笑纳"；客人到来说"欢迎"；客人入座说"请坐"；看望别人说"拜访"；中途先走说"失陪"；请人勿送说"留步"；请人批评说"指教"；求人解答说"请问"；请人指教说"赐教"；托人办事说"拜托"；麻烦别人说"打扰"。

NO. 10

不当针锋相对的"小刺猬"

小学五年级的孙清，一直是个伶牙俐齿的孩子。不论别人说什么，他都插得上话，而且能迅速将自己变为交谈的中心。久而久之，孙清更加能说会道，但也染上了一个坏习惯——无论别人说什么，他都要发表一些不一样的见解。

这天放学回家，爸爸正在看电视剧《西游记》，孙清就坐下来一起看，边看边发表自己的看法。当看到孙悟空被唐僧赶走时，孙清生气地说："唐僧真笨，都看不出白骨精是妖怪！"爸爸立马回答说："唐僧是个凡人，又不会法术，当然看不出她是妖怪。"过了一会儿，孙清又说："孙悟空在花果山多自在，还回去救唐僧干什么！"爸爸反驳说："唐僧是孙悟空的师父，师父有难，孙悟空当然要回去救他。当初孙悟空被压在五行山下，不就是唐僧救出来的吗？"这天晚上，无论孙清说什么，爸爸都针锋相对地和他辩论。爸爸的知识和见识比孙清广多了，孙清怎么辩论得过他呢？只能一次次以哑口无言告终。

快要睡觉了，孙清终于忍不住了，他委屈地说："爸爸，你今天晚上为什么总是反驳我？这让我觉得很不舒服。"爸爸说："你平常反驳我时，我也是这样的感受啊。你的那些朋友跟你聊天时，你的回应跟我今晚的表现差不多，你想一下他们会是什么感受？"孙清露出若有所思的表情。爸爸这才说："我之所以反驳你，就是为了让你感受一下被针锋相对的感觉。"孙清日后果然改正了很多。

在我们逐渐产生自我意识后，就容易发生与他人针锋相对的情况，目的是凸显自己的个性，这算不上什么恶习。但是如果超过一定的限度，就可能引起他人的反感。

总与别人针锋相对有什么弊端？

1 容易让谈话陷入僵局

总与别人针锋相对，不肯妥协，就会让谈话双方难以达成共识，使谈话陷入僵局，导致双方不欢而散甚至"大动干戈"。

2 失去朋友

针锋相对地与别人对抗，会让自己失去很多朋友，毕竟谁愿意与意见不合的人多交流呢？这样，双方的共同话题慢慢就会变少，友情也会慢慢消失。

3 让自己心态失衡

总是针锋相对地与别人对抗，会让自己的心态失衡，可能会变得更加易怒、焦虑和紧张，甚至会出现心理问题。

为什么有的小朋友喜欢与别人针锋相对?

独立思维的表达

在信息时代，小学生很容易接触到各种各样的信息，见识也会日益广博。而且，一些小朋友处在自我意识逐渐萌发并增强的年纪，所以迫切地想要表达和他人不一样的见解，就容易与别人针锋相对。

小学生正处在思想意识的发展阶段，自制力相对较弱，所以表达自己的意见时很难做到收放有度，也容易出现与别人针锋相对的情况。

不懂得收放有度

想获得注意和赞赏

有些小朋友可能感到自己没有得到足够的认可和关注，因此他们试图通过与别人针锋相对来吸引别人的关注，从而获得满足感。

我来支招儿啦！

如何改掉与别人针锋相对的习惯？

1. 学会控制情绪

有时候我们跟父母、老师、同学顶嘴，未必是发自内心的，而是当情绪上来时无法控制自己，才"借题发挥"。所以，我们要反省自己，学会控制情绪。例如，在感觉自己快要发脾气时，忍耐一段时间再开口，情绪就可能缓解不少。

2. 跳出长辈的"温柔陷阱"

有的小朋友之所以喜欢与别人针锋相对，其实都是长辈娇惯出来的，使这些小朋友完全以自我为中心，不将任何人放在眼里。如果我们的长辈也对我们过于骄纵，我们就要有所警惕，不能纵容自己肆意顶撞别人。

3. 以优秀的人为榜样

有些人与他人交谈时，既不冒犯别人，又不委屈自己，这就需要很高的语言技巧的。对于这类人，我们要抱着学习的态度，虚心学习他们的语言技巧，弥补自己的不足。

NO.11
做错事，我会说"对不起"

　　星期一早晨，阿成迟到了五分钟。到了教室门前，王老师已经开始上课了，阿成撒谎说："妈妈昨天让我练小提琴，练得太晚了，所以今天起晚了。"王老师让他回到自己的座位，就继续上课了。

53

放学后，阿成回到家里，妈妈问："我昨天晚上让你练小提琴了？"阿成没想到王老师会给妈妈打电话，羞愧得满脸通红，说："我早上迟到了，害怕挨批评就撒了谎，对不起。"妈妈说："你是不是也应该跟王老师道个歉？王老师打电话是建议我别让你练琴练得太晚。不过我没有提你撒谎的事，你不道歉，她是不会知道你撒谎的。你准备怎么办呢？"阿成说："王老师这么关心我，我不能欺骗她。"妈妈听后开心地笑了。

第二天，阿成早早地来到学校，到办公室找到王老师，诚恳地道了歉。王老师说："知错就改就是好孩子，回去准备上课吧。"

我们锻炼口才，可不是为了在犯错之后为自己狡辩的。犯了错误，我们要及时道歉，这样并不会影响我们伶牙俐齿的形象。当然，道歉也是需要一些技巧的，掌握这些技巧可以提升我们的表达能力和交际能力。

 做了哪些事时需要道歉？

1 影响到别人

在学校或班级里打闹或吵架，影响到其他同学或老师的学习、休息或工作时，需要道歉；如果不小心打到别人甚至弄伤别人，更需要诚恳地道歉或赔偿。

2 说了不该说的话

在与别人交流时说了不该说的话，使用了不礼貌的语言或态度，或者引起了不必要的争执或不愉快时，需要道歉；如果情急之下撒了谎，事后也要向别人道歉。

3 破坏别人的物品

不小心损坏了别人的物品，如衣服、书本或玩具，需要赔偿和道歉。

4 未完成自己的任务

老师或爸爸妈妈交给我们的任务，我们因为自己的原因没能完成，需要及时道歉。

一句"对不起"会产生哪些作用？

避免再次犯错

一些小朋友在犯错之后不肯道歉，通常是因为根本不觉得自己有错，于是下次再犯错的概率就很大。而能够诚恳道歉的小朋友，往往会从中吸取教训，下次再犯的概率就小多了。

很多时候，矛盾只是一些小事引发的，只要犯错的一方说句"对不起"，争执可能就不会发生。但是，有的人觉得道歉会让自己显得"卑微"，因此坚决不肯道歉。这样一来，小事也可能引发难以想象的恶果。可见，及时道歉能避免更大的冲突。

避免更大的冲突

降低我们的心理负担

一句简单的"对不起"，能够减轻我们的内心负担，还能减少我们因过失产生的烦恼。

怎样道歉更有效？

1. 大大方方承认错误

如果我们表面上在道歉，实际上还是想方设法为自己找各种借口，这种不情不愿、表里不一的道歉，很难起到作用，反而会让对方怀疑我们的诚意。因此，既然决定要道歉，就要大大方方承认错误，让对方看到我们的诚意。

2. 诚心诚意弥补错误

给别人造成损害后，我们要及时道歉，进行补偿，尽量弥补对方的损失。这样既能获得对方的信任，又能挽回自己的声誉。

3. 送上一些小礼物

有时候，双方的矛盾并没有到水火不容的地步，我们可以送上一些别致的小礼物，让对方感受到我们道歉的诚意，这样会取得出其不意的效果。

4. 认真倾听对方的反馈

当对方表达他们的不满或痛苦时，我们应该认真倾听他们的反馈，尽可能地理解他们的感受。

说"不"是成长·必修课

娜娜从小就是个听话、懂事的孩子，邻居时常夸奖她乐于助人。

一个周末，娜娜回到家，一下子瘫倒在沙发上，不说话也不动。妈妈看到她这个样子，问道："娜娜，你怎么了，怎么看起来这么累啊？"娜娜说："今天我在康康家玩，他的爸爸买了一堆白菜，我帮忙搬白菜了。"妈妈问："搬了多少？"娜娜说："好多呢，我一共搬了十几趟。"妈妈说："你想帮忙搬吗？"娜娜说："我有点儿不想搬。"妈妈问："你为什么不拒绝呢？"娜娜一脸为难地说："我不好意思开口。"妈妈说："娜娜，乐于助人是好事，但是也要看情况，像今天这种情况你就可以拒绝。"娜娜说："可是我不知道怎么说呀。"妈妈说："你可以这样说，'叔叔，我是小女孩，力气小，可以帮忙清扫一下地面、擦一下桌子。这些白菜您可以找大人帮忙搬一下吗？'"娜娜一脸恍然大悟的表情，说："妈妈您太厉害了，这样一来既拒绝了康康的爸爸，又给他留了台阶。"

　　不懂拒绝，就容易变成"逆来顺受"的人，对我们的成长是不利的。但是如果拒绝别人时太过生硬，会导致对方心怀不满，影响人际关系。所以，我们既要懂得拒绝，也要给对方留台阶，拒绝时要婉转、巧妙。

有的小朋友为什么不懂拒绝？

1 害怕破坏双方的感情

有的小朋友害怕拒绝会让对方感到不快，破坏双方的感情，或者让对方觉得自己小气、不拿他当朋友等，从而不敢开口说"不"。

2 原则性不强

有的小朋友缺乏"底线思维"，听到别人的请求，总是一再降低自己的底线，结果丧失了原则。

3 缺乏自信

有的小朋友缺乏自信，觉得不对别人的要求百依百顺，别人就会看不起自己，疏远自己。所以，我们要想学会拒绝，就要培养自信。有了自信，我们就不会因为想要博得所有人的欢心而为难自己。

4 害怕冲突

有些小朋友可能害怕拒绝别人会导致冲突或尴尬，因此宁愿选择顺从别人的请求，避免产生冲突或矛盾。

为什么要学会说"不"？

违心令人痛苦

我们要做一个乐于助人的人，这样也能得到别人的帮助。但是，如果别人的要求我们全都满足，不知道拒绝，难免会有违心的时候。时间长了，我们就可能陷入痛苦、自责之中。还不如提前拒绝那些不愿意做的事，将以后可能遭遇的痛苦拒之门外。

不懂得拒绝的人，时间一长就会习惯性地选择将别人的种种要求都答应，结果只能耽误自己的事情。可见，学会说"不"确实太重要了。

耽误自己的事

维护自身利益

很多时候，别人的请求可能会在一定程度上损害我们的利益，有可能是物质利益，也有可能是信誉、口碑等方面的利益，甚至可能危害我们的身心健康。如果不懂得拒绝，时间长会对我们造成伤害。

水深危险

我来支招儿啦!

怎样婉转地拒绝别人?

1. 语调要温和

拒绝别人时，必须注意礼仪，语调要温和，用商量的语气来拒绝。不能在语气中流露出不耐烦，或是语气生硬，否则可能会让对方对我们产生不满甚至怨恨。

2. 含糊回避

在不得不拒绝，又不想让对方难堪时，也可以使用含糊回避的方式，也就是既不表示同意，也不表示拒绝，例如人们常说的"下次"，就有含糊回避的意味，因为所谓的"下次"到底是什么时候呢? 谁也说不好。对方如果觉察出你的真实意图，就不会继续坚持了。

3. 给出替代方案

如果可能的话，给对方提出一个替代方案，可以让对方不会感到难堪。例如说："不好意思，我非常想参加你们的活动，但我姥姥来看我了，我要回去陪她。如果可以的话，我下次再参加你们的活动。"

NO. 13

说话没逻辑，别人不爱听

　　莫莫是一个活泼的孩子，她很爱说话，每天放学后都滔滔不绝地向爸爸妈妈讲述当天在学校发生的事。

　　这一天，莫莫阴沉着脸回了家，爸爸忙问："宝贝，你怎么看起来不高兴呢？"莫莫说："别提了，今天发生了一件让我难过的事。"

爸爸很紧张："什么事啊？"

莫莫说："今天下午我们班上体育课，我的同桌童磊把脚崴了，下周他还要参加和 2 班的篮球赛呢。童磊是我们班体育委员。老师让我们测试一百米，我在我们组里跑了倒数第一，老师批评我了，其实我是因为肚子不舒服才跑得慢了。童磊原本在他们组跑第一，但是快到终点时把脚崴了。我太难过了，我要回房间去了。"说完她头也不回地进了自己房间，砰的一声关上了门。

爸爸盯着她的房门，一头雾水，自言自语地说："你是因为童磊把脚崴了，没法参加篮球赛才难过，还是因为自己跑了倒数第一被老师批评才难过？"

莫莫的话，就是比较典型的逻辑性不强。她先说了结果，接着开始多线路讲述原因，可是最终也没说明白原因，但在她看来却已经说完原因了。这就会让听者摸不着头脑，觉得很累。

口才大课堂

说话为什么需要逻辑？

1 没有逻辑的话影响表达效果

我们的逻辑能力足够强的话，就能在说话时更有层次。否则就容易啰唆、前言不搭后语，听到的人会感到内心烦躁，不知道我们想表达的到底是什么，严重影响表达效果。

2 没有逻辑，别人记不住我们的话

我们说话没有逻辑，会让对方找不到头绪，根本记不住我们说了什么，一些比较重要的事就无法准确传达给对方，很多时候还会误事。

3 没有逻辑能力影响表达

如果我们有很多想法，却由于缺乏逻辑而得不到及时的梳理，我们也无法好好地表达出来。久而久之，我们就无法"出口成章"，表达就会受到严重影响。

4 没有逻辑，难以推理和思考

如果我们能够正确地运用逻辑，就能够减少思维上的漏洞和错误，从而更准确地分析和解决问题。在做一些重大决定时，逻辑的作用会更加明显。

逻辑思维对我们来说有什么用？

更好地进行表达和沟通

逻辑思维可以帮助我们更清晰地表达自己的想法和观点，让别人更容易理解我们。这对我们与老师和同学交流、与家人沟通、在社会上与他人交往都非常重要。

逻辑思维可以帮助我们更好地分析问题，让我们清晰地认识到问题的本质，激发我们的想象力和创造力，使我们更快地找到解决问题的方法，避免陷入困境或浪费时间。

更好地解决问题

更好地学习

逻辑思维可以帮助我们更好地理解和掌握知识，并将知识运用到实践中，提高我们的学习效率和学习成绩。

我来支招儿啦!

怎样培养说话的逻辑性?

1. 灵活运用连词

我们想要把事物叙述得完整、有条理,有一个小秘诀:灵活利用连词。例如,我们讲话时可以用"首先……其次……再次……最后""先……再……接着……末了"等句式来进行叙述。时间一久,我们脑子里自然就有一定的逻辑性了。

2. 有顺序地表述生活

我们说话时,要习惯性地按照时间顺序、空间顺序等来进行表述,例如对小伙伴讲述自己周末干了什么,就可以说:"我早上去公园跑步,跑完之后背了会儿单词,下午跟着爸爸去动物园看大熊猫,从动物园回来已经傍晚了,晚上我就认真写作业了。"这样讲述条理清晰,每件事都有前后联系,显得很有逻辑。

3. 多阅读优秀的文章

我们平时多读书、多听故事、适当看一些经典影视剧等,并注意这些文艺作品的结构和表达方式,分析它们的逻辑结构和语言结构,这有助于培养我们说话的逻辑性。

4. 养成良好的思考习惯

我们在日常思考时,就要注重分析问题的逻辑性和合理性,不能"嘴比脑子快",而是想想再开口。在大脑中梳理好自己的观点后再说话，我们的话就会显得有逻辑性了。

5. 经常练习

通过模拟对话、辩论、演讲等方式，不断练习语言表达和语言思维，可以提高我们说话的逻辑性。

6. 梳理语言的组织结构

在说话时，可以先建立好一个总体的框架，使句子逻辑连贯，具有完整的结构，这样传达信息才更加清晰。

7. 重视事实依据和证据

我们说话时要注重自己观点的事实依据，不能仅凭主观臆测或者情感理解就下结论，需要通过调查研究、引用权威论据等方式来提高我们观点的可信度。

NO.14

这样插话，才不会让人讨厌

　　小海是一个很喜欢说话的小学生，别人无论是聊学习、聊小说、聊明星、聊游戏、聊足球……小海都插得上话。大家都有所不满，有的小朋友委婉地劝过小海不要随意插话，但自信满满的小海并没有放在心上，依然我行我素。

一个周末，爸爸的同事佟叔叔到家里做客，两人在客厅聊天，小海在桌子上玩积木。只听佟叔叔说："最近新能源车的发展势头很是迅猛啊……"他的话还没有说完，小海就应声说道："我觉得新

能源车没有高铁发展得好，高铁多便利啊！"原来，他把新能源车理解成一种像高铁一样的载客列车了。爸爸抱歉地向佟叔叔笑笑，两人接着谈话。

过了一会儿，佟叔叔说："哥斯达黎加作为世界上第一个不设军队的国家……"小海又插话："哥斯达黎加作为一个非洲国家，经济不发达，所以养不起军队。"这下佟叔叔忍不住笑出声了，爸爸则又羞愧，又恼怒。

到了晚上，佟叔叔走了，爸爸找到小海，语重心长地说："小海啊，你知不知道随便插话是不礼貌的行为？而且，你现在还小，很多事情都不懂呢，随便插话还说错话，多丢人啊！"说完，爸爸又给小海解释了他今天说错的话，小海一下子觉得无地自容。后来，他逐渐改正了随便插话的习惯。

在多人交流时，插话是不可避免的。但是，没有人喜欢自己的话被无端打断，因此，插话时必须讲究技巧，不能不顾及他人的感受，随意打断别人的话并不是口才好的体现，而是没有礼貌的行为。

 随意插话有哪些坏处？

1 容易引起他人的反感

随意插话，显得对正在说话的人很不尊重。久而久之，对方就会对爱插话的人避而远之。最终爱插话的人会成为不受欢迎的人。

2 会被视为"不会说话"的人

很多人随意插话是为了显示自己的口才好，但是结果却可能适得其反，反而会被贴上"不会说话"的标签。真正口才好的人会知道，什么时候该说，什么时候不该说，而不是不分场合、不顾他人感受地乱插话。

为什么有的人爱插话?

炫耀自己 ➡️ 有的小朋友觉得口才好的表现就是多说话,所以要抓住一切机会开口。同时,听到有"共鸣"的话题时,他也想炫耀自己的知识,就会迫不及待地插话。

善于倾听是一种好习惯,也是一种社交礼仪。但是,有的小朋友却没有养成倾听的习惯,觉得双方交流的方式就该是想说就说,想到什么说什么,容易随意插话。 ⬅️ **没有倾听习惯**

感觉被忽视 ➡️ 有时候,两个人热烈谈话,第三个人在一旁长时间听着,就会感觉被忽视,于是希望通过插话引起他人的注意。这种情况在小学生之中是很常见的,有的小朋友习惯于把插话当作表示不满的手段。

怎样有技巧地插话?

1. 在适当的时机开口

别人的谈话正在热烈地进行时,我们可以静静聆听,等到停顿时,就可以适时开口。如果我们想说的话题已经过了,还可以用"你们刚才说的那个话题,我也有个想法"之类的话把话题拉回去。

2. 尊重别人的观点

即使我们对某个话题有自己的看法,也要尊重别人的观点。插话时不要随意将别人的观点全盘推翻,要用商讨的语气提出自己的不同看法。

3. 打断别人前先道歉

如果我们想说话,交谈中的人又丝毫没有语速放缓的意思,且并不是什么重要话题,我们也可以打断他们。但是,在打断前必须道歉,例如说"对不起!我打断一下""不好意思,我也有一个想法"等。

NO. 15
好尴尬，用幽默化解吧

　　一年一度的元旦晚会开始了，小景看着同学们表演着一个接一个的小节目，内心也越来越期待自己上场。原来，她也有节目安排——诗朗诵，并为这个节目做了充足的准备，不过要说完全不紧张，也是不客观的，小景的内心可谓既期待又忐忑。

很快，小景同桌的节目表演结束了，小主持人雅雅说："下一个节目，诗朗诵《成长如歌》，作者、表演者，小景。"在同学们的掌声中，小景快步走向讲台。没想到，她光顾

着背诵自己创作的诗歌了，没注意脚下，一个不留神，被桌脚绊了一下，摔倒在地上。同学们顿时哄堂大笑，只有雅雅上前扶起她，并关切地询问她有没有摔伤。

小景摇摇头表示没事，然后从容地走到讲台正中，拿起话筒，微笑着对同学们说："同学们，我们在成长中难免会跌倒，但我们不能就此退缩，一定要立刻站起来，鼓起勇气继续前行。下面请听我的诗朗诵《成长如歌》。"顿时，同学们的笑声转变为掌声，他们都被小景的幽默和随机应变的能力折服。

我们在日常生活和学习中，难免会遇到一些尴尬的事。如果我们能够用幽默和应变能力化解尴尬，就能够营造出轻松和谐的氛围，我们的尴尬糗事也就被别人抛到九霄云外了。

口才大课堂

 幽默口才有什么用？

① 缓解情绪、活跃气氛

在学习和生活中，总会遇到紧张、尴尬的时刻，有的时候尴尬的是我们自己，有的时候是别人。这时候，我们一句幽默的话语，就可能缓解在场人的情绪，让现场气氛变得轻松、愉悦。

② 在交流中争取主动

我们和别人交流时，如果出现观点分歧，就可以用幽默的话语来出其不意地占据主动。有一个有趣的故事：一位女士怒气冲冲地责问店员："为什么每次我让儿子来买果酱，你们都会缺斤少两？"店员回答说："女士，您要不要回去称一下宝宝，看他是不是比买果酱前重了？"女士的气一下就消了。可见，无论在什么场合，幽默口才都是交流利器。

③ 沟通感情，融洽关系

我们在与不太熟悉的人交流时，适当的幽默会让对方放下戒备，与我们坦诚交流，迅速拉近双方的距离。

有哪些常用的幽默手法?

调侃对方

很多幽默都是通过调侃对方实现的,只要我们的调侃不带恶意、轻松诙谐,对方就会会心一笑,双方的关系就变得更融洽了。当然,调侃也要有度,如果把握不好分寸、不懂适可而止,就可能弄巧成拙。

巧妙的自嘲能起到欲扬先抑的效果,这样别人在不带有恶意的调笑中,也会无形中提升对我们的"好感值"。

巧妙自嘲

荒谬与夸张

有时可以"歪解幽默",试试在交谈中穿插一些别人意想不到的荒谬或夸张的话,会是一个很高明的幽默手法,有利于活跃气氛。

双关语包括原义和引申义,听到的人第一时间会想到原义,接着就会想到引申义,自然就会会心一笑,幽默效果就产生了。

巧用双关语

我来支招儿啦！

怎样才能让自己拥有幽默的口才？

1. 提升词汇量和想象力

如果我们的大脑中词汇匮乏，而且缺少想象力，就算想要表现幽默，也会力不从心，无法引人会心一笑。所以，我们只有提升词汇量和想象力，才能逐渐拥有幽默的口才。这就需要我们阅读各种书籍，做好读书笔记，逐渐提升自己的词汇量和想象力。

2. 让自己的生活充满欢笑

生活在压抑的氛围中，是很难用幽默来与人交流的。所以，我们要想拥有幽默的口才，先要让自己的生活充满欢笑。因此我们在生活中不要轻易发脾气，看到爸爸妈妈吵架时，要主动上前调解，让家庭氛围轻松愉悦。

3. 多欣赏幽默节目

幽默是一种天赋，但也是可以培养的。我们平常可以看一些幽默的小说、影视剧和相声节目等，这样可以积累幽默的语言，也能培养幽默的技巧，慢慢使自己变得幽默起来。

NO.16

与父母交流的"三十六计"

李滨期中考试成绩不太理想，妈妈有些着急，于是说："期末你能考'A'，妈妈寒假带你去三亚玩。"

李滨高兴坏了，立刻冲进房间开始温习功课。几个月后，期末考试成绩出来了，李滨果然考了"A"。他赶紧回家告诉妈妈，让她安排好时间去三亚。可是，寒假都开始一周了，妈妈还是不提去三亚的事，这让李滨急得抓耳挠腮。

这天晚上，一家人吃完饭坐在沙发上看电视，李滨说："我给你们讲一个故事吧，这是我在书上看到的。"爸爸妈妈都摆出倾听的姿势，李滨说："从前，有一个思想家，名叫曾子。一天，曾子的妻子想去赶集，她的儿子非缠着一起去。曾子的妻子就说，'你在家老实待着，等我回来就把家里的猪杀了，给你烤肉吃'。儿子就回房间去了。等曾子的妻子买完东西回来，发现曾子已经把猪捆好了，正准备杀猪呢。妻子说，'你干什么？我是骗孩子的'。曾子说，'小孩子正处于善于模仿的年龄。做父母的说话不算话，孩子长大了也会成为不诚实的人'。妻子觉得曾子说得有道理，两人就一个杀猪、一个烤肉，一家人美美吃了好些天的肉。"

故事讲完了，李滨频频朝妈妈挤眉弄眼。妈妈哪能听不出他的话外音，笑着说："你这个小机灵鬼！好吧，妈妈这就把工作安排一下，过几天带你去三亚！"

我们和爸爸妈妈沟通时，当遇到他们可能食言的情况，可以利用自己的口才，用一种没有"硝烟"的方式让他们履行诺言。如果用强硬的方式来争取自己的权益，就可能让他们恼羞成怒，而我们的要求也就可能泡汤了。

哪些话不要对爸爸妈妈说？

1 绝情的话

有的小朋友处在叛逆期时，对爸爸妈妈干涉自己非常反感，会说出一些绝情的话，例如"我讨厌你""我的事不用你管"等。我们不想让爸爸妈妈干涉，可以用温和的语气说："我已经长大了，这件事我自己也可以处理，请您相信我好吗？"爸爸妈妈听后很容易接受，亲子关系也不至于闹僵。

2 轻视的话

有的小朋友会因为爸爸妈妈没钱或者缺乏某些才能，就脱口说出"你们太没用了"之类轻视的话，让父母痛苦、自责。这种话极不礼貌，会让父母伤心，我们一定不能说。

如何化解与爸爸妈妈的矛盾呢？

主动和爸爸妈妈沟通

我们与爸爸妈妈年龄差距大，代沟会不可避免地存在。但我们还是要把爸爸妈妈当作朋友，主动和他们沟通，将自己的想法说出来，并认真倾听爸爸妈妈的意见。

和爸爸妈妈产生矛盾时，我们可以试着换位思考，想想如果我们是爸爸妈妈会怎么做。这样一想，很多时候就能明白他们的不容易。

学会换位思考

让爸爸妈妈放心

我们能够独立自主，爸爸妈妈就会觉得我们长大了，对我们会比较放心，也不会过多地干涉我们。表现我们独立自主的机会很多，例如我们自己打扫房间、帮助爸爸妈妈做饭等。

我来支招儿啦！

怎样和爸爸妈妈沟通才有效？

1. 创造机会，主动交流

我们如果想跟爸爸妈妈好好沟通，就要主动制造和他们交流的机会，例如饭后主动要求聊天，以及和爸爸妈妈一起跑步、做家务时聊天等。

2. 犯错后主动道歉，勇于承担责任

如果我们犯错后不道歉，就可能和爸爸妈妈产生矛盾，影响沟通。因此，犯错后我们应该主动道歉，这样往往能得到他们的谅解。如果造成了损失，我们也要勇于承担责任，力所能及地弥补损失。

3. 体谅、关心爸爸妈妈

在和爸爸妈妈交流时，我们一定要表达出对他们的体谅和关心，这样家庭氛围也会变得融洽。

4. 控制好情绪

在和爸爸妈妈交流时，我们不能倚仗他们对我们的爱随意发脾气、顶嘴，那样会让他们感到不舒服。当我们感到怒火中烧时，可以洗把脸或者运动一下，让情绪稳定下来。

NO.17
这样给老师提意见才有效

希希今年读六年级，她成绩不错，长得漂亮，而且运动天赋也不错，是一个出色的小姑娘。但是，她也有一个让老师们都头疼的缺点——爱在课堂上讲小话。

这天，班主任张老师开始给大家总结考点，同学们都认真地记笔记，希希又忍不住和同桌苏桐说起自己昨天看的电视剧。张老师觉得忍无可忍，说道："希希，你能不能别在下面讲小话了！马上就要'小升初'考试了，你还想不想升入重点中学了！"希希没想  到班主任会当着全班同学的面批评自己，眼泪不由自主地在眼窝里打转，课也听不下去了。

到了课间休息时，希希仔细想了想，认为张老师批评自己也是为了自己好，自己在课堂上讲小话确实不对。于是她来到办公室，找到张老师，说："张老师，对不起，我不该在课上说小话，我保证改正这个缺点。但是，我觉得您不该那样当众大声批评我，伤了我的自尊。"张老师其实也觉得自己不该那么严厉地批评她，于是向她道了歉。希希很高兴。从此以后，她上课变得认真多了，逐渐改掉了上课讲小话的毛病。

和老师的关系，是我们生活中主要的人际关系之一。师生关系是否融洽，影响着我们的成绩和未来。我们与老师交流时必须讲究技巧，特别是提意见时，讲究方式方法才能更有效。

口才大课堂

如何面对老师的批评？

1 冷静反省

被老师批评后，我们必须冷静思考，认清自己的缺点，并转化为上进的动力。老师也是普通人，他们不会喜欢经常拒绝批评的学生。如果我们被批评后不能冷静下来反省自己，很可能认识不到自己的错误。

2 委婉地提出建议

如果老师批评的内容有误，或态度、方法不妥，我们要采取有效的方式和老师沟通，委婉地提出建议，让老师意识到自己的错误。

3 吸取教训

老师的批评，多数是为我们好。当然，谁被批评都会不开心，但我们要学着接受批评，从批评中吸取教训，这样有利于我们的健康成长。

4 保持自信

面对批评时，我们需要正确看待自己的问题，并保持自信，相信自己有能力克服缺点、提高自己。同时，也要看到自己所拥有的优点，不要盲目自卑。

为什么有些小朋友会怕老师?

性格原因 有的小朋友性格内向、被动、胆怯,不爱说话,更别说与老师交流了。这样的性格可能会对他们的一生都产生影响,因此必须有意识地进行改进,例如鼓起勇气与老师、同学交流等。

有些小朋友总是会被爸爸妈妈粗暴地批评,使得他们对成年人充满畏惧。也有些小朋友的爸爸妈妈会当着孩子的面不分青红皂白地批评老师,这也会让孩子对老师产生抵触情绪。 **家庭原因**

学校原因 有的老师总是故意摆出威严的样子,想用强硬的态度"镇"住学生;有的老师太过偏心,对喜欢的学生轻声细语,对不喜欢的学生粗声粗气,总是一副不耐烦的样子。久而久之,小朋友自然会害怕老师,不愿意和老师交流了。

给孩子的成长技能书

我来支招儿啦！

怎样提建议，容易让老师接受？

1. 尊重老师是前提

我们是祖国的花朵，老师是辛勤的园丁。没有老师的付出，我们就无法掌握知识，无法成为建设祖国的有用人才。所以我们和老师说话时，一定要用敬语，要尊重老师。

2. 充分沟通

在提出建议时，要充分与老师进行沟通，听懂老师的话，也要接受老师的意见和建议，这样能够增强说服力，并找到最优的解决方案。

3. 提供合理的理由

我们在提出建议时，要有充分的理由和事实依据。如果仅仅是个人意见和主观想法，很难获得老师的认同。

4. 集思广益

如果我们觉得自己的建议不够完善，可以问一问其他老师或者同学，听听其他人的意见，再加以分析。获取多个人的意见可以帮助我们更好地思考问题，并提出更好的建议。

NO.18

会说话，更要会倾听

　　杜宇从小就是个很会说话的孩子，是班里举手回答问题的积极分子。按理说，老师应该很喜欢这样的学生，实际上却不是这样。杜宇回答问题时，总是围绕着一个问题海阔天空地说个没完。一开始，老师担心打击学生的积极性，总是耐着性子等他说完。后来老师知道如果不出言阻止，他只怕能说半节课。因此，虽然每次提问时杜宇的手都举得最高，但老师还是尽量避免让他回答问题。

不仅回答问题时是这样，杜宇在与同学们聊天时也总是高谈阔论。只要他开口，就不给别人留插话的空间。如果别人忍不住强行插话，说不上两句又会被他打断。杜宇完全不在乎别人说什么，也从来不好好听别人说话，只管说自己的。他也从来不觉得自己做得有什么不妥，反而觉得这是口才好的表现。久而久之，同学们都不愿意与他主动交谈了。大家正在谈话时，只要一看见杜宇靠过来，就赶紧散开。

杜宇觉得很委屈，被躲避次数多了，他终于弄清了别人为什么不愿意听自己说话。后来，他改变了很多，大家又开始听他说话了。

我们是成长中的少年，和人说话的愿望强烈是很自然的事，谈话也是一个锻炼口才的好机会。但是只懂得倾诉，不懂得倾听，是不行的。好的沟通必须是相互的，学会倾听也是锻炼口才的一种方式。

 倾听有哪几种情况？

① 心不在焉地听

这相当于根本没有倾听。不善于倾听的人就容易出现这种状况。我们在听别人说话时一定不能心不在焉，这会让对方觉得不被尊重。

② 敷衍着听

有的小朋友在别人说话时会有一定的回应，但多数是回应"对对对"，敷衍了事，其实心思根本不在倾听上。

③ 专心听

即使未必听得懂对方的话，只要专心倾听，还是会让对方感觉到一丝安慰。

④ 设身处地地听

这种倾听，已经有了与对方的情感交流，是在倾听时加入了自己的思想感情。

善于倾听有什么益处？

收集信息

我们在倾听时，能够收集到许多新的知识和见解，并将其转化为我们自己的知识。如果对方是一个口才出众的人，我们还可以学到提升口才的秘诀，一举两得。

"三人行，必有我师"。在倾听中吸取对方的经验和教训，就像是上了一堂生动的"人生课"，有助于我们扬长避短。

吸取经验教训

赢得朋友

倾听是一种鼓励，表示对说话人的说话方式、观点甚至整个人的欣赏，会让对方感觉到了我们的尊重与认可，能够赢得对方的好感，说不定还能和对方成为知心朋友。

我来支招儿啦！

倾听时如何做出适当的反馈？

1. 眼神

一个人是否在认真倾听，会通过眼神表达出来：感兴趣时眼神充满好奇，没明白对方意思时眼神充满迷茫，对当前话题不感兴趣时眼神开始迷离……我们要让自己的眼神表达我们的感受。

2. 表情

认真倾听时，我们的表情也会随着对方的喜怒哀乐而有所改变，会让对方觉得我们感同身受。

3. 嘴

虽然是倾听，但我们不能完全不搭话，而是要适时地给出回应，并鼓励对方继续说。例如，在对方暂停时，说一句"后来怎么样了"或者"你说得对，我理解"，就能让话题继续下去。

4. 身体

跷着二郎腿、玩手指、扭来扭去、撩头发等身体动作，都会让说话人感觉不被尊重。正确的反应是身体坐直、前倾，是在告诉对方自己正在认真听。

NO.19

我要在校园辩论赛"出风头"

　　庆庆报名参加了校园辩论赛，同学们都比较诧异，没想到他连校园辩论赛这种大场合都敢上。

　　辩论赛的日子很快到了，同学们早早到了礼堂，准备欣赏庆庆的精彩表现。辩论赛开始了，题目是"小学生应不应该接触网络", 庆庆是正方二辩。只见双方唇枪舌剑、互不相让, 好几位选手将辩论当成了吵架, 互相比谁的嗓门大, 要不是主席在场协调, 场面真不知道会发展成什么样子。

到庆庆发言时, 他声音嘹亮, 语调沉着。对方挑衅说: "你只是一个小学生, 没有成年人的自制力。当受到网络的不良影响时, 一定会遭到污染, 变成坏孩子。"庆庆顺势反击道: "正因为我是小学生, 所以我会主动请求爸爸妈妈监督我上网, 和他们约定好上网的时间。爸爸妈妈怎么会让我变成坏孩子呢?"每当对方在这样一些细枝末节上纠缠不休时, 庆庆总是能抓住要害, 一击即中。最终, 凭借庆庆的出色表现, 正方获得了胜利, 庆庆则名正言顺地被评为最佳辩手。

参加辩论赛是一种锻炼口才的机会, 同时能够增强我们的自信心。要想在辩论赛上占据主动, 靠的是思维能力、分析能力以及口头表达能力的有机结合。

辩论赛前要做哪些准备？

1 认识准备

有的辩论赛曾经出现过弄错辩论题目甚至弄错正方、反方的事情，因此在辩论赛前，我们要对比赛的题目、流程、发言时间等都有充分的认识，并核对无误，以免正式比赛时出错。

2 立论准备

辩论赛的题目确认无误后，就可以与队员们一起商讨，确定一个观点正确、旗帜鲜明的基本论点。在分析题目时，也要站在对手的立场上考虑一下，分析出哪些观点会成为双方争论的焦点，提前做好针锋相对的准备。

3 试辩准备

在辩论赛开始前，可以进行试辩，检验一下自己的立论能否经得住比赛的考验。试辩的氛围应该尽量逼真，试辩结束后要及时总结经验和教训，修正辩词和辩论技巧等。

辩论赛有哪些注意事项？

讲究礼仪、仪态

参加辩论赛时，服装必须整洁，最好是庄重、得体的正装。进行比赛时，要仪态庄重，不能跷二郎腿、玩手指等。同时，对主席、对方辩友、评委和观众都要有礼貌，不能人身攻击，不能说粗话，也不要随便打断别人的话。

心态要自信

相信自己，相信队友，是取得胜利的重要前提。即使暂时处于下风，也不要影响心态，而是要坚持进行辩论，避免因不良心态而影响发挥。如果出错，也不能慌张，还是可以在后面的环节中慢慢挽回劣势的。

平和交流

虽然辩论需要双方在语言上针锋相对、互不相让，但是辩论赛的目的是进行平和的思想交流，双方没必要因为辩论赛产生思想上的隔阂。

我来支招儿啦！

辩论赛有哪些技巧？

1. 准备好小卡片

我们提前搞清楚对手可能会有哪些论点后，可以将反驳的言论写成卡片，放在稿子中。提前做好准备，能让我们辩论起来游刃有余。

2. 语言要通俗化

并不是用上很多别人听不懂的新名词就是辩论高手，实际上只有深入浅出的通俗化语言才能打动听众和评委。当然，辩论的语言应巧用各种修辞手法，例如排比、比喻等，能够提高我们言论的感染力和说服力。此外，还要善于激发观众的感情，才能打动人。

3. 抓住重点

在准备辩论时，要明确双方的观点和关注的问题，抓住关键的观点和论点，使辩论更加有针对性。

NO.20

竞选班干部，口才、自信都重要

　　在新的学年，班里又开始竞选班长了。多多作为上一学年的班长，也参与了这次竞选。班主任积极鼓励同学们都来参加竞选，目的是培养大家的自信和口才，结果多多的竞争对手比去年翻了一番，其中不乏强有力的对手。

轮到多多上台发言了，同学们的掌声格外热烈，可见大家对她过去一年的工作比较满意。多多微笑着站在讲台上，等掌声落下后，开始进行陈述。她说了自己过去一年的心得，既谈到了自己帮助班级获得的

荣誉，也谈到自己工作的不足之处，并向大家保证这次如果再次当选，一定会把工作做得更好。最后，多多深情地说："我当班长这一年有苦有乐，是我终生难忘的经历。这次参加竞选，结果如何对我来说已经不重要了，各位竞选者如果能当选，就请为班级贡献力量；不能当选，也可以下次努力。毕竟让班级变得更好，是我们每个人发自内心的愿望。"多多说完朝台下鞠了一躬。

多多的发言赢来了阵阵掌声，班主任也忍不住为她鼓掌。最后，多多成功连任班长。

竞选班干部的演讲一定要落落大方、条理分明，显示出自信与从容，才能赢得同学们的信任。担任班干部是个不错的锻炼自信、口才、组织能力等各种才能的机会，有条件时每个小朋友都可以参加竞选。

当好班干部需要具备哪些素质？

1 健康的情绪

班干部会遇到各种各样的问题，如果没有健康的情绪，就容易心理失衡。因此，当班干部必须乐观、坚定，善于调节自己的情绪，让情绪一直保持稳定。

2 充沛的精力

班干部要拥有充沛的精力，才能保证在不影响学习的情况下处理好各种班级事务。

3 较强的自信和自制力

只有拥有充足的自信，才能让一名班干部得到老师和同学的信任，才能处理好各种事务。否则，一遇到挫折就放弃，是无法胜任工作的。此外，如果缺乏自制力，也容易向困难和一些不良习惯低头。

4 良好的组织能力

班干部要组织各种活动、完成老师交代的任务、协调同学之间的关系等，可以说是学校、老师与学生之间的纽带。如果缺乏组织能力，班级就无法有序、高效地运行。

为什么要竞选班干部？

培养口才

班干部需要时常和老师、同学沟通，如果没有一定的口才是无法胜任的。当上班干部后，我们的口才也会得到一定的提升，为一生的口头表达能力奠定一个良好的基础。

提高社交能力

班干部和老师、同学交流时，表达能力、组织能力、应变能力等交际能力都会得到提高。

培养责任感和上进心

班干部有相应的职责，必须具备一定的责任感和上进心。当班干部是我们锻炼这些素质的好机会，将成为我们一生宝贵的精神财富。

我来支招儿啦！

怎样在班干部竞选中胜出？

1. 目标要明确

要有明确的竞选目标，不能飘忽不定，例如"竞选不上班长，就当一个文艺委员吧"之类的想法，会让我们无法针对某个岗位完全展现出自己的个人优势，也就无法给老师和同学留下深刻印象，从而影响竞选的成功率。

2. 要用真诚打动人

我们在日常生活中要用真诚的态度对待老师、同学，竞选时就可以用真诚来打动他们，让他们感觉我们是真心实意地想为班级服务的。

3. 宣传自己的长处

竞选班干部时，一定不要太过自谦，应该充分展示自己的优势，特别是能够胜任竞选岗位的优势。

4. 逻辑要严密

竞选班干部时的演讲非常重要，是一次全面展示自己各方面才能的机会。因此，准备演讲稿时，必须做到逻辑严密，让自己的话有足够的依据，让老师和同学们知道我为何能胜任这个岗位。

NO. 21

当一个自信、专业的小主持人

　　元旦快到了，班里要举办元旦晚会，文艺委员欣欣被选为小主持人。欣欣虽然已经有了一些组织活动的经验，但还是觉得很紧张。她在课余时间写主持词时，总感觉不够理想。

　　为了顺利完成主持任务，欣欣决定向中外著名主持人"取经"。她在妈妈的帮助下，检索了许多著名主持人主持的节目，反复学习他们的表情、动作、语气，以及他们主持节目时使用的开场白、串联语，还特意搜集了他们机智救场的片段。经过认真的学习和揣

摩，欣欣内心有把握多了。欣欣还重点学习这些主持人的发音，让自己对普通话的掌握更加精准。经过学习，她才了解到自己常说的一些词语根本就读错了，这下涨了不少知识。此外，欣欣还特意让爸爸、妈妈和弟弟当观众，给他们主持了一场没有节目的晚会，得到了一致好评。

　　终于，元旦晚会开始了。由于欣欣做了充足的准备，她的主持非常成功，赢得了同学们的认可。过了很久，她的很多精彩主持词还让同学们津津乐道呢。

　　当小主持人是对我们口才、胆量、思维能力、随机应变能力等各方面素质的考验。时常担任小主持人，我们的综合素质会有很大的提升。如果有机会当小主持人，可千万不要错过。

口才大课堂

小主持人有哪些禁忌？

1 不要乱用语气词和连词

如果小主持人没有原则地乱用"啊""吗""吧"等语气助词，或者"那么""然后"等连词，会引起观众的厌烦。

2 不要不懂装懂

有的主持人没有什么知识储备，但总爱插话，就容易暴露自己的无知，说的话漏洞百出。所以，我们当主持人时，知道什么说什么，不要不懂装懂。

3 不能忽略艺术性

小主持人说话要通俗易懂、自然流畅，但也不能忽略艺术性，要追求美感，才能吸引观众的注意力。

4 不要刻意追求幽默效果

幽默是人际交往的润滑剂，我们在主持节目时适当地运用幽默艺术，能更好地调动观众的情绪，让氛围更加热烈。但是，如果刻意追求幽默效果，可能会适得其反，让观众认为我们在卖弄，从而影响主持效果。

我们为什么要争取当小主持人？

提升知识储备

当好小主持人，要有丰富的知识，这就要求我们多阅读、多了解时事等，这样能够有效提升我们的知识储备。

当小主持人可能会遇到很多突发状况，这十分考验我们的反应能力。因此，我们争当小主持人，可以锻炼我们的反应能力以及洞察力、思辨能力等。

锻炼反应能力

提升展示自我的胆量

很多小朋友在人前讲一句话都会脸红，但小主持人却需要长时间活跃在众人的注视中。如果没有展示自我的胆量，是根本无法胜任的。我们担任小主持人后，需要在人很多的场合公开表现自己的口才，经历了多次锻炼以后在其他场合就不容易怯场了。

我来支招儿啦！

主持好节目要有哪些技巧？

1. 巧妙开场

好的开场白，能够确定活动的基调，突出活动的主旨，还能营造出活跃的氛围，调动观众的情绪，为活动的顺利开展奠定良好的基础。

2. 巧妙连接

在晚会等活动上，两个节目之间必须由小主持人来承上启下，使节目顺畅进行下去。我们可以事先了解每个节目的内容，用巧妙的连接语衔接好两个节目。

3. 处变不惊

主持活动时，难免出现一些突发状况，这时就需要小主持人处变不惊，站出来打圆场、转移观众注意力等；如果是场上双方出现争执，还要会调和双方情绪，化解争端。

4. 要有自己的个性

我们在主持节目或者采访其他同学时要展现自己的气质、性格、素养、兴趣爱好等，塑造出富有个性的主持形象。

NO.22

上台演讲，先与**紧张**和解

丁伟为了克服自己不敢当众讲话的缺点，主动报名参加了班级演讲赛。为了这次演讲，他积极查阅材料，将演讲稿写得丰富翔实，还用上了很多修辞手法。将演讲稿改好之后，丁伟又开始一遍遍地背诵。直到把演讲稿背得滚瓜烂熟，丁伟才觉得万无一失了。

　　但是随着比赛的日子一天天临近，丁伟却越来越紧张，自信也慢慢地消失了。比赛准时开始，丁伟排在第四位出场。前三位选手有的表现出色，迎来阵阵掌声；有的发挥失常，遗憾退场。轮到丁伟时，他站在讲台上，看着 40 多名同学和各科老师的目光都凝聚在自己身上，觉得腿都软了，不由自主地低下了头，恨不得夺门而出。接下来，他开始低着头背起了稿子，再也不敢抬头看大家一眼，还因为紧张想不起稿子上的内容，最后不得不草草结束。

　　丁伟的怯场表现给大家留下了不好的印象，所以他的比赛成绩很不理想，连三等奖都没有得到。

　　演讲可不是念稿子，对我们的表情、神态、动作、眼神等都有要求。如果我们演讲时太过紧张，就会影响发挥，给台下的观众留下不好的印象。所以，登台演讲前，我们必须先尽量缓解紧张情绪。

 演讲前，我们要注意什么？

1 不要逐字逐句背演讲稿

演讲稿一般比较长，如果逐字逐句地背诵，不仅浪费时间和精力，还容易出现失误。如果忘词了，就可能陷入紧张、尴尬的境地。因此，我们在演讲前要记住演讲稿的整体框架，并随时思考演讲稿的整体内容。只要保持思维的清晰，演讲时内容自然就回忆起来了。

2 多练习当众讲话

为了克服怯场的毛病，我们要多找机会当众讲话，例如在课堂上举手发言、在集体活动中多提意见等。这样自信心和当众讲话的能力都能得到提升。

3 练习演讲技巧

在演讲前，我们要进行充分的练习，包括语音、语调、姿势、表情等方面。通过不断练习，我们的演讲技巧和表现能力可以得到提升。

4 保持冷静和自信

演讲前要保持冷静和自信，消除紧张等负面情绪，可以做一些适当的热身活动，如深呼吸、放松肌肉等。

为什么登台演讲会紧张？

应对挑战的正常反应

我们在面对挑战时，出现心跳加快、呼吸急促的现象，其实是一种正常的反应。有调查显示，几乎所有有演讲经历的人，都会产生紧张、恐惧的情绪。即使是一些职业演讲者，也没能彻底消除这些反应。只要这种反应处在适当的限度下，反而有利于我们的发挥，让演讲更加精彩。

很多小朋友演讲时紧张，主要是因为不习惯。我们知道，恐惧往往来源于未知和不确定，当众演讲就是一个不确定的事情，特别是对新手来说，可能面临的种种挑战，让他们无法保持轻松自然的心态。

不习惯

观众的期望和反应

观众对演讲的期望和反应可能会让我们感到紧张。如果观众的反应太冷淡，我们可能会感到紧张；若观众反应热烈，我们可能会受到鼓舞。

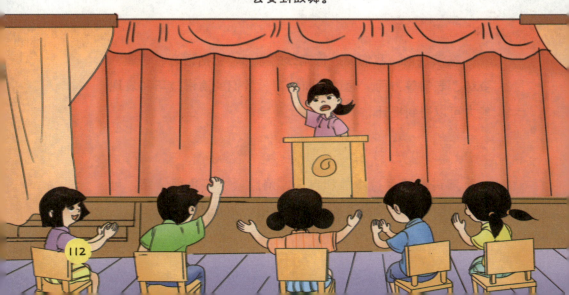

演讲时紧张怎么办？

1. 自我暗示

登台演讲前的紧张情绪很容易让自信心溜走，我们可以采用自我暗示的方法来调整自己的心态。例如，有的人登台前会在心中默念："他们不是观众，他们是一棵棵大白菜。"这样能在一定程度上消解紧张情绪。我们也可以默念"我是最棒的""我一定能演讲好"等激励自我的话语来提升自信。

2. 学会生理调节

人一旦紧张，就容易肌肉紧绷、嘴唇发干，甚至连呼吸都不顺畅了。这时，可以运用生理调节法，例如先让肌肉紧绷，然后放松，再紧绷，再放松……此外，做深呼吸，也能够让情绪缓和一些。

3. 转移观众的注意力

如果台下观众的注意力全在自己身上，时间长了紧张情绪会逐渐累积。这时，可以用一些方式转移观众的注意力，给自己一个放松的间隙。例如，可以让观众看视频或 PPT，或者与一位观众互动，让其他观众的注意力转移到这位互动者身上等。

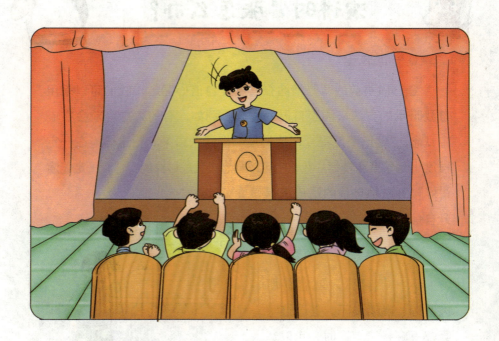

NO.23

好的演讲，要能抓住观众的心

　　吴迪正在参加一场全年级的演讲比赛，比赛在学校礼堂举行，台下的观众有 200 多人。比赛非常激烈，掌声、欢呼声一波接一波。轮到吴迪登场时，观众的热情被消磨得差不多了，明显没有刚开始时那么热烈了，这让吴迪有些担心。

吴迪的演讲题目是《脚踩大地，心向光明》。这并不是一个特别吸引人的题目，幸好吴迪有着比较出色的演讲能力，才不至于让观众感到索然无味。正当吴迪讲到"我们的前途是光明的"一句时，灯突然全部

熄灭了，礼堂一下子昏暗起来。同学们议论纷纷，演讲眼看进行不下去了。这时，吴迪灵机一动，忽然高声说道："在光明到来之前，总是会有一段黑暗，但是黑暗是不会长久的，只要我们共同努力，就能战胜黑暗，迎来光明！"像是在呼应他一样，礼堂的灯突然又亮了，原来校工及时进行检修，很快解决了问题。

对于吴迪的灵活应变，同学们佩服万分，掌声和欢呼声几乎要将礼堂的房顶掀翻了。比赛结果不出所料，吴迪获得了第一名。

演讲并不是背诵文章，必须运用各种手段抓住观众的心，还要能随机应变，处理好各种突发事件。可见，成功的演讲考验的不仅仅是口才，还包括多方面的才能。

口才大课堂

怎样处理演讲时的突发状况？

① 忘词

脱稿演讲时，忘词是比较常见的事。很多演讲者忘词后会方寸大乱，这时如果不冷静下来，很可能会让演讲以尴尬局面收场。这时候应该怎么处理呢？方法还是不少的，例如可以放缓语速，重复一下刚才的内容，就可能想起接下来的内容；也可以趁机向观众提出问题，给自己思考的时间；也可以先将后面的内容说出来，想起来忘掉的内容时再补充；实在想不起来了，也可以直接忽略这部分内容，继续讲接下来的内容。

② 口误

演讲时出现口误也是比较常见的，我们一定要保持镇定。如果口误问题很大，就需要及时向观众道歉，并主动纠正；如果问题不大，也可以不动声色地遮掩过去，继续往下讲。

③ 意外中断

演讲过程中出现停电等意外时，演讲就容易被打断。这时不要慌乱，要高声安抚观众，帮助大家恢复平静，让演讲尽快恢复。

演讲有哪些注意事项？

声音和腔调 ➡️ 演讲和我们日常说话不一样，演讲的声音一定要清晰、高亢、圆润，断词、断句都要准确，整场演讲务求抑扬顿挫、洪亮动听，才能让观众提起兴趣。

我们演讲时，一定要做到简洁、生动，不能东拉西扯，让观众不知道演讲者在说什么，也不能讲枯燥无味的长篇大论，这都会让观众提不起兴趣。好的演讲必须言简意赅、生动形象，让观众产生丰富的联想。 ⬅️ **语言简洁、生动**

活用手势和眼神 ➡️ 对演讲者来说，手指、手掌、手臂做出的种种手势，是体态语言的重要组成部分，可以补充语言的不足，增强气势和感染力。而眼神交流也是演讲时必不可少的一部分，如果眼神离开观众太久，观众就容易分心，从而影响演讲效果。

我来支招儿啦！

怎样让演讲更有趣？

1. 注重开头和结尾

"好的开头等于成功的一半"，我们的演讲稿应当在开头就渲染好气氛，使用设问、故事等开头，引发听众的兴趣；而演讲的结尾也要尽量耐人寻味，让听众感觉回味无穷。

2. 巧用提问活跃气氛

在演讲过程中适当进行提问，可以拉近与观众的距离，使现场气氛变得轻松。但是，提问不能太过频繁，也不能用庸俗、无聊的问题进行提问。

3. 多用修辞手法

生动形象的比喻、气势磅礴的排比、鲜明强烈的对比、引人深思的设问……使用多种修辞手法，可以让演讲更为动人。

4. 语言要幽默

幽默是一种艺术，不仅能够调节情绪、活跃气氛、吸引观众的注意力，还能够使我们的演讲变得更加精彩。

我的口才
百宝箱

自信口才小技巧

1. 无论是相处很久、非常了解的人，还是刚认识的人，都要融洽相处。

2. 你没有必要对其他人时刻保持过分的警惕。

3. 在公众场合有人跟你说话，你要认真听。最好鼓励对方多开口，让对方觉得和你谈得来。

4. 有人试图向你讲述与你关系不大的事情时，也要聚精会神地倾听。

5. 刚刚认识的人事无巨细地向你讲解他的个人经历，你也要做出乐意倾听的表现。

6. 不要养成只有独自待在安静的地方才能整理好思路的习惯。

7. 你没有必要因为觉得别人听了也不会理解，而刻意不去表达自己的感受。

8. 不要觉得轻易吐露心声的人非常脆弱，他们也许非常自信。

9. 群体气氛达到高潮时，你没有必要产生莫名其妙的失落感，一起嗨起来吧。

10. 与人交谈时，一定要正视对方的眼睛，这是自信，也是尊重。

11. 在练习口才的过程中，要注意听众的反应和反馈。要尽可能地让听众感受到你的诚意和热情、你的魅力和自信。

12. 在日常生活中，多参与一些社交活动，比如朗读会、读书会等，这可以帮助你结交更多的朋友，扩大自己的社交圈子，并从中锻炼自己的口才和表达能力。

13. 读书可以帮助你提高语言能力和自信心。通过阅读名人传记、小说、散文等不同类型的书籍，你可以了解不同的人生经历和思想，从而增强自己的文化素养、思维能力和表达能力。

14. 在当众讲话时，深呼吸可以帮助你保持冷静和自信。当你感到紧张或不自信时，停下来深呼吸几次吧。

15. 不管当众说什么，都要尽量保持语速适中，声音响亮清晰，语调抑扬顿挫，这样可以让你的话语更加生动有力。

16. 姿势、手势、面部表情等都可以传达信息，运用好自己的身体语言，可以帮助你更好地表达自己。

17. 在演讲或朗诵前，要提前做好准备工作，包括熟悉演讲稿、练习发音和语调、选择适当的服装等。这样可以让自己更加自信和从容地面对观众。

18. 在演讲或朗诵时，要保持积极的心态和自信心。要相信自己的能力和价值，不要过于担心失败或在乎他人的看法，坚定地朝着目标前进。

19. 语音语调是影响口才的重要因素。可以通过练习发音、语调转换和语气变化等技巧来改善自己的语音语调。

20. 多参与讨论和辩论活动，可以锻炼你的口才和思维能力。在讨论中，要注意表达明晰、思路清晰，避免过于偏激或者偏离主题。

训练口才这样做

1. 模仿广播电台——一位小朋友假装拨打电话，拨到某个电台，该电台就要播放歌曲、相声、新闻、天气预报等节目，这些节目由其他参

与游戏的小朋友表演。

2. 传电报——参加者围坐成一圈，"发电报的人"在第一位参加者耳边讲一些有趣的电报内容，第一位参加者听后传给第二位参加者，由最后一位参加者讲出电报内容，"发电报的人"则进行验证。

3. 说反正话——一个人说出一个词语或一句短语，其他人将词语或短语倒读，如茶花——花茶，电风扇——扇风电，火焰——焰火，我是小学生——生学小是我等。

4. 描述颜色——一个人出示实物，如一张白纸，要求参与者不说出"白"字，却要描述出纸的颜色，如"颜色像雪一样""颜色像墙壁一样"等。

5. 看照片说故事——准备一个纸盒子，盒子中放一些生活照片。主持人拿出照片，告诉参与者照片上有谁，拍照时发生了哪些故事，让参与者记忆。介绍完之后，主持人把照片放入盒子，再随机抽出一张，让参与者说出照片里的故事。

6. 故事接龙——主持人说一个故事的开头，让第一位参与者接下去编故事，第一位参与者描述一个较为完整的情节后，再让第二位参与者接下来继续编故事。

7. 词语接龙——所有人围成一个圈，第一位参与者说一个词语或成语，第二位参与者需要用该词语或成语的最后一个字（可谐音）说一个词语，依次类推。5秒钟没有接上来的同学需接受惩罚。

8. 小小营业员——一位参加者扮演营业员，其他参加者扮演顾客。"营业员"将文具、玩具、书籍等"商品"摆好，"顾客"们前来"购物"，"营业员"向他们介绍"商品"的优点，"顾客"则想方设法讨价还价。"营业员"可以由大家轮流扮演。

9. 小小演讲家——一群小朋友提前准备好感兴趣的主题，例如介绍自己喜欢的书籍、电视剧、动画片、动物、建筑等，用几分钟的时间进行演讲。所有人演讲完毕后，由一位年长者进行打分，选出前三名。

10. 时常念念绕口令：

（1）吃葡萄不吐葡萄皮儿，不吃葡萄倒吐葡萄皮儿。

（2）八百标兵奔北坡，北坡炮兵并排跑，炮兵怕把标兵碰，标兵怕碰炮兵炮。

（3）红鲤鱼与绿鲤鱼与驴。

（4）山羊上山，山碰山羊角；水牛下水，水没水牛腰。

（5）扁担长，板凳宽，板凳没有扁担长，扁担没有板凳宽。扁担绑在板凳上，板凳不让扁担绑在板凳上，扁担偏要绑在板凳上。

（6）四是四，十是十。十四是十四，四十是四十。

（7）有个面铺门朝南，门上挂着蓝布棉门帘。摘了蓝布棉门帘，面铺门朝南；挂上蓝布棉门帘，面铺还是门朝南。

（8）一位爷爷他姓顾，上街打醋又买布。买了布，打了醋，回头看见鹰抓兔。放下布，搁下醋，上前去追鹰和兔，飞了鹰，跑了兔，打翻醋，醋湿布。

（9）东边来了个锡匠卖锡，西边来了个漆匠卖漆。锡匠说漆匠偷了他的锡，漆匠说锡匠偷了他的漆。不知是漆匠偷了锡匠的锡，还是锡匠偷了漆匠的漆？

（10）石狮寺前有四十四个石狮子，寺前的树上结了四十四个涩柿子，四十四个石狮子，不吃四十四个涩柿子，四十四个涩柿子，倒吃了四十四个石狮子。

帮助孩子从容不迫、健康成长

给孩子的

成长技能书

社交能力书

李正歧 / 主编

北京工艺美术出版社

图书在版编目（CIP）数据

社交能力书 / 李正歧主编 . —— 北京 ：北京工艺美术出版社，2023.12

（给孩子的成长技能书）

ISBN 978-7-5140-2681-8

Ⅰ．①社… Ⅱ．①李… Ⅲ．①人际关系－儿童读物 Ⅳ．① C912.11-49

中国国家版本馆 CIP 数据核字 (2023) 第 144336 号

出 版 人：夏中南 　　　策 划 人：杨玲艳 　　　责任编辑：王亚娟

装帧设计：宏源设计 　　　责任印制：王 卓

法律顾问：北京恒理律师事务所 　丁 玲 　张馨瑜

给孩子的成长技能书

社交能力书

SHEJIAO NENGLI SHU

李正歧 主编

出 版	北京工艺美术出版社	
发 行	北京美联京工图书有限公司	
地 址	北京市西城区北三环中路6号	京版大厦B座702室
邮 编	100120	
电 话	(010) 58572763（总编室）	
	(010) 58572878（编辑室）	
	(010) 64280045（发 行）	
传 真	(010) 64280045/58572763	
网 址	www.gmcbs.cn	
经 销	全国新华书店	
印 刷	天津海德伟业印务有限公司	
开 本	700 毫米×1000 毫米 1/16	
印 张	8	
字 数	76千字	
版 次	2023年12月第1版	
印 次	2023年12月第1次印刷	
印 数	1～20000	
定 价	199.00元（全五册）	

　　成长是美好的、多彩的，也是有烦恼和麻烦的，在孩子成长的过程中会遇到各种问题，有的孩子缺乏自信，有的孩子不懂社交，有的孩子不爱学习，有的孩子无法承受挫折，有的孩子不能管理情绪……

　　当孩子遇到这些问题时，就需要给予孩子正向的引导，用科学的方法帮助孩子在成长中掌握技能，为孩子未来勇敢面对成长路上的"坑坑洼洼"赋能，帮助孩子不断突破自我，成长为更好的人。

　　为了提高孩子的综合素养和成长技能，让孩子在成长路上少走弯路，我们根据孩子的认知情况精心编写了这套《给孩子的成长技能书》，本书共包含《自信口才书》《社交能力书》《学习方法书》《抗挫力量书》《情绪管理书》五个分册，每个分册围绕一个主题，每个主题都是孩子成长过程中需要掌握的技能，书中从多个角度阐述成长主题，从不同方向提升孩子的成长技能。

　　本书以故事的形式代替了枯燥的说教，选择孩子身边经常

发生的成长故事，贴近孩子的实际需求，让孩子在轻松、有趣的氛围中认识学习成长过程中遇到的问题，能够引起孩子的情感共鸣，调动孩子的阅读积极性。本书从孩子的角度出发，在逐步指出问题的同时，提供了切实可行的解决方法，让孩子轻松提高自信和口才，学会社交，找到正确的学习方法，提升抗挫能力，懂得管理情绪，轻松掌握成长道路上的各种技能，帮助孩子健康、智慧地成长。

全书语言生动简洁，通俗易懂，全彩手绘插图，色彩鲜艳，形象生动，让孩子身临其境；版式活泼，栏目丰富，集知识性、实用性和趣味性于一体，可极大地提高孩子的阅读兴趣。

希望这套专门为孩子打造的成长技能培养书，能够悄悄走进孩子的隐秘世界，做真正理解孩子的知心人，陪伴孩子快乐成长，让孩子变得更加优秀。

目 录
Contents

NO.1
我要告别"社交恐惧症"

　　李可是一个"社恐"女孩，她从小就害怕与别人交流，身边的人一多，她就会感觉浑身不自在，只想找一个没人的角落独自待着。

　　在学校里，李可只跟同桌和前后桌的同学说话，但也很少说什么交心的话。除了这几个朋友，她就再也不肯与其他人交流了。课间的时候，同学们都欢快地在一起做游戏，李可总是难以融入；班里的活动，她也是能不参加就不参加；老师找人回答问题时，她

恨不得把自己藏到地缝里去，偶尔被点名回答问题时，她也支支吾吾，半天说不明白。

离开学校，李可总是直接回家，从不邀请朋友到自己家来玩，也不肯到别人家去做客。回到家后，她也总是待在自己的小房间里，除了写作业、看书，就是盯着墙壁或者天花板发呆。

对"社恐"的小朋友而言，与他人交流是一件恐怖的事，让他们觉得痛苦万分。可能有人觉得，这只是一种"成长的烦恼"而已，等他们长大了自然就会改变。实际上，性格一旦形成，很可能终生不会改变。因此，"社交恐惧症"必须从小纠正。

"社交恐惧症"有哪些不良影响？

1 容易患上各种精神疾病

有研究显示，有"社交恐惧症"的小朋友更容易患上其他类型的焦虑症。"社交恐惧症"会让我们在少年时代深陷孤独之中，到了成年时依然会有严重的负面影响。所以，我们必须重视起来，及时培养自己的社交能力。

2 学习效率下降

"社交恐惧症"会让我们持续陷入焦虑之中，无法集中注意力，从而对我们的学习造成影响。而且，不敢与人交往，也会让我们在遇到难题时不敢向老师和同学求教，长此以往成绩下降是无法避免的。

3 影响身体的免疫力

"社交恐惧症"影响的不仅是心理，还包括身体的免疫机能。如果长期陷入焦虑中，就容易出现头痛、心烦、心慌、恶心等症状，时间久了就会影响身体的免疫机能，使我们患上各种疾病的概率增加。

为什么会产生"社交恐惧症"?

畏惧负面评价 → 一些小朋友在与他人交流前担心自己会因各种原因遭到嘲笑、排斥,从内心深处畏惧他人对自己的负面评价,越想越焦虑,就不愿意与别人交流,从而患上"社交恐惧症"。

有些小朋友由于家庭氛围很差,时常遭受父母的责骂、冷暴力甚至家暴。生长在这样的家庭环境里,这些小朋友的性格就会变得孤僻,容易被负面情绪环绕,从而渐渐丧失与他人交流的能力。 ← **家庭原因**

性格原因 → 有的小朋友总是以自我为中心,无法接受他人的批评或否定,心理素质很差,久而久之,就不愿意和他人交流了,而是躲在角落里用轻蔑的眼光看待他人。这些小朋友虽然没有自卑情绪,但依然会感到孤独,这也是一种"社交恐惧症"。

我来支招儿啦!

如何克服"社交恐惧症"?

1. 培养广泛的兴趣爱好

有了兴趣爱好,我们与人交流时才会有更多的话题,容易找到志趣相投的人,并乐于将快乐分享给对方,这样更容易交到朋友。友谊之门一旦打开,"社交恐惧症"可能就在不知不觉中消失了。

2. 多去容易交到朋友的场所

总是封闭在自己的小天地里,就无法认识更多的人,交到朋友的概率也会大大降低。所以,我们要扩大自己的交际圈,多去容易交到朋友的场所,例如公园、图书馆、兴趣班等,还可以多去朋友家串串门。在这个过程中,"社恐"的小朋友也会逐渐变得活泼、开朗。

3. 情景模拟

有的小朋友不敢和他人交流,可以请爸爸妈妈帮助自己进行情景模拟,告诉自己在各种场合下应该怎么交流。例如,让爸爸妈妈扮演老师、同学或路人,与自己进行各式各样的交流。有了一定的交流经验之后,遇到类似的情境可能就不会那么"社恐"了。

NO.2

有了自闭倾向，早点纠正

　　读小学四年级的子轩，正处在需要交朋友的年龄，可她总是独来独往，一个朋友都没有。她不是不想与人交流，也不讨厌参加社交活动，但是她实在不知道怎么和大家一起玩，因为她玩着玩着就会陷入沉默，小伙伴叫她，她也充耳不闻。时间一长，谁还会叫她一起玩呢？

妈妈每次催子轩出去玩，她都找各种借口推脱，只想回自己的房间去看书、写作业、画画、听音乐。妈妈如果强行带子轩出去玩，她就一脸不悦地低着头往前走，遇到人就躲在妈妈身后。

妈妈苦恼极了，她多希望自己的女儿像其他女孩一样，和小伙伴开开心心地交流啊！一次，她在与同事交流时，偶然得知同事的女儿也有类似的问题。两人一拍即合，决定让两个孩子成为朋友。就这样，子轩和欣怡被"撮合"在了一起。子轩得知欣怡跟自己一样喜欢画画、喜欢听音乐，更重要的是俩人都不善于与人交流，顿时产生了"相见恨晚"的感觉。她们开始交流，分享彼此的兴趣和爱好，慢慢地都变得开朗起来。

有了一些自闭倾向，会让我们人生之路更加困难重重，没有人愿意和一个孤僻的人打交道。因此，我们如果发现自己也有了自闭倾向，必须立刻纠正。

 自闭倾向的表现有哪些？

1 社会交流障碍

有自闭倾向的小朋友，缺乏与他人交流的技巧，甚至连与爸爸妈妈交流都存在障碍。长此以往，他们就不知道该怎么表达自己的感情，也无法理解别人的感情，自然就不会有朋友，对社会活动也缺乏兴趣。

2 语言交流障碍

有自闭倾向的小朋友，语言发育会比较迟缓，即使想与人交流，有时候也找不到合适的语言。此外，他们说话时的声调、重音、语速、音调等也会出现异常。如果发展为自闭症，他们还可能只会说有限的词语，甚至患上失语症。

3 智力和感觉异常

有自闭倾向的小朋友，智力可能会发育迟缓，感觉能力可能异常，例如在嗅觉、触觉、平衡感等方面与其他孩子不太一样。

4 重复刻板行为

有自闭倾向的小朋友可能会做出一些在普通人眼里"怪异"的行为，例如摇晃身体、自问自答、出门走固定的路线等。

导致自闭倾向的原因有哪些?

家庭原因

家庭不和睦、自幼父母离异或失去父母的小朋友，无法得到心理上的沟通与温暖，有话却没人可以倾诉，久而久之就容易出现自闭倾向。

学校原因

学习差的小朋友，长期得不到老师和同学的关注，享受不到成功的喜悦，容易出现自闭倾向；学习好或有特长的小朋友，被老师或家长寄予厚望，他们的日常被各种补习班或特长班填满，没有机会培养社交能力，也容易出现自闭倾向。

自身原因

一些小朋友原本争强好胜，但心理承受能力差，在遭遇一些挫折后，就可能产生心理上的不平衡和自卑，从而出现自闭倾向。

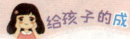

给孩子的成长技能书

我来支招儿啦！

如何远离自闭倾向？

1. 营造和谐的家庭环境

要想远离自闭倾向，必须让家庭环境温馨、和谐。当然，要做到这一点，关键是爸爸妈妈的态度，我们可以努力调和他们的感情，多与他们交流，多体贴他们。

2. 学着主动打招呼

打招呼是社交的第一步，也是我们远离自闭倾向的"利器"。多向别人打招呼，制造交流的机会，会让我们的社交能力得到提升。

3. 以社交能力强的长辈为榜样

如果爸爸妈妈擅长社交，我们就以他们为榜样，学习他们待人接物的方式，使自己变得热情开朗，自闭倾向也就无法靠近我们。如果爸爸妈妈的社交能力不太强，我们也可以以其他长辈乃至公众人物为榜样。

4. 积极参加团体活动

在参加团体活动时，我们不可避免地要与不同的人打交道，在这一过程中社交能力就能得到相应的提升，自闭倾向也就找不到"入侵"的机会了。

NO.3

打招呼是社交的第一步

　　小红最近搬家了，爸爸妈妈希望她能多交新朋友，以便尽快适应这里的生活。这天，小红到楼下的小花园里玩，看到两个小朋友正在玩跳房子，她也很想加入，但是，她却不知道如何开口。

这时，邻居小亮也出来玩了。只见小亮大大方方地走上前去，对那两个小朋友说："小伙伴们，我能和你们一起玩吗？"他俩热情地说："太好了，我们一起玩吧！"

看到此情此景，小红终于鼓起勇气走上前来，说道："你们好，我叫小红，是刚搬到这个小区的，我能和你们一起玩吗？"大家齐声说："好哇，欢迎新朋友！"小红和他们玩得开心极了。

小红回到家，高兴地对妈妈说："妈妈，我今天主动和楼下的小朋友打招呼了，还和他们一起玩跳房子了。"妈妈摸摸小红的头说："我们的小红长大了，会主动打招呼了。"

从此以后，小红更加主动地和同学、老师、邻居打招呼，获得了许多称赞，她高兴极了。

随着年龄的增长，社交能力在我们的生活中起到越来越大的作用，而打招呼就是我们进行社交的第一步，也是我们建立友谊、维

持友谊的魔法钥匙。千万别把打招呼当作一件无关紧要的小事，我们对人说"早上好""明天见"的同时，实际上是在持续不断地对他人展现自己的友善，同时也会得到友善的回应。

打招呼都有哪些好处呢？

❶ 创造更多的社交机会

打招呼是件小事，却可以传递出"我在关心你"的信息，是一种善意的问候，还可以在此基础上展开话题，交到知心朋友。

❷ 触发交谈信号

打招呼之后，时常会进行或长或短的一段交谈，很多时候打招呼就表示"接下来我要跟你说话了"。有了这个信号，双方的交流会顺畅得多。

❸ 提升双方的感情

通过打招呼，我们可以从回应中迅速感受到对方的情绪和状态，为接下来的交流做好准备。有了准备，双方的交流也会更加融洽，感情也会得到提升。

为什么有些小朋友不愿意跟人打招呼？

害羞

有些小朋友比较怕生、害羞，因此遇到不熟悉的人，就不好意思主动打招呼；即使遇到熟悉的人，他们也尽量避免打招呼。

有的小朋友在向别人打招呼时，可能因为声音小、对方没注意等原因，没有得到回应。慢慢地，他就会感觉打招呼没有意义，渐渐不爱打招呼了。

害怕得不到回应

觉得麻烦

打招呼算不上太麻烦的礼仪，但有些小朋友还是觉得麻烦。遇到熟悉的人，他们会想：反正天天见面，没有必要每次都打招呼；遇到不熟悉的人，他们又想：反正也见不了几次面，打不打招呼都无所谓。久而久之，这些小朋友就不爱打招呼了。

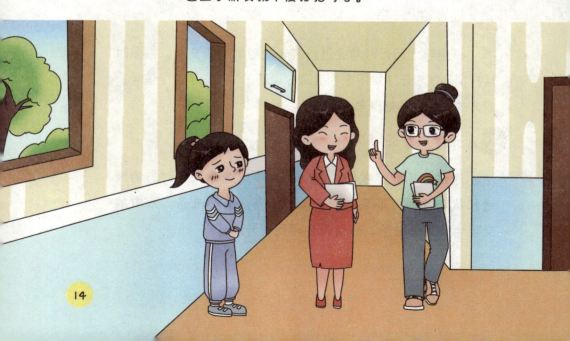

我来支招儿啦!

怎样打招呼?

1. 不妨说句"早"或者"嗨"

我们如果还不习惯打招呼,可以只说一句"早"或者"嗨"。只要有勇气说出第一句,胆子就会越来越大。

2. 多外出、多接触人

节假日总在家里待着,接触
不到不同的人,我们的性格
就很难开朗,遇到人也不会或
者不敢打招呼。因此,我们要
多外出,多接触不同的人,次
数多了,性格也会发生相应的
变化。

3. 明确打招呼的对象

打招呼时,尽量要加上对方的名字或者称谓,能够让对方感
到自己被重视,同时也会觉得我们很有礼貌。

4. 打完招呼,不妨多说一两句话

我们不要把打招呼当成一件任务来完成。如果是比较熟悉的
人,最好在打完招呼后多说一两句话,话题可能就此展开。我们
的社交能力以及与对方的感情,都会因此而得到提升。

到了新环境，我能快速融入

NO. 4

　　小征转学了，到了新的环境，他觉得很难融入，对处理同学关系感到无所适从。

　　一开始，大家对这位新同学还是比较热情的。班干部主动来了解他的情况，其他同学也围了过去，小征只是问什么说什么，不多说一句话，让大家渐渐对他失去了兴趣。一个星期下来，除了第一天，小征几乎在班里没有说过话。

到了周末，妈妈知道了小征的情况，对他说："你不能总等着环境适应你，要主动适应环境才行。主动和同学们说话吧，他们会喜欢和你说话的。"小征将信将疑地点点头。

到了周一，小征来到班上后，想起妈妈的话，便主动对同桌说："早上好。"同桌愣了一下，立刻微笑着回答："早上好。"到了课间，后桌的玲玲对同桌说自己很饿，小征赶紧从书包里拿出自己带的小面包给她，玲玲非常感激。就这样，一天下来，小征跟好几个同学搭了话，大家都觉得他是个有礼貌的同学。没过多久，小征感觉自己已经完全融入了这个班级，他非常开心。

到了新环境中，我们难免有不适应的感觉，新同学不了解我们，就不会和我们亲近。这对我们既是挑战，也是机遇，是我们培养社交能力的好机会。这时候，我们就要找机会主动与同学们接触，增加相处的频率，让他们了解我们。彼此熟悉之后，我们就能顺利融入新环境了。

来到新环境，我们该怎样想？

❶ 不要过分忧虑

到了新环境，一时难以融入是很正常的，需要一个过程。因此，我们不要过于心急和忧虑，而是要积极寻找机会，总会找到恰当的时机。

❷ 要积极融入

我们来到新环境时，原本的成员已经经过"磨合期"，形成了一个整体。我们作为"外来者"，必须积极融入，而不是被动地等待这个整体接纳我们。

❸ 不要担心被排斥

我们刚到新环境中，与原本的成员都不熟悉，所以他们一开始对我们并不会太过亲切。但是，我们也不必因此而担心自己会遭到排斥，而是要努力与大家互相熟悉，就能快速融入。

融入新环境，我们该怎样做？

做好心理准备 ➡️

到了新环境时，我们身边的一切都是崭新的，新的老师、新的同学、新的校园环境、新的学习方式……如果不做好心理准备，迎接一切新事物的挑战，就容易手足无措，无法迅速融入，对我们的学习和生活都是不利的。

如果我们的适应能力较弱，在面对新的学习方式和生活方式时，就可能无所适从。这时，我们要扭转心态，尽力去适应。这是一个重新塑造自己的机会，会让我们的学习和生活都呈现崭新的面貌。

⬅️ **尽力适应**

多与老师和同学沟通 ➡️

多与老师沟通，能够让老师了解我们，找到适合我们的学习方式，有利于我们在学习上迅速适应，并取得新的进展；多与同学沟通，有助于我们认识这个群体，并快速适应、融入这个群体，取长补短，让自己不断进步。

我来支招儿啦！

融入新环境有哪些"捷径"？

1. 主动参加活动或游戏

一起玩耍或进行某项课外活动，是我们快速获得友谊的方式。到了新环境后，我们可以观察同学们正在进行哪些活动或游戏，主动加入他们。在愉快的互动中，我们不用说太多的话，也能消除陌生感。

2. 主动向别人寻求帮助

主动向别人寻求帮助，会让对方产生被需要、被认可的感觉，也会对我们产生一定的好感。在交流互动中，双方的陌生感也会逐渐消失。

3. 主动帮助别人

我们到了新环境中，主动帮助同学，能够给大家留下热心、亲切的印象，能让我们快速得到同学们的喜爱、认可，我们也就能很快融入新环境了。

NO.5

主动"出击"，让我交到好朋友

陆风和住在同一个小区的白玲是同一个年级的，但是不同班。陆风早就开始关注白玲了，但是不知道怎样和她交朋友。

一天，陆风正在朝教室走去，迎面看到白玲抱着一大摞作业本走向办公室。陆风想到妈妈对他说的话：要想多交朋友不能总被动地等待，而是要主动出击。于是，他鼓起勇气，礼貌地冲白玲挥挥手，说了声："早上好。"

白玲微笑着回答："早。"陆风看白玲手中的作业本很多，于是说："我帮你抱到办公室吧，上课时间还早呢。"白玲说："谢谢你。"于是，陆风接过白玲手中一半的作业本，俩人一起向办公室走去。

陆风和白玲一边走一边说着话，陆风提到了小区里最近有一只漂亮的橘猫，没想到白玲也关注着那只猫。于是，两人约定放学后一起去喂流浪猫。就这样，陆风与白玲逐渐成为志趣相投的好朋友。

每个人都需要朋友，朋友就是能和我们分享悲喜、互相帮助、共同进步的人。想要交到好朋友，我们不能只是等待，而是要主动"出击"，比如出手帮助他人解决问题，友谊就会在互助时生根发芽。

学习大课堂

 怎样的人更容易交到朋友？

1 待人真诚

我们待人真诚一点，别人会觉得我们是值得信赖的人，就会愿意和我们更亲近地交流。正因为我们不藏着掖着，和别人产生误解的可能性也不高，自然会交到更多朋友。

2 幽默乐观

谁不爱和幽默乐观的人在一起呢？我们身边那些充满正能量的小伙伴，是不是特别容易受到大家的喜爱呢？跟他们在一起玩，一些不愉快的事情似乎都会烟消云散。

3 愿意为他人着想

能够站在别人的角度考虑问题，对于我们小学生来说还是比较难的。做到这一点的人，自然会更加关心他人、帮助他人、理解他人，也更容易交到朋友。

4 乐于分享

有了好书、好吃的、好玩的，乐于与他人分享；他人需要帮助时，提供一些力所能及的帮助，这样的小朋友也容易交到朋友。

朋友交往应把握哪些原则？

真诚原则

只有用真心才能换来真心，谎言和虚伪或许能骗来别人一时的信任，时间长了就露馅了。不真诚对待朋友，那么朋友早晚会远离我们。

朋友之间可以随便一些，但不能超过限度。其中，互相尊重就是一个底线，嘲笑和攻击对人的伤害很大，我们千万不能那样对待朋友。

尊重原则

平等原则

朋友之间无论高矮胖瘦、无论聪明还是普通、无论贫穷还是富有，都必须平等相处。不讲究平等原则，是无法保持良好的关系的。

我来支招儿啦！

怎样与朋友亲切相处？

1. 主动问候

我们不要觉得朋友之间可以随意，而忽略了简单的问候。主动对朋友说一句"早呀""吃饭了吗""昨晚睡得怎么样"，都会让接下来的对话变得流畅、亲切。

2. 耐心聆听

当朋友有心事，想找一个人倾诉时，我们一定要陪在他身边，耐心地聆听，这是进一步拉近双方距离的好机会。

3. 密切互动

友谊也是需要维护的，我们经常和朋友进行密切互动，感情也会越来越亲近。如果长时间不来往，再好的关系也可能疏远。

4. 达成共识

在很多问题上无法达成共识的人，是很难成为知心朋友的。所以，我们一定要努力和朋友达成共识，寻找双方都感兴趣的话题，才能取得共鸣。

NO.6
面对陌生人，我这样应对

　　一天，菁菁和妈妈一起去逛公园，发现一对新人正在花丛中拍婚纱照。菁菁看着那对新人在摄影师的指挥下摆出各种各样的造型，目光始终没离开过新娘子，她想："这新娘子好漂亮啊，真想和她合照留念。"过了一会儿，那对新人的拍摄结束了，妈妈提醒菁菁该走了，她却有些恋恋不舍。妈妈看出了女儿的心思，觉得这是个锻炼她跟陌生人交流的好机会，于是问道："你是不是想和新娘子合影啊？"看到菁菁连连点头，妈妈又说："那你去和新娘子商量一下吧。"菁菁有点犹豫地说："可是您对我说不要随便跟陌生人说话的。"妈妈说："我在你旁边呢，不用怕，去吧。"

菁菁慢慢走向新娘子，说道："姐姐，你好漂亮啊，我想和你合个影，好不好？"新娘子微笑着点点头，还把手里的花束递给她。妈妈用手机一连拍了十几张，菁菁把花束还给新娘子，说道："谢谢姐姐，祝你新婚快乐。"新娘子说："谢谢，你真是个有礼貌的小姑娘啊！"

我们作为小学生，既不能缺乏对陌生人的警惕，也要能在安全的环境下大大方方地与陌生人交流。陌生人并不是坏人的代名词，我们积极和陌生人交流，是培养社交能力的重要途径，同时也能培养我们的自信心、待人接物的能力以及辨别是非的能力等。

学习大课堂

 我们该怎样与陌生人交流?

❶ 坚持诚实、友好的原则

如果我们从不跟陌生人打交道,反而更容易上当受骗。因此,适当与陌生人接触、交流是很有必要的。大多数的陌生人都是好人,我们与陌生人交流时必须坚持诚实、友好的原则。

❷ 避免过于热情或过于详细的自我介绍

我们在与陌生人交流时,要避免过于热情,保持适当的距离和礼貌,可以让对方感到更自在和舒适。同时,做过于详细的自我介绍是没有必要的,容易透露隐私,可能产生安全隐患。

❸ 掌握自我保护和自我救助的方法

我们要对社会上一些危害未成年人的案例有一定的了解,掌握自我保护和自我救助的方法。例如,不要随便跟陌生人走,不要接受陌生人的饮料或食物等。与陌生人交流时,如果对方是善意的,我们就可以与其进行友善的交流;如果对方怀有恶意,我们也要知道如何求救,或摆脱对方的追赶。

为何完全"不和陌生人说话"不可取?

陌生人≠坏人

我们作为小学生,还缺乏自保能力,因此在与陌生人(尤其是陌生的成年人)交流时,必须有一定的防范意识。但是,如果在相对安全的地方,就不必对每个陌生人都充满敌意。如果将陌生人与坏人画上等号,反而对我们的成长不利。

如果我们恪守"不和陌生人说话"的原则,那么在需要陌生人的帮助时,就可能开不了口。例如迷路了不敢向陌生人问路,东西丢了不好意思问陌生人是否捡到等。

不利于寻求帮助

缺乏交流能力

从小形成"不和陌生人说话"的习惯,在长大后也很有可能不愿意和陌生人交流。这样一来,就会给正常社交带来不必要的麻烦,影响是非常大的。

我来支招儿啦!

让陌生人变成朋友的方法有哪些?

1. 保持微笑

我们与陌生人交流时,保持微笑可以让对方感到友好和舒适。

2. 倾听对方

在交流中,我们要倾听对方的意见和观点,认真听对方讲话,可以让对方感觉受到尊重和重视。

3. 寻找共同点

在开始交流时,可以选择一些轻松的话题,例如天气、体育、音乐等,这样可以为双方的交流打开话题。我们可以努力寻找和对方之间的共同点,例如生活地点、兴趣爱好、经历等,这样可以为双方的交流提供话题和共鸣点。

NO.7

我要和老师**交朋友**

　　瞳瞳是个性格内向的小女孩，老师提问时她从来不敢举手，偶尔被点名回答问题，她的脸都红得像熟透的桃子一样，回答的声音也特别小。

　　上了五年级后，瞳瞳的班主任换成了和蔼可亲的谢老师。

谢老师发现瞳瞳是个聪明的孩子，但是由于不爱回答问题，不爱与别人交流，阻碍了她成绩的提升。于是，谢老师准备多鼓励瞳瞳交交心。

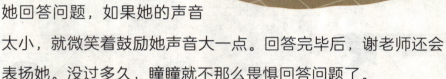

从此以后，谢老师上课时就经常点瞳瞳的名让她回答问题，如果她的声音太小，就微笑着鼓励她声音大一点。回答完毕后，谢老师还会表扬她。没过多久，瞳瞳就不那么畏惧回答问题了。

谢老师还了解到瞳瞳喜欢看书，就偶尔把她叫到办公室，让她坐在自己旁边的椅子上，跟她谈论一些有关阅读的事，鼓励她多看各方面的书籍，还把自己上中学的女儿的一些课外读物借给瞳瞳读。与谢老师沟通多了，瞳瞳的胆子也慢慢大了起来，敢主动和别人交流了，她的成绩也有了显著的进步。

很多小朋友最初不敢回答老师的问题，成长到能够跟老师交朋友，就是因为遇到了好老师。实际上，就算我们的老师不太喜欢主动和学生谈心，只要我们积极与老师交流，也能得到老师的善意回应。

学习大课堂

和老师交朋友有哪些好处？

1 提升学习的动力

与老师关系融洽，我们学习起来会更有动力，上课时也更有勇气站起来发言。老师也可以更好地了解我们的想法，改进自己的授课方式，让我们更容易接受授课内容。这些对提高我们的学习成绩是很有帮助的。

2 可以学到为人处世的道理

老师是知识和阅历都比较丰富的成年人，我们与老师交朋友，就能从他们那里学到不少为人处世的道理，并锻炼我们和成年人相处的能力。这对提升我们的说话办事能力、社交能力都是大有裨益的。

3 遇到问题可以及时向老师求助

与老师交朋友，我们在遇到问题或困难时就可以大胆、及时地向老师求助，老师也会耐心地予以解答或帮助。老师有丰富的教学经验，我们与老师交流得多了，老师就可以根据了解到的情况为我们提供最适合的学习资源和建议，甚至可以帮助我们找到适合自己的学习方法。这对于学习成绩一般的小朋友尤其有帮助。

如何与不同风格的老师相处？

权威型老师 →　这个风格的老师比较以自我为中心，通常不允许学生提意见，可能会导致学生缺乏自信、过度依赖。面对这样的老师，我们尽量按他们要求的去做，但也不能一味忍让，要有合理的建议和拒绝。

　　这个风格的老师对学生放任自流，学生的学习和生活似乎都与他关系不大，只要讲完课就什么都不关心了，容易培养出无组织、无纪律的学生。遇到这种老师，我们就需要养成自我约束的习惯。　← **放任型老师**

民主型老师 →　这个风格的老师在教学和管理时都讲究民主原则，尊重学生意见同时又不会放任自流，而是宽严相济，与同学们一同找到最佳的授课方式。

我来支招儿啦!

我们应该如何与老师交朋友?

1. 尊敬老师

老师是辛勤的园丁，用知识浇灌我们这些祖国的花朵。同时，老师也算是我们的长辈，尊敬他们是理所应当的。更何况，尊师重教本来就是我国的传统美德。因此，作为学生，我们要尊敬老师，礼貌地对待老师。

2. 理解老师

老师为了维护课堂纪律、提升学生成绩，有时候不得不展现威严的一面，让我们产生敬而远之的心理。我们应该理解老师，好好学习，严格约束自己。

3. 接近老师、体贴老师

很多老师也有与学生交朋友的愿望，我们应该主动接近老师，了解老师、体贴老师，多和他们聊天，主动帮助老师做一些力所能及的事，就会发现老师也是普通人，是可以很好相处的。

NO.8
"孩子头"的自我修养

　　小奥今年 10 岁，别看他年纪不大，但他在一群小伙伴中长得最高，而且力气很大，人也很聪明，常常组织大家一起做有趣的游戏，大家都愿意跟他一起玩。渐渐的，小奥成了五六个小伙伴中的"孩子头"。

有一天，小奥和小伙伴们发现一棵柳树上有一个鸟窝。于是，小奥对身手最为矫捷的扬扬说："你上去看看鸟窝里有没有鸟蛋。"扬扬原本对小奥言听计从，但这次他却不肯上，而是说："我平常最喜欢小动物了，我不会上去偷鸟蛋的。"

小奥嘟囔了一声："胆小鬼。小兵，你上。"小兵也摇摇头说："我不会爬树，摔下来怎么办？"

小奥一看没人愿意爬树，就决定自己上，这时扬扬拉住他说："你不要偷鸟蛋，这种行为是不对的。"其他小伙伴也都劝小奥不要偷鸟蛋。小奥气急败坏地说："你们都不听我的话了是吧？我再也不跟你们玩了。"说完，他就气呼呼地回家了。

"孩子头"往往是一群小孩里的领导者，习惯指挥其他小伙伴，其他小伙伴也乐于听他的。但是，如果"孩子头"指挥不当，也会遭到反对，甚至失去自己的"权威"。总的来说，当"孩子头"有利于我们培养领导才能和社交能力，但是要当好"孩子头"还是有一定讲究的。

学习大课堂

怎样才能当好"孩子头"？

1 要以普通一员自居

有些"孩子头"总是一副唯我独尊的派头，一开始其他小伙伴可能还愿意听他的，时间一长大家就会厌倦甚至愤怒，"孩子头"的人际关系会受到很大的影响。因此，"孩子头"要以普通一员自居，才不会影响"地位"。

2 要能以身作则

"孩子头"可不是光发号施令就行的，还必须以身作则，做的事比大家都多、比大家都好，才能令人信服。

3 要会随机应变

当一些计划外的事件出现时，"孩子头"要懂得随机应变，调整计划和分工等，与大家一起想办法解决问题，让预期目标可以顺利完成。

4 学会换位思考

如果"孩子头"不懂换位思考，就容易变得霸道，失去大家的信任。所以，必须学会换位思考，多站在其他小伙伴的角度看问题。

有的"孩子头"为什么会很霸道？

家庭教育问题 →

父母是孩子的第一任老师。如果父母对孩子太过溺爱、百依百顺，就容易让孩子养成霸道蛮横的性格。

学校教学过程中滥用惩罚、强制灌输或者不管不顾等，都会让学生学会阳奉阴违，造成人格上越来越严重的缺陷。这类学生中的"孩子头"，就会很霸道。

← **学校教育简单化**

自身认知偏差 →

有些小朋友对自己行为的结果的认知产生了偏差，又没有人及时纠正他们，朋友们又对他们百依百顺，他们就日益变得霸道起来。

我来支招儿啦！

怎样当个合格的"孩子头"？

1. 遇事敢于站出来

身为"孩子头"，如果遇到事情时畏首畏尾，害怕承担责任，是无法赢得大家的信服的。所以，要想成为一个合格的"孩子头"，在遇到事情时，必须站出来承担责任。

2. 具有紧迫感和危机感

"孩子头"提出建议时，要站在集体利益的角度表达出紧迫感和危机感，例如"大家快点儿，要迟到了""大家要努力，不能被别的班（小组）甩在后边"等，这样容易获得大家的信赖。

3. 能够提出合理化建议

想要成为合格的"孩子头"，必须真心为集体着想，遇到问题要能够认真思考，并结合大家的意见提出合理化建议。

4. 能够激励大家

一个团体遇到困难时，成员难免陷入沮丧之中，这时候"孩子头"必须保持积极的态度，激励大家战胜困难。

NO.9
和异性也能做朋友

唐磊今年上六年级，是班里的优等生。最近，他有一个很大的苦恼：他跟朋友菲菲说话时，总是会被同学们起哄。

唐磊和菲菲是在幼儿园认识的，上小学时又正好在一个班，他们顺理成章成了好朋友。头几年，大家对他俩朝夕相处都习惯了，也没人在意。但是到了六年级，不知是谁先开始起哄，一看到他们两个在一起说话，别的男生就会嬉笑着说什么"青梅竹马""天生一对"之类的怪话。一开始，两人并不在意，但渐渐的，越来越多的同学跟着起哄，让两人不得不

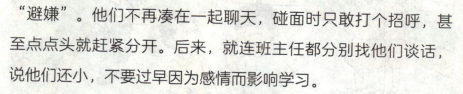

"避嫌"。他们不再凑在一起聊天，碰面时只敢打个招呼，甚至点点头就赶紧分开。后来，就连班主任都分别找他们谈话，说他们还小，不要过早因为感情而影响学习。

唐磊和菲菲都非常苦恼：他们是多年的好朋友，为什么没办法正常交流？难道异性同学就不能当好朋友了吗？

青少年异性之间的交往很可能被认为是"早恋"。实际上，异性之间的友谊是很正常的，对我们的性格的养成和人格发展都有积极意义。

学习大课堂

 与异性朋友交往有哪些益处?

1 实现个性互补

男生和女生有着不同的生理和心理的特点,只和同性交往,会让我们的个性发展变得较为狭隘。而与异性交往能帮助我们看到问题的不同角度,了解事物更加全面,个性也能得到全面的发展。

2 思维碰撞

男生与女生的智力各有侧重,交往时能够互相学习、取长补短,实现思维的碰撞,提升双方的智力水平。

3 情感交流

与异性朋友交往时,我们能够获得不同的情感体验。一般来说,男生的情感更加热烈外露,女生的情感更加细腻丰富。当我们需要同情、鼓励时,有的时候在同性朋友那里无法得到,却可以在异性朋友那里得到。

4 正确认识异性

每个人到了一定的年龄都要组建家庭,而提前与异性进行健康的交往,有利于更好地了解异性,消除面对异性时的神秘感和害羞感,让我们未来的生活更为和谐。

与异性朋友交往应注意什么?

要明白"男女有别"

男女差异是客观存在的，我们在与异性朋友交往时，要意识到这种差异的存在，并做到互相理解、互相尊重，友谊才有保障。

正因"男女有别"，所以与异性朋友交往时不能像同性朋友一样随便，而是要自尊自爱，言行举止要庄重文雅，避免引发对方的反感，或引起不必要的误会。

不能过分随便

不必过分拘谨

与异性朋友交往时，一些不自然的拘谨是没有必要的，也不用太过严肃，只要把握一定的限度就可以正常交往。

我来支招儿啦！

和异性交往时被质疑早恋怎么办？

1. 向长辈倾诉，接受他们的引导

我们与异性朋友正常交往时遭到质疑，可能会陷入焦虑、痛苦之中无法自拔，导致身心俱疲，影响学习和生活。这时候，我们可以向父母倾诉，只要客观陈述，相信多数父母都会理解，帮我们分析解决问题的办法。我们也可以向老师求助，或许可以找出谣言的源头，使友谊得以继续。

2. 主动避免频繁接触

产生早恋传闻，可能是我们与异性朋友交往太过频繁所致。因此，我们可以主动与朋友商量，在保持双方友谊不变的前提下避免频繁接触。

3. 和质疑者说清楚

我们可以主动把自己的想法和情况告知质疑者，并请对方继续关注我们和异性朋友。只要我们和异性朋友保持正常的交流，时间一长对方就可能不会再质疑我们了。

NO.10

去做客，我要懂礼貌、守规矩

周日下午，小淘来到东东家门前，按响了门铃。当时，东东的妈妈正在卧室里打扫卫生，就喊东东去开门。恰好东东当时在厕所，没有听到。小淘不耐烦了，叮咚叮咚连按了七八下，东东的妈妈心想："这是谁呀，这么没礼貌？"她走出卧室，打开了门。

　　小淘进了房间，也不说声"阿姨好"，直接就问："东东呢？我来找他玩。"这时东东已经从厕所出来了，热情地招呼小淘去自己的房间玩，小淘就径直走进了东东的房间。东东的妈妈将一盘糖果端了进去，东东说：

"谢谢妈妈。"小淘依然一言不发，拿起一块糖，剥开后放进嘴里，随手将糖纸扔到了地上。后来，两个人又一起玩玩具，结果小淘把玩具扔得满屋子都是，还把东东的小恐龙弄坏了。

　　等小淘离开后，东东的妈妈一边收拾屋子，一边对东东说："你的朋友不懂礼貌，你可不能像他一样啊。"东东撅着小嘴说："他把我的小恐龙玩坏了，一句道歉的话都没有说，我再也不会邀请他到家里来玩了。"

　　到朋友家做客，不向朋友的父母打招呼、随地扔垃圾、弄坏了朋友的东西不道歉等，都是没有礼貌、不懂规矩的表现，会让朋友寒心，甚至会让我们失去朋友。可见，我们到朋友家做客时，必须懂礼貌、守规矩。

学习大课堂

 哪些事是做客时不能做的?

1 乱动别人家的东西

我们去别人家做客时,虽然主人通常会对我们说:"别客气,就当在自己家一样。"但我们也不要太"不客气"了。在没有得到允许的情况下,我们不要乱动别人家的东西。

2 随便到卧室去

卧室是一个较为私密的空间,如果我们没有得到邀请,就不要随便进入别人的卧室,尽量待在客厅。

3 大吵大闹

就算我们平时说话嗓门就大,在朋友家做客时也要尽量克制,不要大吵大闹,以免影响到朋友的家人。

4 主人谈论家庭事务时不要插话

我们作为客人,只与朋友交流就行了。当朋友的家人正在谈论与我们毫无关系、或与家庭事务有关的话题时,一定不要随便插话,否则会被视为不礼貌的行为。

到朋友家做客有什么好处呢?

增进友谊

到朋友家做客,可以增进我们和朋友的友谊,让我们更加了解朋友。这对于我们小学生来说尤为重要,因为我们正在建立友谊、构建社交网络,这样较为深入的交流是我们学习如何与朋友交往的好方法。

到朋友家做客可以让我们学到更多的社交技能,比如礼仪、交流和合作等。这些技能对于我们的成长和发展非常重要,可以帮助我们在未来的生活中更好地融入社会。

学习社交技能

认识新鲜事物

到朋友家做客,可以让我们体验新鲜的事物,比如新的游戏、玩具和活动等。这可以让我们开阔视野,增加知识和经验。

49

我来支招儿啦!

去朋友家做客，有哪些礼节呢？

1. 穿戴要整洁

我们去朋友家做客，一定要穿上干净整洁的衣服，并把脸和手都洗得干干净净，给朋友及其家人留下良好的印象。

2. 准时赴约

说好几点去做客，就一定要准时或者略微提前一点到，如果因故无法准时，要提前打电话通知对方，没有条件提前通知对方，到了之后一定要诚恳道歉，取得对方原谅。

3. 进门主动向长辈问好

我们到朋友家做客，要主动向他的爷爷、奶奶、爸爸、妈妈等长辈问好，这样会让对方感觉我们是懂礼貌的好孩子。

4. 要讲卫生

在朋友家玩，我们一定要讲卫生，不随便脱鞋、不乱扔果皮和纸屑、不随地吐痰等。如果让别人觉得我们是不讲卫生的孩子，下次我们可能就不会受到邀请了。

NO.11

懂社交的孩子≠"人来疯"

周日，莹莹家里来了客人——妈妈的同事刘阿姨，一起来的还有刘阿姨的女儿小玉。莹莹兴奋得不得了，也不和刘阿姨打招呼，拉起小玉就到自己的卧室去玩了。

妈妈和刘阿姨正在客厅商量事情，莹莹和小玉突然跑了出来，她们一会儿一起去捉弄家里的小黄狗，一会儿争论该看什么动画片，叽叽喳喳说个不停。过了一会儿，莹莹又跑回卧室拿来自己画的一摞画，也不管刘阿姨正在说话，非要她看看自己画得怎么样。

刘阿姨和小玉走后，莹莹还是非常兴奋，问妈妈她们什么时候再来。妈妈说："如果你的表现还和今天一样，那她们就不会再来了！"莹莹着急地问："为什么呀？我对刘阿姨和小玉不是很热情吗？"妈妈说："你太热情了，都成了'人来疯'，刘阿姨表面不说什么，内心会不高兴的，所以不会愿意再来我们家做客。"莹莹意识到了自己的问题，决心不再当"人来疯"。

"人来疯"的小朋友在客人来家里时总是太过兴奋，会打扰大人的谈话，惹得爸爸妈妈和客人都不高兴。他们自己却意识不到，还以为自己是在扮演一个社交能力强的小主人呢。可见，家里来客人时，我们必须懂礼貌，知道哪些行为是得体的，才能招待好客人。

学习大课堂

恰到好处的待客礼仪是怎样的？

❶ 客人来访时

客人来了之后，我们一定要文明热情、礼貌接待，为客人开门，向客人问好，表示欢迎。如果客人带着礼物，我们要接过来，但不要随意翻礼物。

❷ 客人落座后

客人坐好后，我们要帮助爸爸妈妈给客人拿水果。爸爸妈妈泡好茶后，我们可以帮忙端给客人，但要注意不要烫到手或者摔破杯子。如果客人带着小朋友，那招待小朋友的责任就需要我们全权负责了，可以拿出自己的零食、玩具、图书等，陪他们一起玩，尽到小主人的责任。

❸ 客人和家长聊天时

客人和家长聊天时，我们不要随意打扰，也不要随意插话。

❹ 就餐时

与客人一起就餐时，我们不要在客人之前动筷子，不要乱翻食物，用餐时讲究卫生。

为什么有些小朋友是"人来疯"?

个性特点

有些小朋友天生就比较外向、活泼、好动,容易做出过度兴奋或冲动的行为,这种行为可能是他们个性特点的一部分,而不是因为他们故意要引起大人的注意。

有些小朋友可能在成长的过程中面临着许多压力和焦虑,例如学习压力、社交压力、家庭冲突等。当他们感到紧张或不安时,可能会做出过度兴奋或冲动的行为,以缓解自己的压力。

压力和焦虑

环境因素

有些小朋友可能在特定的环境中表现出"人来疯"的行为,例如在宴会、游乐场、演唱会等热闹的场合,可能是因为他们对这种环境非常感兴趣,或者因为他们感到很有自信,所以会做出过度兴奋或冲动的行为。

 我来支招儿啦！

该怎样改善"人来疯"的性格？

1. 找到合适的表现机会

我们可以找一些合适的时间和场合表现自己，比如参与班级文艺活动，和小伙伴组织各类活动等，在这些恰当的场合能让我们展现自己的价值和能力，充分释放自己的能量和精力。

2. 培养自控能力

"人来疯"往往是缺乏自控能力的结果。因此，我们需要培养自控能力，可以尝试一些需要耐心和持久力的活动，如拼图、玩具组装等，或每天晚上回顾自己的行为和情绪，思考哪些地方需要改进，并制订相应的计划等。

NO.12

不要让恶作剧发展成**校园**霸凌

　　小祥是班里非常活跃的男孩，有什么活儿他都抢着干，有什么活动他也总是第一个报名参加。但是，班里很多同学却不喜欢他，因为他太爱恶作剧了。

　　一天下午，班里的"小不点"洋洋的爸爸来接洋洋放学。过去洋洋从来都不让爸爸来接他，因为他的爸爸小时候得了一场病，病好后走路一瘸一拐的，洋洋害怕同学会嘲笑自己，所以都是他的妈妈来接他，但是今天妈妈临时有事。洋洋催促着爸爸快点走，并不时地回头看，没想到，还是

被班里爱起哄的小祥看到了。这对洋洋来说就像晴天霹雳一样，让他瞬间觉得自己的校园生活将是一片黑暗。

　　果然，到了第二天，洋洋刚进教室，就看到小祥在几个同学面前学自己爸爸一瘸一拐走路的样子。洋洋眼泪都要流出来了，但是他又不敢跟身材高大的小祥起冲突，只能低着头往座位上走，一坐下来就把头埋在胳膊里哭起来。班长多多看不下去了，劝小祥适可而止，小祥却一脸无所谓地说："不就是一个恶作剧吗？至于这么大惊小怪的吗！"

　　同学之间小小的恶作剧，有助于活跃气氛、增添欢乐。但是如果分不清恶作剧与校园霸凌的区别，不知道哪些玩笑能开，哪些玩笑不能开，就会给遭到捉弄的同学带来心理上的伤害，这是需要引以为戒的。

怎样的恶作剧不令人讨厌？

1 有趣、健康

恶作剧不要用庸俗、无聊、带有恶意的内容来引人发笑，否则只会让别人讨厌。恶作剧要有趣、健康、适度，这样不仅可以活跃气氛，还可以增进同学间的团结。

2 注意开玩笑的对象

对乐天派的小伙伴恶作剧，会让大家会心一笑，可能他们还会跟着一起嬉笑；对性格孤僻的小伙伴恶作剧，可能会让他们情绪低落，甚至会发怒，导致不好的结果。

3 看准时机和场合

进行恶作剧时，必须选择恰当的时机和场合。别人苦恼时不要恶作剧，在图书馆等安静的场所也不要恶作剧。此外，吃饭时也不要恶作剧，以免因发笑而导致食物进入气管，酿成悲剧。如果不会选择时机和场合乱搞恶作剧，就容易成为惹人讨厌的人。

4 注意分寸

恶作剧一定要注意分寸，否则玩笑话可能会演化为谩骂，小打小闹也可能演化为打架。

哪些恶作剧令人厌恶？

揭短的恶作剧

有人以揭别人的短为乐，说的人和听到的人可能会因这种庸俗的玩笑而开心，而被揭短的人当然开心不起来，还会受到严重的心理伤害。

生理缺陷是很多人内心的伤疤，如果以此取乐，会让对方的自尊心受到严重伤害，也是自身缺乏教养的表现。

以生理缺陷为话题的恶作剧

可能危害对方安全的恶作剧

有人爱在别人坐下时抽走椅子，这种恶作剧是很危险的，因为这样很可能会使对方的尾椎骨受到伤害。类似的可能危害对方安全的恶作剧一定不要做，以免造成无法挽回的后果。

我来支招儿啦!

我们被同学取笑，该怎么处理?

1. 敢于说"不"

对于借着恶作剧的名义进行霸凌的行为，我们要敢于说"不"。很多时候，实施霸凌行为的人大多欺软怕硬，只要我们严肃地警告对方，明确表达出自己的反感，亮出底线，对方就可能会收敛。如果不反抗，对方很可能会得寸进尺。

2. 掌握高明的说话技巧

被低级的恶作剧取笑时，如果我们有着高明的说话技巧，就可以巧妙地反击对方。有这样一个有趣的故事：一天，大作家歌德在一条小路上走着，迎面过来了一个大腹便便的富商，富商傲慢地说："我从来不给傻瓜让路。"歌德微微一笑，让开了路，说："我恰恰相反。"这个故事就是用高明的说话技巧进行反击的典型事例。

3. 请老师介入

如果遇到过分的恶作剧，可以警告对方，说再有下回就要请老师介入。如果对方还不收敛，就需要真的去请求老师的帮助。

NO. 13

心胸狭隘，容易失去**好朋友**

　　彦春和小桥是好朋友，他们经常一起玩。有一年，彦春过生日，他舅舅送给他一套装帧精美的天文书，彦春喜欢极了。这一天，彦春邀请小桥到自己家里玩，并拿出这套天文书给小桥看。小桥翻开一本，立刻被里面生动的文字和精美的插图深深地吸引住了，便坐在地毯上津津有味地看起来。

看着看着，小桥感觉腿有点酸，于是想要站起来活动活动。没想到，他站起来时，一不小心把书扯坏了。彦春看到书被扯坏了，一下子惊叫起来："你怎么这么不小心，把我最心爱的书弄坏了！这是我舅舅送给我的生日礼物，可贵了！"小桥满怀歉意地说："我让我妈妈买一本赔给你吧。"彦春不依不饶地嚷道："人家都是成套卖的，根本不分册卖。再说就算买了新的，能跟我舅舅送的比吗？"小桥也有点生气了，说："那你说怎么办？"彦春说："你做错事还这么理直气壮？你走吧，我再也不会让你到我家玩了。"

第二天，小桥按照原价赔偿了那本书。之后，小桥多次向彦春道歉，但彦春始终不肯原谅他。从此，两个好朋友成了冤家对头，谁也不理谁。

后来，班主任发现了这个情况，就分别找他们谈话，让他们相互包容，相互理解。最终两个人又和好了。

在朋友犯错后不依不饶，甚至找机会报复，是心胸狭隘的表现，这样是很容易失去好朋友的。凡事斤斤计较，对别人的过错耿耿于怀，就会被当成小心眼的人遭到疏远。可见，我们在培养社交能力时，必须让自己的心胸开阔起来。

心胸狭隘有什么不良影响？

❶ 社交能力差，交往面窄

心胸狭隘的小朋友不会受到大家的欢迎，他们也无法提升交际能力，交际面很窄，无法和别人和谐相处。

❷ 容易被孤立

心胸狭隘的小朋友，说话、做事都很难顾及别人的感受，因此别人也不愿意接近他们，他们就很容易遭到孤立。

❸ 思想和行为容易极端

心胸狭隘的小朋友，心里总有怨恨等负面情绪堆积，且从来不反省自己的行为，因此他们的思想和行为都容易走极端，内心十分脆弱，容易和别人发生冲突。

心·胸狭隘的原因有哪些?

天生的气质 ➡️

有些小朋友天生就是忧郁型气质，他们遭受到一定的心理创伤时，就可能变得狭隘起来。这种心理创伤未必有多严重，有可能是小事，但他们由于缺乏社会阅历和人际交往的经验，遇到小小的挫折就可能受到严重刺激。

一些自我意识太强的小朋友，不会站在他人的角度看待问题，就会变得敏感、狭隘、斤斤计较，在生活中只考虑自己的得失，看问题也会很片面，显得心胸狭隘。

⬅️ **自我意识太强**

家庭教育 ➡️

有些小朋友在犯了错后，父母总是不当回事，不责备，也不告诉他们错在哪里。时间长了，他们就形成很强的优越感，认为谁都比不上自己，也就无法容忍别人对自己的"冒犯"。

我来支招儿啦！

怎么改变心胸狭隘的缺点？

1. 试着从积极的一面看问题

一些小朋友之所以心胸狭隘，是因为习惯从消极的一面看问题，面对问题时的心理感受和情感体验都是负面的。如果能尝试着多从积极的一面看问题，心情就容易变得开朗起来，心胸也会日益开阔。

2. 多与别人交流、合作，培养宽广的胸怀

心胸狭隘的小朋友，很多都是缺乏与人交流的经验所致。我们要尽量参加一些集体活动，例如布置元旦晚会，在这类活动中可以与同学们交流想法和建议。只要多与人交流、合作，学习别人处理人际关系的方式，就可以让心胸逐渐变得开阔起来。

3. 补充知识、拓宽兴趣

人的心胸，很多时候是与知识和修养等有关的，所以要多读书、读好书，知识增加了、兴趣拓宽了，眼界也会变得开阔，心胸也会因此开阔不少。

NO.14

被同学忌妒，我很痛苦

  丹丹是个活泼开朗的女孩，成绩也很好，她和好朋友小莉常常位居班内的前几名。

  上了五年级后，小莉的语文成绩日益退步，与丹丹的竞争变得逐渐艰难起来。与她相反，丹丹的成绩依然稳定，还被选

为班干部。在一次考试后，丹丹再次名列前茅，让同学们赞叹不已。但一个谣言却突然在同学间传播开来：丹丹考试作弊了，而且她是一个作弊老手。大家起初都不信这个谣言，因为丹丹的聪明和好学大家都看在眼里。但是谣言的制造者却不肯善罢甘休，坚持不懈地进行传播，有同学就开始用异样的眼光看丹丹了。

　　丹丹非常生气，同时有些奇怪：自己一向和同学们关系很好，谁会故意污蔑自己呢？她找小莉倾诉，小莉表现出一副义愤填膺的样子，替她鸣不平。但过了段时间，丹丹在无意中终于弄清楚了：谣言就是小莉制造出来的！丹丹心里清楚，小莉是忌妒自己才故意造谣的。她觉得很痛苦，自己一直把小莉当成好朋友，没想到小莉会这样对待自己。

　　班级中学习或者相貌比较突出的同学，常会遭到其他同学的忌妒。被人忌妒会使人感到不舒服，给人带来精神压力。实际上，每个人都有忌妒之心，只要善加利用，就可以升华成上进之心。但如果处理不当，任由忌妒之火燃烧，就可能酿成无法挽回的恶果。

学习大课堂

 怎样的人不会轻易忌妒别人?

① 有正确的竞争意识

有的小朋友在竞争中胜过别人就沾沾自喜、唯我独尊，一旦不如别人就容易产生忌妒情绪，这都是没有正确的竞争意识所致。而树立正确的竞争意识后，就可以时刻敦促自己上进，努力实现自己的价值，不会在无谓的忌妒中浪费精力。

② 有博大的胸怀

心胸博大的小朋友会对别人的成绩进行由衷的赞美，并产生向对方学习的积极情绪，而不会产生强烈的忌妒心理。不仅如此，培养博大胸怀还会让我们在遇到挫折时不轻易放弃，而是认真分析原因，总结经验，从头再来，这样获得成功的概率会提高不少。

③ 会宣泄负面情绪

忌妒这种负面情绪，如果能够得到及时而恰当的宣泄，就不会堆积起来，更不会诱发一些不理智的行为。想要宣泄这种情绪，可以向家长或老师倾诉，从他们那里得到鼓励，并分析我们与他人产生差距的原因，用积极的方法缩短差距。

忌妒有哪些害处？

影响团结

忌妒会影响同学之间的团结。忌妒者常会散播谣言，甚至直接对某方面比自己强的人进行攻击。

忌妒者传播谣言、组织他人对别人进行语言和行动上的攻击，常会让对方遭受无端的精神压力，甚至酿成难以挽回的恶果。

给被忌妒者带来困扰

给忌妒者带来负面影响

忌妒者自己的内心会被妒火占据，无法用正确的态度来对待学习和生活。如果任由忌妒之火无限制地燃烧，最后只会害人害己。

我来支招儿啦!

遭人忌妒如何正确处理?

1. 走自己的路,让别人说去吧

不屑一顾,就是对忌妒者最大的打击。遭到忌妒后,我们可以像没发现这件事一样照常学习、生活,时间一久就会逐渐消除负面影响。

2. 善于交流,扬长避短

遭人忌妒,往往是因为我们在某些方面很出色,而我们出色的方面恰恰是忌妒者的短处。这时,我们可以表彰一下忌妒者的出色方面,并强调他们的出色点正是我们的"短板"。这样做不仅可以消除忌妒者的忌妒心理,而且也让忌妒者知道大家都很优秀,从而减少敌意。

3. 积极寻求帮助

遭人忌妒后,对方在交流后依然传播不利于我们的流言,这种时候我们要积极寻求老师或家长的帮助,由大人们对其进行必要的教育。

NO.15

看到同学比我强，我不自卑

宁宁原本跟爷爷、奶奶在乡下生活，今年才来到城里上学。他性格活泼，顺利交到了朋友。很快，宁宁就被朋友傅戈"震惊"到了：傅戈的各科成绩在全班都是数一数二的；傅戈擅长唱歌，大家都很爱听，他还会弹古筝……宁宁看着傅戈如此出色，心态出现了微妙的变化：他羡慕傅戈，也暗暗责怪自己什么出色的地方都没有。

一个周末，傅戈给宁宁打电话，邀请他一起去逛博物馆。宁宁说："我有点不舒服，不去了。"妈妈闻声走过来问："你怎么了？要不要去医院？"宁宁犹豫着说："傅戈各方面都比我强，我不愿意跟他一起玩。"妈妈知道这是儿子的自卑感在作祟，于是问："那他学习好吗？"宁宁回答："挺好的。"妈妈又问："那他体育强吗？"宁宁扑哧笑出声来："他连 400 米都跑不下来，每次体育课都偷懒。"妈妈说："你看，每个人都有优点和缺点，所以才需要多交朋友，取长补短。"

宁宁点点头，给傅戈打了电话，说自己感觉好些了，马上去博物馆找他。

一些小朋友因学习、外貌、家境等不如同学而自卑，并不是什么稀罕事，这种心态也不是简单就能扭转的。我们要想取得心理

平衡，不妨利用心理学上的补偿心理，找到自己的优势，就可以一定程度上恢复自信，也就能够用平等的态度与同学交往了。

自卑的小朋友有哪些表现？

1 缺乏主见

自卑的小朋友做事时会缺乏主见，时刻关注着别人的意见，却忽视了自己的想法。

2 不善交际

自卑的小朋友不愿意多与他人交流，即便勉强交流，也都是一些无效的交流，因此无法交到更多朋友。

3 过度自负

有些小朋友看起来与自卑毫无关系，而是非常自负，似乎完全不将别人的意见放在眼里。其实，这往往还是自卑情绪在作怪，只是用自负来掩盖。

4 敏感多疑

自卑的小朋友自尊心往往很强，并对他人的评价非常在意，因此显得非常敏感。

自卑主要是哪些因素导致的？

成绩因素

对于我们来说，首要的任务就是学习。如果成绩不佳，很多小朋友就容易产生自卑心理，甚至自此变得意志消沉。

外貌因素

相貌不佳、面部有胎记或伤痕、身材瘦小、身体有缺陷等，都可能让小朋友在同学中抬不起头来，产生严重的自卑心理。

家庭因素

家境不好、单亲家庭或者爸爸妈妈有生理缺陷等的小朋友，都容易感到自卑。有时爸爸妈妈对我们期望过高，我们一旦达不到他们的期望也容易使我们变得自卑。

能力因素

有些小朋友看到同学有的能歌善舞，有的能言善辩，有的运动神经出色，有的交际能力出众……反观自己，似乎没有什么特别的能力，就容易产生自卑心理。

我来支招儿啦！

如何扫除自卑心理?

1. 发现自己的长处

当我们心理上自卑时，可以试着找找属于自己的长处。当找到自己的长处后，更多地去关主自己的进步，不再去过度与他人进行比较，避免自卑心理。

2. 乐观看待生活

乐观并不是让我们忘记差距，相反，我们还是要正视差距的存在，并努力弥补差距。面对差距、挫折等，我们要有乐观的心态，不要被挫折打败。

3. 拓宽视野

我们的自卑心理很可能来自思维的局限性，目光停留在当前的小圈子里，不知道还存在更广阔的舞台。因此，我们可以多交朋友、多参加团体活动，给自己的独特之处找到发挥的舞台，自卑心理也会随之减弱。

NO.16

和好朋友闹别扭，这样和好

　　苏婷和王雪是一对好朋友，两人虽然不同班，但住的地方相距不远，上下学都会一起走，路上两人总是天南海北地聊天。

　　这天放学路上，两人聊到了唐朝著名诗人李白和杜甫的友谊。对于杜甫对李白的崇敬，两人并无异议，但说起李白对杜甫的态度，两人产生了分歧。苏婷坚信李白也把杜甫当作朋友，证据是李白给杜甫写过诗。王雪的反驳也很有力：杜甫写给李白的诗多达十余首，都充满了感情；李白写给杜甫的诗只有两三首，还都是一些客套话。苏

婷认为李白大杜甫十多岁，不给后辈写诗不代表关系不好……

两人越说言辞越激烈，结果王雪生气了，大步走到前面，到苏婷家的小区门口时没有回头和苏婷打招呼就直接走了。第二天早上，王雪也没有等苏婷，自己先去了学校。苏婷觉得很失落，但也很委屈：不就是讨论个文学话题，至于这么生气吗？其实，王雪也后悔了，很想与苏婷修复关系，但又不好意思开口。

朋友之间闹别扭，不是什么稀罕事，起因也常常是一些小事。这时，只要一方主动开口，就能打破僵局，双方也不会因为小事而产生隔阂。所以，和好朋友闹别扭之后，我们可以大大方方地主动和好，不要斤斤计较或觉得不好意思。

学习大课堂

什么样的人容易和朋友闹别扭？

1 个性要强

个性要强的人，不肯迁就别人，会因为一些小事与别人产生矛盾，且不肯降低自己的标准和要求，所以很容易和朋友闹别扭。

2 情商较低

情商较低的人，认为只有自己的观点才是正确的。为了捍卫自己的观点，他们会不分场合、不分对象地与他人争辩，自然容易与朋友闹别扭。

3 为人斤斤计较

斤斤计较的人，即便面对自己的朋友，也容易因一些小事和朋友闹别扭。

4 情绪敏感

有的人情绪比较敏感，很容易被别人的话语或行为触动，从而产生负面情绪，导致与朋友发生矛盾。

如何降低闹别扭的概率？

信任朋友

很多时候，我们和朋友闹别扭，是互相缺乏信任导致的。因此，一旦遇到一些问题，互相之间就会产生抱怨、猜忌等。所以要和朋友加强信任，这样才能经得起各种考验，不会轻易闹别扭。

我们与朋友时常互相合作，在合作过程中可以渐渐互相信赖。这样在出现一些问题时，双方也能通过合作精神主动化解，不至于闹别扭。

学会合作

学会换位思考

学会站在别人的角度思考问题，可以让我们体验别人的感受。我们理解了对方的感受，就能降低闹别扭的概率。

我们要让自己的胸襟开阔，对一些不涉及原则的矛盾，尽量采取宽容的态度，就不容易闹别扭。开阔的心胸不仅能让我们尽量避免与朋友闹别扭，也能让我们在与朋友闹别扭后很快原谅对方，尽快和好。

敞开胸襟

我来支招儿啦！

和朋友闹别扭，怎么修复关系？

1. 寻找沟通契机

和朋友闹了别扭，如果不及时沟通、修复，可能会造成无法挽回的后果。因此，我们一定不能因为不好意思而不开口，而是要主动寻找和对方沟通的契机，如向对方请教问题、邀请对方参与某个活动等。多数情况下，朋友也等着我们主动打破僵局，只要我们先开口，朋友也会"顺坡下驴"，关系也很容易修复如初。

2. 主动道歉

和朋友闹别扭后，如果错在我们，我们就要主动口头道歉，也可以给她写个道歉的小纸条；如果双方都有错，我们也不妨先道歉。

3. 不斤斤计较

如果错在对方，我们不要斤斤计较、拒绝沟通，如果看到对方吞吞吐吐有和好的意图，我们就要趁机说一些打圆场的话，给对方一个台阶下，从而恢复朋友关系。

NO.17
对朋友表达不满，不是小气

　　周末，小荣和小泰约好一起去动物园看大熊猫，两人约定早晨八点半在地铁口集合。

　　小荣在八点半准时到了地铁口，小泰却还没到。小荣立刻生气了，因为这已经不是小泰第一次迟到了。过了二十分钟，小泰终于气喘吁吁地跑到了地铁口，一个劲儿地道歉说："对不起，对不起，我没有听到闹钟，起晚了。"小泰每次迟到都是这个借口。小荣没说话，转身朝地铁站里走去。

小泰急忙跟上去，一边走一边给小荣解释。小荣则一边走一边进行着思想斗争。在走了一段路后，他终于忍不住，开口说道："小泰，你已经不是第一次迟到了，为什么不提前安排好一切，准时赴约呢？"小泰愣了一下，想了想，说："小荣，你说得对，我就是缺乏时间观念，请你敦促我，我以后要努力做到不迟到。"小荣见他态度诚恳，就说："好的，我也会多提醒你的。"在这之后，小泰果然很少迟到了。

有时候，人的一些小毛病、小过失都是下意识的，并非有意为之。作为对方的朋友，我们不要觉得提出不满就是小气，其实不提才有可能是对朋友不利的，因为他无法意识到自己的问题，也就无法改正。所以，我们如果对朋友有所不满，就要大胆说出来，与朋友积极沟通。

学习大课堂

 怎样改变不敢对朋友表达不满的心理？

1 了解友谊的真谛

友谊并不是"哥们义气"，而是以互相帮助、互相信任、共同进步为前提的。友谊也不是无条件地顺应朋友，当朋友有错时，我们要及时提出来，帮助对方改进。当我们心怀不满时，也要勇敢地表达出来，与朋友积极沟通，这样才能让友谊长久保持。

2 建立信任

与朋友建立互相信任的关系是坦率表达不满的前提。在平时的交往中，可以适当地分享自己的想法和感受，表现出真诚和坦率，这样可以增强彼此的信任感。

3 培养自信心

很多时候，不敢表达不满是因为缺乏自信心。可以通过学习和实践来提高自己的沟通能力和自信心，例如多与人交流、多阅读相关书籍等，有了自信，我们再向朋友表达不满时内心就轻松多了。

对朋友表达不满为什么这么难？

好面子 ➡️ 一些人顾及面子，不愿意表达对朋友的不满，或者想要证明自己与朋友的关系有多"铁"，也不愿表达对朋友的不满。

有的人胆子比较小，害怕遭到对方的报复，或者害怕被朋友孤立。因此，即使对朋友也不敢说出不满的话，生怕会失去朋友。 ⬅️ **胆小**

不懂拒绝 ➡️ 有的人由于性格原因，不懂得怎么拒绝别人，当然也就不知道如何表达对朋友的不满。

有的人把友谊神圣化了，觉得如果对朋友表达不满，就是不讲"义气"。为了朋友"两肋插刀"都可以，怎么不能容忍朋友呢？这样一来，就不会向朋友表达不满。 ⬅️ **将友谊神圣化**

我来支招儿啦!

该如何表达对朋友的不满呢?

1. 尽量避免责骂和埋怨

我们在向朋友表达不满时，要尽量避免使用责骂和埋怨的口气。否则，就算朋友原本心怀歉意，但一看我们的口气这样差，也就不管我们说得对不对了，只想着与我们作对。这样不仅无法解决问题，还会让状况变得更糟。

2. 先调整好情绪再开口

心理学家认为，愤怒的情绪一般不会持续 12 秒以上，因此我们意识到自己将要对朋友发火时，不妨在心中默默倒数 12 秒，随后再开口，情绪可能就会缓和不少，这时再表达就不会有太大的"火药味"。

3. 要传达出想和朋友一起解决问题的态度

我们如果单纯地表达不满，可能会让朋友产生逆反心理。我们如果表现出想和朋友一起解决问题的态度，就会让朋友看到我们对他的关心，使他更愿意坦诚地和我们沟通。

NO.18

朋友想占小便宜，我要阻止

国庆节放假期间，小诚和小赫一起去街上玩。他们看到街边摆满了一盆盆菊花，觉得漂亮极了。

走着走着，两人看到一个人骑着三轮车停在路边，将菊花一盆一盆地搬到自己的三轮车上，然后骑上车走了，给花丛留下了一个难看的"伤疤"。

小赫看到后，也走到花丛边，抱起一盆菊花就要走。小诚连忙拉住他："你要干什么？"小赫说："刚才那人拿走了那么多，我拿走一盆也没什么吧。"小诚说："我们是小学生，应该很清楚公共物品是不能带回家的，你怎么能向没素质的人学习呢？"小赫一脸怒意地说："你说我没素质？就你有素质！"说完，他怒气冲冲地把菊花放回原处，头也不回地走了。

回到家的小赫，隐隐约约意识到小诚说的是对的。于是，第二天小赫主动找到小诚道歉，承认了错误，两个人又和好如初了。

生活中有不少爱占小便宜的人，他们觉得公共物品"不拿白不拿"。长此以往，他们的品行和声誉也会受到影响，成为被别人看不起的人。所以，我们看到朋友占小便宜、偷拿公共物品等，必须以明确的态度进行阻止，防止他们养成恶习。

学习大课堂

 为什么不能占小便宜？

① 侵犯他人利益

我们占小便宜，损害的是别人的利益。如果是私自侵占公共物品，还会导致公共资源浪费，特别是对那些真正需要这些公共物品的人来说，这种行为是非常不道德的。

② 违背道德和法律

一些占小便宜的行为，不仅违背社会道德和伦理，也表现出一种不负责任的态度，如果侵吞的金额过大，还可能触犯法律。这种行为会对社会造成不良影响，同时也会对我们产生不良影响。我们如果从小有这样的行为，长大后就很容易走上违法犯罪的道路。

③ 影响社会风气

如果占小便宜成为常见的事，并且这类人不会受到任何指责，反而从中获益，就会引发更多人的模仿，那社会风气不就乱套了吗？我们作为小学生，必须从小避免这种行为，长大了才能成为守法公民。

我们为什么要阻止朋友养成坏习惯？

影响健康成长

朋友养成了坏习惯，就无法健康地成长，一些坏习惯会影响他们的身心健康或学习成绩，这是我们作为朋友不愿意看到的。

如果朋友养成了坏习惯，可能让他们迷失方向，影响他们的人生道路。在未来，他们的人生观、世界观、价值观等都可能受到严重的不良影响，成为一个品行不端的人。我们作为朋友，是有责任帮助他们摆脱坏习惯的影响的。

影响朋友的未来

影响道德观念

如果我们的朋友养成了一些坏习惯，例如经常说谎、偷东西等，他们的道德观念就会受到扭曲。与这样的朋友继续交往，对我们的成长也是极为不利的。

我来支招儿啦!

朋友想占小便宜，该如何劝阻?

1. 提醒风险

我们可以向朋友指出这种行为的风险和后果，比如被发现后会遭到惩罚，或者会失去老师、家长和同学的信任等。

2. 强调道德

我们可以引用一些经典的道德故事或名言，比如"己所不欲，勿施于人"等，向朋友强调良好品德的重要性。

3. 坚持原则

我们要坚持自己的原则和立场，明确告诉朋友我们反对这种行为，并且不会参与其中。这样坚决的态度，可能会让朋友内心有所触动，从而改变自己的行为。

4. 私下里劝诫

朋友想占小便宜，很可能只是一时"鬼迷心窍"。我们最好不要大声斥责他，可以在不被第三人发现的情况下对他进行劝诫，既给他留了面子，也方便他改正。

NO.19

遇到困难怕什么，我有朋友

　　周一上午，小鹏背着书包走进教室，突然发现饭卡不见了。他想，自己没有带钱，爸爸妈妈上班的地方离学校又很远，让他们来送钱太麻烦了，找同学借又不好意思。算了，不行就饿一顿吧。

到了中午，同学们都去食堂吃饭，同桌强强对小鹏说："今天吃什么？"小鹏说："你先去吧，我不吃了。"强强问："你怎么了？为什么不吃饭？"小鹏说："我身体有点不舒服，不想吃，你去吃吧。"强

强说："身体不舒服啊？我先陪你去医务室看看吧，然后再一起去吃饭。"说着，他就伸手去拉小鹏。小鹏实在没办法了，只好说："我早上不小心把饭卡弄丢了。"强强说："我以为出了什么大事呢。走，我请客。"小鹏有点不好意思，赶紧说："不用了，反正就一顿饭，不吃也没事。"强强听了，假装生气地说："你是没把我当朋友吗？我还能让你饿肚子？走！"说完，他硬拉着小鹏去了食堂。

每个人都有可能遇到困难，向朋友寻求帮助并不是什么丢人的事，反而可能拉近双方的距离，让友情在互助中更加紧密。所以，我们向朋友求助时不要有心理负担，只要记住朋友的热情帮助，在日后也主动帮助对方就行了。在跟朋友互相帮助时，我们也会慢慢成长为乐于助人的人。

遇到困难时，为什么有人不向别人求助？

1 害怕被拒绝

有的小朋友脸皮薄，害怕出口求助后会被拒绝，认为那样会很丢脸。其实，谁都有需要帮助的时候，向别人求助算不上什么有失尊严的事，不要有太多的思想顾虑。

2 害怕"秘密"曝光

有的小朋友一直在维持自己的某种"人设"，害怕一旦向朋友求助，自己的一些"小秘密"就可能公之于众，"人设"也就维持不下去了。例如，有的小朋友家境殷实，他们忘了带钱时，就不想向同学借，害怕被同学认为自己连吃饭的钱都没有了。实际上，这完全是没有必要的担忧。

3 不信任他人

有的小朋友可能因为过去的经验或者心理原因，总是不相信别人能够帮助自己。这种过度的担心对成长是有害无益的。

遇到困难时，为什么要向朋友求助？

分担压力 ➡️ 　　当我们遇到困难时，通常会感到压力和焦虑。向朋友求助，可以让朋友为我们分担一些压力，减轻我们的心理负担。朋友对我们的支持和鼓励，也能增强我们的信心，让我们变得更坚强。

　　朋友可以为我们提供很多帮助，例如提供一些有用的建议、人脉和资源等。朋友还可以把自己的经验和知识分享给我们，这样我们解决问题时就会心中有数了。　**获得帮助**

增进友谊 ➡️ 　　向朋友求助可以增进我们和朋友之间的友谊。因为，我们向朋友求助，也是在表达对朋友的信任和尊重，朋友会因此感到欣慰，我们的友谊也会因此变得更加坚固。

我来支招儿啦！

该如何寻求朋友的帮助呢？

1. 说清楚需要帮助的事项

有时我们为了保全面子，不会向朋友说出具体需要什么帮助，这可能会让朋友觉得很不舒服，也就不会真心实意地帮助我们。因此，我们向朋友求助时，一定要说清楚我们需要什么帮助。

2. 不要强人所难

我们请求朋友帮助的事，应是对方力所能及的。如果朋友感到为难，我们就不要强人所难，并表示出理解和感谢，劝朋友不必介意。

3. 态度要礼貌而诚恳

向朋友求助时，一定要注意礼貌用语，并保持诚恳的态度，这样会让朋友觉得帮助我们是一件愉快的事。如果我们用命令的口气来说，会让朋友觉得很不舒服，这样朋友就可能不会真心帮助我们。

4. 要"知恩图报"

我们得到朋友的帮助后，必须怀有感恩之心，并努力找机会回报对方。这样，下次再寻求帮助时，对方依然会欣然同意。如果落个不知感恩的名声，只怕没人愿意再帮助我们了。

NO.20

朋友有伤心事，我会说安慰话

　　小蕾和同桌秀秀是好朋友，两个人经常一起玩耍。这一天，小蕾突然发现秀秀有点儿不对劲：秀秀上课时有点儿心不在焉，总是发呆，唯独年长的女老师——孔老师上课时，她才不会发呆，并会看着孔老师偷偷地抹眼泪。

放学后，小蕾和秀秀走在回家的路上，小蕾问道："秀秀，你今天怎么了？"秀秀一开始摇摇头，什么都不说，但在小蕾的一再追问下，她终于忍不住大哭起来，过了一会儿才哽咽着说道："我的姥姥去世了，我很想

她。"小蕾这才明白，秀秀为什么一看到孔老师就流眼泪，原来她是想到自己的姥姥了。小蕾说："看你这么难过，你姥姥一定很疼你。"秀秀的话匣子一下子被打开了，她开始向小蕾说自己的姥姥有多么好。小蕾专心倾听着，不时拍拍秀秀的后背。等秀秀说完后，小蕾说："你姥姥对你太好了，但是我想她肯定非常希望你一直快快乐乐的。"秀秀点点头，说："姥姥一定是这么想的，谢谢你，小蕾，我觉得好多了。"

看到朋友有伤心事后，我们要学会主动安慰，倾听他的伤心事，并适当说些鼓励的话，让朋友的心情得到一定的好转。我们安慰时要讲究方式方法。我们主动安慰朋友也是在锻炼自己，从而巩固友谊、提升交际能力。

学习大课堂

 安慰的话能起到什么效果？

① 让心里难受的人得到慰藉

想必大家都有过这样的感受：心里难受时，向别人倾诉一下，就会好受一些。所以，当小伙伴心里难受时，我们倾听他的话，适当说几句安慰的话，就能让他得到一些慰藉。

② 让对方的悲伤得到缓解

朋友向我们倾诉时，我们说几句安慰的话，就能分散他的注意力，从而在一定程度上缓解他的悲伤。

③ 让对方打开心结

朋友陷入悲伤之后，容易"钻牛角尖儿"，想问题就变得片面，很难走出负面情绪。这时，我们说上几句恰到好处的安慰话，就可能让他打开心结。

④ 让对方重新看到希望

安慰的话不都是鼓励性的话语或空话，有些也是很有启发性的。我们认真思索后说出的安慰话，很可能会让处在悲伤中的人重新看到希望，让他们重拾积极和乐观。

安慰朋友时要注意哪些事项？

掌握时机 ➡️

朋友的情绪低落，我们必须掌握安慰的时机。通常，我们要等他充分宣泄过愤怒、悲伤等情绪，逐渐恢复一些理智后，才尝试着与他交谈。交谈时不能一下子就提到他的伤心事，可以先说一些其他的话，分散他的注意力，然后再进行安慰或鼓励。

朋友遭遇了不幸与痛苦，如果我们说一些怜悯的话，可能会让他觉得我们在笑话他或者幸灾乐祸。最好将对方的情绪往其他方向引领，这样可以缓和对方的情绪。例如，朋友因成绩下滑而伤心，我们可以和他谈一谈学校最近要举办的活动等。

⬅️ **引领他的情绪**

要有同情心 ➡️

如果我们对朋友没有同情心，那么安慰起来可能就变成说客套话，朋友听起来也会觉得不真诚。因此，在安慰别人时，我们一定要理解对方的痛苦，这样安慰效果会好一些。

怎样安慰朋友更有效?

1. 说积极、鼓励的话

朋友伤心、难过时,我们最好多说积极向上的话,鼓励对方重新振作,如果顺着他的情绪说一些消极的话,会让他更加难过。

2. 无声的安慰

当朋友非常难过,没法轻易释怀时,我们说得太多可能会起到反作用。这时候只要陪在他身边,就能起到安慰的作用了。我们注视朋友的眼睛、拍拍朋友的肩膀、拉着朋友的手,也可以让其感到安慰。此外,当朋友哭泣时,我们不要急着劝慰,要让他哭出来,释放内心的悲伤情绪。

3. 要善于倾听

如果朋友向我们倾诉,我们必须全神贯注地倾听,当他的"共鸣箱",让他说个够。如果他想要反复倾诉,我们也要反复倾听,这样能起到一定的安慰效果。

NO.21

尊重他人，让我更受欢迎

一天下午，下课铃响了，张伟打算叫坐在前排的刘磊一起出去玩。当时，刘磊正趴在课桌上，想打个盹儿。张伟撕下一页纸，团成纸团扔向刘磊。但是，他投偏了，纸团砸在刘磊旁边的军军头上。

军军回头看了一眼，问张伟："你干什么？"张伟笑嘻嘻地说："蚂蚱，帮我叫一下刘磊，再帮我把纸团扔进垃圾桶吧。"军军生气地说："你叫谁'蚂蚱'？"张伟依然毫不在意地说："你看你又瘦又小，当然是叫你了。"军军一言不发地走过来，突然一拳打在张伟身上。张伟也不肯示弱，两人很快就扭打在一起，同学们费了好大的劲儿才把他俩拉开。

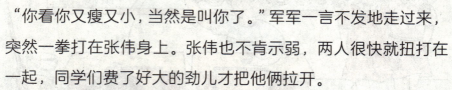

　　放学后，了解完事情经过的老师，将他们两个留了下来，告诉他们同学之间要相互尊重。张伟很快意识到了自己的错误，他对军军说："我不该给你取绰号，对不起。"军军说："我也不该先动手打你，请你原谅。"老师看着两人握在一起的手，欣慰地笑了。

　　在人与人的交往中，互相尊重是一种美德，每一个人都有被尊重的权利和渴望。所以，我们在与他人交往中，必须时刻认识到尊重他人的重要性。我们平等地尊重每一个人，多数人也会投桃报李，对我们予以尊重，我们也会更受欢迎。

学习大课堂

 尊重他人体现在哪些方面？

1 尊重别人的想法

对于别人的想法，我们就算不同意，也要表示出一定的尊重。当然，对方的看法如果有明显的错误，我们也不能听之任之，可以委婉地提出自己的意见。

2 在态度上尊重别人

善于聆听、谦虚待人、懂得礼仪，是自身修养和人品的体现。我们要向这样的人学习，当一个尊重他人的人。

3 在称谓上尊重别人

我们称呼别人时，对长辈、师长要用尊称，不能直呼姓名。称呼小伙伴时可以随意一些，但不要给对方取侮辱性的绰号。

4 尊重别人的时间

与别人约定好时间后，必须尽量准时或早些到。尊重别人的时间，也就是尊重他本人。

5 尊重别人的隐私

每个人的隐私都值得尊重，我们不要在背后议论别人，也不要乱翻别人的东西，要能够帮助别人保守秘密。

给孩子的成长技能书

我们该怎样学着尊重他人？

多进行社交

如果我们总是"孤芳自赏"，不和别人交流，那么就算冒犯了别人，我们也可能意识不到。我们多与别人打交道，就能知道别人真正需要的是什么，才能真正学会尊重他人。

不抱成见

很多小朋友看待别人时，总会受到对方的职业、家庭、经历等影响，这就是俗话说的"看人下菜碟"，这是不好的。我们不要对别人抱有成见，要用尊重的态度对待每一个人。

换位思考

我们在生活中观察一下，就能发现不尊重人可能会造成一些不好的结果。我们不妨换位思考一下，如果我们是不被尊重的当事人，内心会多么无助。经常这样想，我们就能学会尊重他人。

我来支招儿啦！

怎样养成尊重他人的习惯？

1. 家庭中形成尊老爱幼的氛围

在家庭中，我们对爷爷奶奶、姥爷姥姥、爸爸妈妈、伯伯叔叔等长辈都要尊重，而对比自己小的孩子，则要表示出爱护。例如，陪长辈聊天、给长辈让座、给长辈夹菜、帮小孩子补习功课等。我们在尊老爱幼的家庭中成长，就能慢慢学会尊重他人。

2. 请父母纠正我们不尊重人的言行

我们与别人交往的经验还非常少，很多时候并没有意识到自己说的话、做的事是不尊重人的。因此，我们要有意识地请爸爸妈妈监督我们，当我们有了不尊重人的言行时，请他们及时纠正，避免我们再犯。

3. 要学会感恩

我们要感恩爸爸妈妈的生养、感恩老师的教诲、感恩朋友的友谊、感恩各行各业劳动者的奉献带给我们便利的生活……用感恩之心对待别人，就能让我们成为尊重他人的人。

NO.22

我要做个有责任感的人

周三放学后，轮到丁浩他们组值日了。丁浩和冯坤负责扫地和倒垃圾，王星和刘涛负责收拾书架、关窗户和摆放桌椅。丁浩和冯坤扫完地后，两人提着垃圾桶倒垃圾去了。等他们回来，王星和刘涛已经收拾好书架、关好窗户走了，但是教室的桌椅他们忘记整理了。

丁浩看着歪七扭八的桌椅，心里总觉得不舒服。于是，他对冯坤说："你看桌椅这么乱，我们把桌椅摆放整齐再走吧。"冯坤说："我也是这么想的。"于是，两人开始分头摆放桌椅，直到累

得满头大汗才摆完。站在讲台上，两个人看着自己的劳动成果——一排排整整齐齐的桌椅，欣慰地笑了。

第二天，王星和刘涛很早就到了教室，原来他们昨天回到家才想起来忘了摆桌椅，于是不约而同地决定早些到校来摆。但是，当他们到了教室，惊奇地发现桌椅都摆好了，立刻明白是丁浩和冯坤干的，于是称赞他们两人有责任感。

责任感是一个人必不可少的品质。有责任感的人，会自觉做好自己分内的事，并且凡事都为他人着想，能够得到他人的信赖和尊重。没有责任感的人，自然很难得到提升社交能力的机会，无法成为受欢迎的人。

学习大课堂

 责任感体现在哪些方面？

1 做事有始有终

一些小朋友常常出于好奇而做事，好奇心耗尽之后，对这件事可能就会失去热情，甚至将其扔在一边再也不去理睬，这就是缺乏责任感的表现。我们要以此为戒，做事要有始有终，不做没有责任感的人。

2 在家庭中承担责任

我们想当一个有责任感的人，就不要忽略家庭中的一些小事，要主动扫地、擦玻璃、择菜等。做这些事，能够让我们感受到负责任带来的成就感。

3 敢于承担后果

我们平常做事时，难免会有一些过失。其实，犯错并不可怕，只要从中吸取经验，下次就能做得更好。可怕的是，有了过失却不愿意承担后果。所以，我们想成为有责任感的人，就要敢于承担后果。

4 能够自我管理

我们自己的事要自己负责，不要全推给爸爸妈妈。我们主动学习、主动打理自己生活中的小事，责任感就在点滴小事中体现出来了。

缺乏责任感有哪些危害？

自私自利

没有责任感的小朋友，想干什么就干什么，从不会考虑后果，也不考虑别人的感受。这样的小朋友，不会成长为受欢迎的人。

缺乏自理能力

没有责任感的小朋友，生活中的小事通常都是由长辈包揽的，他们会缺乏自理能力，长大后也会缺乏独立生活的能力。

容易推卸责任

没有责任感的小朋友，一旦犯错，就会习惯性地将责任推卸给别人，这样他们就很难得到成长，长大后也很难有所作为。

我来支招儿啦!

哪些事可以提升责任感?

1. 自己打扫房间

我们自己整理玩具、图书,并尽己所能打扫房间,这些是培养责任感的重要劳动。这样做,会让我们对自己的房间负起责任,自觉地将保持房间整洁当成自己的责任。当我们发现教室不够干净、整洁时,也可以主动清洁、整理。

2. 自己穿衣、洗漱

到了一定的年龄,穿衣、洗漱等都成了我们自己的事。如果爸爸妈妈溺爱我们,总为我们"代劳",这是非常不利于我们成长的。我们可以向爸爸妈妈提出要求,自己做这些事情,来提升自己的责任感。

3. 自己安排活动

在假日到哪里去玩、要带什么东西、什么时候回来、在活动中怎样支配自己的零花钱……这些有关活动的点滴小事,我们都可以提出自己的看法,并为自己的安排负起责任来。

NO. 23
我要积极参加集体活动

　　景华总是感觉自己无法融入集体，有被排挤的感觉。其实在最初，他和大家相处得还不错。但是渐渐的，大家干什么都不叫上他了，这让景华觉得每个同学都对自己很冷淡。

　　幸好，景华和班长多多是邻居，两人聊天时景华说起了自己被排挤的事，热心的多多立刻展开了"调查"，并将调查的结果告诉了景华。并不是大家排挤景华，恰恰相反，大家都觉得被景华"排挤"了。原来，景华一向不爱参加集体活动，

不论是邀请他去操场打球，还是去游园、爬山，或者参加运动会、文艺表演，他都找借口推脱。时间一长，大家都觉得他很"高冷"，也就不再邀请他了。

知道了事情的原委，景华恍然大悟，他由于性格原因对团体活动有些抵触，他曾觉得那都是一些无意义的活动，还不如自己看会儿书呢。这下，他知道自己以后该怎么做了。从那以后，只要是班里的集体活动，他都积极报名参加，还力所能及地帮助同学。很快，他就成了一个受欢迎的人。

在集体活动中，同学们需要互相合作或互相帮助，因此集体活动是提升彼此感情的好机会。如果不参加集体活动，就失去了很多与同学们交往的机会，也失去了一个提升社交能力的好机会。

112

常见的集体活动有哪些？

1 运动会

学校运动会上，少数同学上场竞赛，多数同学充当观众，场面非常热烈，协作氛围强，大家都被集体荣誉感所感染。我们无论是上场竞技为班级争光，还是充当观众为运动员加油，都有助于提升社交能力。

2 讲座

学校请相关专家开展讲座时，我们要积极参加，安静地聆听讲座，并在合适的时候鼓掌，表示对专家的尊重，这能很好地锻炼我们对集体活动的适应力。

3 演出

并不是每个小朋友都有表演才能，但建议还是力所能及地参加演出，这对我们的社交能力是一个重要的考验和提升。就算不会唱歌、跳舞，也可以参加简单的集体舞、朗诵等表演。

4 出游

在老师的率领下踏青、参观博物馆或科技馆、瞻仰烈士陵园、进行植树活动等，有的愉悦身心，有的锻炼身体，有的净化心灵，有的增长见识……这些活动都很有意义。

参加集体活动有哪些好处？

锻炼社交能力

参加集体活动时，我们会和不同性格的同学打交道，进行各种形式、各种内容的交流，这可以很好地锻炼我们的社交能力。

培养合作精神

在团队活动中，我们与小伙伴之间的互动比在班级里更加频繁，很多时候需要用集体的力量解决问题，这可以培养我们的团队合作精神。

提升耐力和毅力

在参加集体活动时，很多事都是对我们的耐力和毅力的考验，例如参加文艺表演前，我们需要一遍遍地排练，对每一个动作或每一个细节都严格要求，如果没有耐力和毅力，是无法呈现完美的表演的。

我来支招儿啦！

参加集体活动要注意什么？

1. 准时

无论参与什么集体活动，我们都要准时，不能让大家等自己一个人，那是对大家的不尊重。所以，参加活动时我们要尽量早到几分钟，保证不影响活动的正常举行。

2. 服从安排

在进行集体活动时，一般是由老师、班干部或某个同学进行组织和安排。如果不服从安排，就可能影响活动的正常展开。

3. 有礼貌地表示异议

如果我们对活动安排、活动流程等有不同的意见，可以提出来。但是，我们在提出异议时，要保持礼貌，不能用讥笑等态度来表达。

4. 言行文明

参加活动的过程中，我们的行动、语言都要文明、得体，给大家留下好印象。

社交小技巧

1. 要主动跟别人打招呼。

2. 与别人交谈，要保持中立、客观的态度。

3. 要善于鼓励和表扬别人，不要时常指责与抱怨别人。

4. 要学会倾听，并回应他人，不要轻易打断、纠正别人，让对方感觉被关注和尊重；适当地向别人倾诉自己的感受和困惑，可以让自己得到安慰和支持。

5. 要以社交达人为效仿的榜样。

6. 看到别人有困难时，要主动出手帮助。对于别人的帮助和支持，要表示感激，让别人感受到尊重和重视。

7. 始终以微笑待人。保持微笑可以显得亲切友好，给人留下好印象。

8. 交谈时要尽量看着对方的眼睛。

9. 说话不能尖酸刻薄。

10. 不要打探别人的隐私，不要过多干涉别人的私人生活，应保持适当的距离和尊重。

11. 在与多人相处时，如果与某个人交谈，也不能无视其他人的存在。

12. 如果犯了错误或者造成了他人的不便，要及时道歉并承担责任。同时要反思自己的言行举止，找出自己的不足之处，努力改进。

13. 要多"建议"少"命令"，尊重他人的意见和观点的人更受大家欢迎。

14. 不要轻易承诺，只要承诺了就要尽力做到。

15. 要有一定的宽容心。

16. 留意别人的表情和语气，了解他们的情绪和感受，可以更好地与他们沟通。

17. 不要过分夸大自己的成就和能力，要保持谦虚和真诚。

18. 适当地使用幽默感可以缓解紧张的气氛，增加交流的乐趣。

19. 保持冷静和理智，不要因为情绪的波动而做出冲动的决定。

20. 不要过度批评和指责别人，而是尝试提出建设性的意见和建议。

21. 虚心接受别人的意见和建议，不要过于固执己见。

22. 遇到冲突时，要保持冷静和理智，寻找解决问题的方法。

23. 感恩身边的人和事，珍惜拥有的一切，保持乐观和向上的心态。

24. 避免消极的肢体语言，比如把手插在口袋里或皱眉，这些动作会让人感到不舒服。

25. 当一个人充满自信时，表现就会更出色，也会更容易引起别人的注意。

社交常用语

1. 问候时

你好，您好；早上好，下午好，晚上好；你最近怎么样；你还好吗。

2. 告别时

再见，拜拜；慢走；一路平安，一路顺风；保重。

3. 邀请和接受邀请时

请问你有空吗？能否参加我的聚会？当然可以；好的，没问题。

4. 询问时

请问您贵姓？您叫什么名字？您从哪里来？

5. 赞美时

真不错；好厉害；太好了；真聪明；你真优秀。

6. 祝福和鼓励时

祝你好运；加油，你一定能行；你真棒。

7. 拒绝时

谢谢，我不需要；谢谢，有机会我会尝试。

8. 道歉时

很抱歉……我……；对不起，我……；我不是故意的，请你原谅。

9. 安慰时

别难过了；怎么了？跟我说说吧。

10. 怎样引起他人注意

打扰一下；请问……

11. 讲道理时

我觉得……你说呢；……是对的……是错的；是不是……会更好。

12. 要求、请求时

麻烦……；请……；你能不能……；我想……行不行。

13. 表达感谢时

非常感谢；你能……我太高兴了；你帮我……太谢谢你了。

14. 提建议时

我想……；我提议……；我有个好主意……；我想出一个好办法，我们可以……

15. 讲条件时

如果……我就……；你要是能……我就答应你。

16. 安慰别人时

（1）每个人都会遇到挫折，但人可以被击倒，不可以被打败。调整好心态再来一次吧！

（2）通往成功的道路不会铺满鲜花，想成功必然要经历艰辛与磨难。不要怕，鼓起勇气冲向自己的目标吧。

（3）人生的莫大遗憾，就是轻易地放弃了不该放弃的，固执地坚持了不该坚持的。适当放手也是成熟的表现。

（4）谁都会遇到不愉快的事，看开点吧。我来陪你一起调节，我们去爬山吧，一起去看看大好河山。

（5）愤怒是在浪费我们的人生，乐观和豁达却能增强我们的自信。

（6）生者的幸福，是对逝去亲人最好的安慰，你一定要让自己快乐起来。

社交有礼仪

1. 称谓礼仪

（1）不要直呼父母等长辈的姓名。

（2）称呼别人时要考虑对方的年龄。

2. 问候礼仪

（1）早晨问候时说"早上好"。

（2）晚上睡觉前说"晚安"。

（3）长辈过生日说"健康长寿"。

（4）过节时说"节日快乐"。

（5）他人外出时说"一路平安"。

3. 就餐礼仪

（1）吃饭前，可以做摆放碗筷、搬放凳子等力所能及的事。

（2）吃饭时不要狼吞虎咽，不要随意走动，不要乱扔菜渣、残骨，不要对着餐桌咳嗽、打喷嚏。

（3）吃完饭后，要帮忙收洗碗筷、擦净餐桌等。

4. 衣着礼仪

（1）仪表整洁大方，着装朴素得体。

（2）发型符合年龄与身份。

（3）按学校规定穿校服、戴红领巾等。

5. 尊师礼仪

（1）见到老师说"老师早上好（或中午好、下午好）"，分别时说"老师再见"。

（2）进老师办公室要喊报告，听到"请进"后再进去。

（3）课堂上发言要先举手，回答问题时要起立。

6. 同学交往礼仪

（1）和同学交流不要忽略"请、你好、谢谢、对不起、没关系、别客气"等礼貌用语。

（2）和同学说话语调要平和，听同学说话要专心，不要轻易打断别人讲话，不要说恶言恶语。

（3）不要随便给同学取绰号。

（4）主动帮助有困难的同学。

7. 活动礼仪

（1）参加活动要准时，要遵守秩序，不随意走动，不随便说话。

（2）观看演出时要适时鼓掌，不要起哄。

（3）活动结束后不要在场内留下杂物，保护好环境卫生。

8. 接待礼仪

（1）客人来访时要热情接待，主动打招呼，帮助拿对方带来的礼物等。

（2）主动给客人让座、端茶送水，接递物品要用双手。

（3）客人走时要起身道别，并送到门口。

帮助孩子从容不迫、健康成长

给孩子的

成长技能书

学习方法书

李正歧 / 主编

北京工艺美术出版社

图书在版编目（CIP）数据

学习方法书 ／ 李正歧主编．-- 北京 ：北京工艺美术出版社，2023.12
（给孩子的成长技能书）
ISBN 978-7-5140-2681-8

Ⅰ．①学… Ⅱ．①李… Ⅲ．①学习方法－儿童读物
Ⅳ．① G791-49

中国国家版本馆 CIP 数据核字 (2023) 第 144335 号

出 版 人：夏中南　　　策 划 人：杨玲艳　　责任编辑：王亚娟
装帧设计：宏源设计　　责任印制：王 卓

法律顾问：北京恒理律师事务所　丁　玲　　张馨瑜

给孩子的成长技能书

学习方法书

XUEXI FANGFA SHU

李正歧　主编

出 版	北京工艺美术出版社	
发 行	北京美联京工图书有限公司	
地 址	北京市西城区北三环中路6号　京版大厦B座702室	
邮 编	100120	
电 话	(010) 58572763（总编室）	
	(010) 58572878（编辑室）	
	(010) 64280045（发　行）	
传 真	(010) 64280045/58572763	
网 址	www.gmcbs.cn	
经 销	全国新华书店	
印 刷	天津海德伟业印务有限公司	
开 本	700 毫米×1000 毫米　1/16	
印 张	8	
字 数	76千字	
版 次	2023年12月第1版	
印 次	2023年12月第1次印刷	
印 数	1～20000	
定 价	199.00元（全五册）	

成长是美好的、多彩的，也是有烦恼和麻烦的，在孩子成长的过程中会遇到各种问题，有的孩子缺乏自信，有的孩子不懂社交，有的孩子不爱学习，有的孩子无法承受挫折，有的孩子不能管理情绪……

当孩子遇到这些问题时，就需要给予孩子正向的引导，用科学的方法帮助孩子在成长中掌握技能，为孩子未来勇敢面对成长路上的"坑坑洼洼"赋能，帮助孩子不断突破自我，成长为更好的人。

为了提高孩子的综合素养和成长技能，让孩子在成长路上少走弯路，我们根据孩子的认知情况精心编写了这套《给孩子的成长技能书》，本书共包含《自信口才书》《社交能力书》《学习方法书》《抗挫力量书》《情绪管理书》五个分册，每个分册围绕一个主题，每个主题都是孩子成长过程中需要掌握的技能，书中从多个角度阐述成长主题，从不同方向提升孩子的成长技能。

本书以故事的形式代替了枯燥的说教，选择孩子身边经常

发生的成长故事，贴近孩子的实际需求，让孩子在轻松、有趣的氛围中认识学习成长过程中遇到的问题，能够引起孩子的情感共鸣，调动孩子的阅读积极性。本书从孩子的角度出发，在逐步指出问题的同时，提供了切实可行的解决方法，让孩子轻松提高自信和口才，学会社交，找到正确的学习方法，提升抗挫能力，懂得管理情绪，轻松掌握成长道路上的各种技能，帮助孩子健康、智慧地成长。

全书语言生动简洁，通俗易懂，全彩手绘插图，色彩鲜艳，形象生动，让孩子身临其境；版式活泼，栏目丰富，集知识性、实用性和趣味性于一体，可极大地提高孩子的阅读兴趣。

希望这套专门为孩子打造的成长技能培养书，能够悄悄走进孩子的隐秘世界，做真正理解孩子的知心人，陪伴孩子快乐成长，让孩子变得更加优秀。

目录
Contents

NO.1
让学习变成**快乐**的事

好好学习　天天向上

　　小岚的各科成绩都在班里名列前茅，数学成绩却在班里"吊车尾"，让数学老师夏老师很纳闷。

　　有一次，小岚的数学成绩又不及格，夏老师在放学后叫住她，想跟她谈一谈。夏老师问："小岚，你各科成绩都很好，为什么偏偏数学成绩这么差？"小岚不好意思地说："夏老师，我实在是对数学没兴趣，一做题就想打瞌睡。"夏老师思考了一下说："你最喜欢哪一科？"小岚说："语文。"夏老师点点头："那你一定很喜欢读书吧。"小岚说："对，我最喜欢读推理小说。"

夏老师说："其实，数学也跟推理小说差不多哦。"见小岚非常诧异，夏老师接着说："数学题的答案就是'凶手'，题干就是'线索'，数学公式就是'侦探'必须遵守的定律和法则。每道数学题都是一桩案件，你能不能当好这个'侦探'呢？"

听了夏老师的话，小岚一脸兴奋。此后，她学习数学时，总是将自己想象成一个"侦探"，迎接着每一道数学题的挑战。渐渐的，她发现了数学的乐趣，数学成绩也赶上来了。

俗话说"兴趣是最好的老师"，不少小朋友成绩落后只是因为对学习缺乏兴趣。有了学习兴趣，我们就不会将学习当作痛苦的事，学习起来也不会敷衍了事，成绩自然而然就提高了。

有学习兴趣体现在哪些方面？

1 积极主动学习

不用老师、爸爸妈妈催促，就会积极主动地学习，就是有学习兴趣的体现。

2 带着好奇心去学习

有了学习兴趣，学习时就不会抱着只是为了完成任务的心态，而是带着对知识的好奇去学习。

3 全身心投入学习

有了学习兴趣，我们的所有感官都会投入学习之中，不会轻易被外界事物打扰。我们的眼睛会紧盯书本或练习册，耳朵会收集到老师或爸爸妈妈的教诲，口中会诵读英语单词、诗词名句、公式定理等，最终将这些知识刻在大脑之中。

4 高度关注

我们对自己喜爱的学科产生学习兴趣时，就会主动寻找相关书籍、影片资料、网络资源等，扩大对学科的知识视野和深度认知，增强对学科的参与性和投入力度。

学习兴趣为什么重要?

提升学习成绩

学习自己喜欢的学科,就会听得认真、记得牢固、理解得透彻;对于不感兴趣的学科,就算老师强调多少次,也可能不容易记住要点。可见,有了学习兴趣,我们记知识就会更牢固,学习成绩也会提高。

是学习的强大动力

只要对学习产生兴趣,我们就会自觉地拿出热情去学习。可见,学习兴趣是我们学习的强大动力。

有助于克服困难

有了学习兴趣,我们就不会轻易被学习中遇到的困难打败,而是会在学习兴趣的激励下鼓起勇气克服困难。

我来支招儿啦！

提升学习兴趣，有哪些"小妙招"？

1. 善于学以致用

我们与人聊天时，可以引用书中学到的诗词和名句；遇到外国友人时，可以秀一下自己学到的英语；帮妈妈买菜时，可以用数学口算来计算价格……知识能够运用到实际生活中，我们就容易对学习产生兴趣。

2. 享受学习的成就感

经过一段时间的努力，成绩有了飞跃；背了一段时间单词，能阅读英文作品了；以前不会做的数学题，现在能轻松做出来了……每一个进步，都能给我们带来成就感。

3. 保持学习的新鲜感

要想提升学习兴趣，保持对学习的新鲜感是一个重要手段。如果对学习缺乏新鲜感，我们很容易陷入深深的疲倦中，就算勉强学下去效率也会很低。保持新鲜感的方法有很多，例如在玩中学，控制某一学科的学习时间等。其中，交叉学习各学科是一种常用的学习方式，能在一定程度上降低疲惫感。

NO.2
学习没有**主动性**，该怎么办

　　小凯家每天晚上的必备"节目"，就是爸爸、妈妈和小凯之间的"作业之战"。吃完晚饭之后，爸爸或妈妈就开始催促小凯去写作业，小凯则会用"我再看 20 分钟电视""我再散会儿步消消食""我再吃点儿水果"等理由推脱。

爸爸妈妈对小凯的小算盘心知肚明，他们一开始也想给小凯讲讲道理，让他自觉学习。但是，他们的儿子堪称"油盐不进"，爸爸妈妈好话说尽，他还是无动于衷。于是，爸爸或妈妈只得直接关掉电视、拿走水果，并满脸愤怒地命令小凯去写作业。小凯被骂得多了，已经学会了察言观色。如果爸爸妈妈只是假装发怒，他就会想方设法磨蹭下去，嘴里用各种借口来敷衍，但是无论爸爸妈妈怎么说，他也不抬一下屁股。直到爸爸妈妈的耐心被耗尽，疾言厉色地给他下"最后通牒"，有时候爸爸妈妈的怒斥声连邻居都听到了。

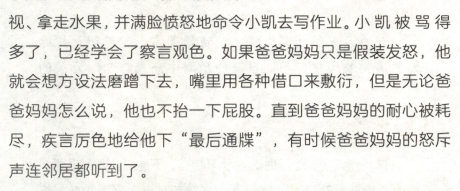

看到爸爸妈妈真的发怒了，小凯才会懒洋洋地离开客厅，磨磨蹭蹭地朝自己的房间走，那样子跟上刑场差不多，有时候妈妈恨不得从身后踹他一脚。学习这么不主动，可想而知小凯的成绩也不怎么样，这让爸爸妈妈忧心忡忡。

对于我们来说，影响学习成绩的一个重要因素，就是能否主动学习。也就是说，我们必须解决缺乏学习主动性这个问题，才有可能提升学习成绩，否则就只是徒劳无功。

怎样才算主动学习呢？

1 自觉全身心投入学习

专心致志听老师讲课，认真看课本、记笔记，排除外界事物的干扰，不让自己的脑海中充满与学习无关的想法。

2 做完作业才去干别的

该写作业了，能准时进入学习状态，不拖延。遇到难题，努力想办法解决，不轻言放弃。当然有时也向父母求助，但不让他们代劳，坚持独立完成作业。

3 学习有顺序、有计划

设立学习目标和学习计划，并按照学习计划学习。制订比较科学的学习计划，清楚理顺学习顺序。

4 学习时兴趣盎然

对学习非常感兴趣，将写作业、做试卷当作一次次"探险"，完成时会发自内心地感到满足和喜悦。

缺乏学习主动性有哪些危害？

浪费宝贵时间

　　对于我们来说，学习任务很重，学习时间是极为宝贵的。缺乏学习主动性的小朋友，会将大量本来用于学习的宝贵时间浪费掉。表面上看，他们学习跟别人花了一样多甚至更多的时间，但他们并没有学进去，不知不觉成绩就落后于主动学习的小朋友，再想迎头赶上就太困难了。

　　缺乏学习主动性的小朋友，每天都生活在老师和父母的催促声、批评声乃至斥责声中，会让他们越来越叛逆，以致对学习产生厌恶之情，越来越不愿意学习。

厌恶学习

学习效率低

　　缺乏学习主动性的小朋友，即使开始学习，效率也是非常低的。他们会想方设法消磨时间，用各种无用的动作和想法来分散自己的注意力，以抵消学习带来的烦躁。有这样的想法，学习还有什么效率和质量可言呢？

我来支招儿啦!

怎样才能提高学习的主动性呢?

1. 把学习视为自己的事

一些同学由于总被父母逼着去学习,产生了错误的想法,认为学习都是为了爸爸妈妈。有了这种想法,怎么可能有学习的主动性呢? 因此,我们必须把学习当成自己的事,我们现在努力学习、掌握知识,是为了在走上社会时创造出自己的价值,用自己的智慧和勤奋换来理想的生活,并为建设祖国贡献自己的力量。

2. 强迫自己学习

学习是一个漫长而艰苦的过程,而我们的本性是喜欢玩乐的,如果放任自己,那么什么时候也不愿意去学习。因此,联想到自己的职责、人生规划等,有必要对自己"狠"一点儿,

强迫自己去学习,在学校认真学习,放学后及时写作业、复习功课。

3. 立下严格规矩

很多爸爸妈妈无法对孩子严格要求,时间一长就让一些小朋友养成散漫的性格,再想约束就晚了。所以,我们要请爸爸妈妈立下严格的规矩,如果我们没有完成学习任务,就心甘情愿地接受一些适当的惩罚。

NO.3

学习习惯不好，越**努力**越落后

　　程浩并不是一个笨孩子，他学习也算得上努力，但总是看不到成效。程浩的妈妈决定密切关注一下儿子的学习状况。

　　这天晚上，程浩放学回来了，吃完晚饭后，不用妈妈催促，他就主动去写作业了。

刚开始，妈妈去看他时，程浩正在专心致志地写作业，字也很整齐。过了一会儿，妈妈再去看他时，程浩正在将铅笔夹在上嘴唇和鼻子之间，好像在沉思着什么。

过了几分钟，妈妈再去看他，铅笔被程浩夹在了耳朵上，作业本上的字还停留在那一排。又过了几分钟，程浩开始削起了铅笔。接着，他又撕下一页作业纸，叠起了纸鹤……总之，原本半小时能写完的作业，程浩却花费了两个小时，而且字迹越往后越潦草。

妈妈一下全明白了，程浩之所以学习成绩上不去，就是因为学习习惯不好。妈妈郑重地跟程浩谈了一次，程浩也意识到了问题的严重性，学习时不再浪费时间了，成绩真的有了起色。

有的小朋友看起来学习非常努力，每天都在埋头看书、做题，但是成绩却并不突出。他们未必是因为不够聪明，很可能是学习习惯不好，影响到了学习效率。有了好的学习习惯，能让我们更好地掌握学到的知识，提高学习效率。

 哪些不好的习惯是需要改正的？

① 小动作多

有的小朋友在写作业时，总会做一些没有意义的小动作，例如抓耳挠腮、偷瞄电视、转笔、转书、在课本或作业本上乱写乱画等。这些小动作往往是不经意间进行的，却会影响我们的学习效率。

② 马虎大意

有的小朋友听课时，对不懂的地方毫不在意，不去想办法弄懂；写作业时，不加思索就匆匆下笔，解题思路都没有想清楚，错误百出；写完作业后，不去检查，笔误、疏漏等都被放过了。长此以往，成绩怎么会不退步呢？

③ 过劳学习

有的小朋友学习极为刻苦，他们不娱乐、不分心，天天学习到深夜，有时候还熬夜学习。可惜的是，很多过劳学习的小朋友却无法换来好的学习成绩，反而让自己视力下降、记忆力减退、性情变得易怒。最终，学习成绩不升反降。可见，学习太过疲劳也是不好的。

为什么要养成良好的学习习惯？

让学习更专业 ➡️

我们在学习的启蒙阶段，通常只会按照老师或家长的要求，被动地去学习。一旦我们养成了自己的学习习惯，就能逐渐形成一套专属于自己的学习方法，我们学习时也会更加专注、科学。

学习并不是一件简单的事，需要我们运用精神、毅力等克服种种困难和干扰，并养成良好的学习习惯。如果我们小时候就能够抵挡住电视、手机、游戏等的诱惑，坚持认真学习，那我们长大后很可能会是一个意志坚定的人。

⬅️ **磨炼精神与毅力**

一生受益 ➡️

我们就算离开了学校，一生还是要处于学习和进步之中，否则就容易被社会淘汰。而从小养成良好的学习习惯，能给我们一生的学习打好坚实的基础。

我们要养成哪些好的学习习惯?

1. 不懂就问

无论是上课还是写作业,我们遇到不懂的地方,应及时向老师、同学或爸爸妈妈询问,直到把不懂的地方弄懂为止。否则,不懂的知识就会越来越多,导致成绩越来越差,那时再想补回来就比较吃力了。所以,一定要养成不懂就问的好习惯。

2. 勤于动笔

我们听课时,要勤记笔记;做错的题,要整理出错题集;阅读课外书时,要写读书笔记、读后感……俗话说"好记性不如烂笔头",只有勤动笔,才能让我们学得快、记得牢。

3. 及时完成作业

如果写作业时太过拖沓,会让我们觉得一整天都在应付学习,从而产生厌倦情绪,觉得作业将自己的生活变得一团糟。因此,如果我们每天及时完成作业,就会发现还有时间做一些自己喜欢做的事,生活也变得有趣起来。

NO.4

树立切实可行的学习目标

上了四年级之后，田田的成绩开始退步了，这让他和爸爸妈妈都非常担忧。为了让田田提升成绩，爸爸和田田一起制定了很多学习目标，最终目标是期末考试成绩重回"巅峰"，每科都拿到"A"。

父子俩雄心勃勃努力了一阵子，田田的学习劲头儿不进反退。原来，爸爸帮助田田制定的目标都是很空洞的，有些还超出了田田的承受范围，让他很快就变得疲惫不堪了。虽然爸爸在一旁喊着口号鼓劲儿，田田也没办法振奋起来。

妈妈经过一段时间的观察后，总结了父子俩的经验教训，根据田田的知识基础和学习水平，制定了可以实现的目标，还列出了时间表。这下，田田的学习激情又回来了。妈妈还定期检查他的学习情况，及时激励他，田田这次没有再松懈，成绩终于赶上来了。

无论做什么事都要有目标，学习也是一样。我们制定的学习目标，可以包括每一天的目标、每一周的目标、每一年的目标，也可以包括升学目标等。制定目标后，我们就要一步一个脚印地向前迈进。制定的学习目标要有一定难度，但也要切实可行，不能过高过远。

学习大课堂

 学习目标可以包括哪些内容？

1 长期目标

例如，期末考试中，各科都为"A"；下次考试作文要被老师评为优秀作文；考上某所重点中学；在学习之余坚持进行体育锻炼，保持健康的体魄和充沛的精力来迎接更多学习任务；等等。

2 短期目标

例如，记住每天学到的公式、概念、原理、技能等基础知识；把每天新学到的单词都掌握；每周要掌握多少个单词；阅读多少本课外读物，理解其中的内容，用自己的话进行简单的复述；等等。

3 无效目标

一些过于简单或模糊的目标，不利于学习和实践，是无效的，过于困难或不现实的目标也是同理。此外，学习好一点儿、考试前多复习一些、分数要更高一些等不具体、不可量化、没有时间限定的目标，也是无效目标。

为什么要设立学习目标?

有目标才不会盲目

没有学习目标,我们学习时可能会变得盲目,将精力和资源用在一些相对无关紧要的事情上,影响学习效果。而有了学习目标,我们就能专注于目标,不会白白耗费精力。好的学习目标还能帮助我们把握学习的重点,分清轻重缓急,对知识的掌握更有针对性,效率也会更高。

产生学习的动力

有了学习目标,我们就会自觉地将精力集中到目标上,并产生学习的动力。当然,能集中多长时间的精力,还要看我们的毅力有多强。

让我们变得自律

对很多小朋友来说,学习并不是一件令人愉快的事,他们每天都想去做更有趣的事。有了学习目标之后,很多小朋友也会变得自律,自觉地学习。

我来支招儿啦！

怎样的学习目标才是切实可行的?

1. 符合自己的实际

我们制定学习目标时，一定要对自己的学习能力、学习水平有一个相对准确的了解，比如时间只够只能做一张试卷，就不要勉强自己做两张。如果目标不符合自己的实际情况，就很难完成。

2. 统筹全局

学习目标不是孤立存在的，而是要和整体的学习环境关联起来。例如，可以和全班同学比较，找到自己成绩所在的位置，并设立相对的目标；也可以和自己过去的成绩比较，设立进步的目标。

3. 由一个个小目标组成

学习目标并不是单一的，我们可以设立一个大目标，例如升学目标。具体执行时，可以把大目标分解为一个个小目标，纳入每天的学习计划中。

4. 可以根据实际情况调整

学习目标并不是一成不变的，而要根据我们的实际情况进行调整：当我们成绩进步很快时，可以提升目标；成绩有所退步时，可以适当降低目标；当发现目标起不到预期效果时，可以对目标的各项内容进行调整。

5. 具体明确

学习目标应该具体、明确，不能过于笼统和模糊。否则，我们想要执行学习目标时，就会发现自己根本无从下手，学习目标就沦为一纸空文了。

6. 挑战性和可行性并存

学习目标不是学习计划表，需要有一定的挑战性，才有实际意义。但是，目标定得太高，就像是我们跳起来也摘不到的苹果，只能看，接触不到，还有什么意义呢？所以，切实可行的学习目标必须挑战性和可行性并存，达成后既能带给我们成就感，又让我们踮起脚能够到。

NO.5

学习没效率？做个学习计划吧

期末考试临近了，小洁和同桌小蓉都开始紧张的复习。她们的妈妈也是一对好朋友，时常通过网络分享女儿们的学习情况。

晚上 11 点多了，小蓉的房间还亮着灯。妈妈走过去一看，女儿还在做练习题呢。她立即拍下照片，准备第二天发给小洁的妈妈"炫耀"一下。

第二天，小蓉的妈妈把照片发给了小洁的妈妈。小洁的妈妈问："小蓉一直学习到这么晚吗？"小蓉的妈妈说："不是的，这不是快要期末考试了吗？我告诉我们家小蓉，'临阵磨枪，不快也光'，突击复习也是很有效的。"

小洁的妈妈觉得有道理。

到了晚上，她等小洁做完作业，就去了小洁的房间，想劝她也学小蓉来一次突击复习。

进了房间，她发现小洁正捧着一本课外书，看得津津有味。妈妈说："我听说小蓉到了晚上 11 点多还在做练习题，你怎么这么早就开始看课外书了？"小洁放下书，不紧不慢地说："妈妈，您放心吧，我有全面、科学的学习计划，这次考试我可是胸有成竹。"妈妈半信半疑地出去了。

考试结束后，小洁的成绩果然很优秀，而开了一周夜车的小蓉，成绩却并不理想。

一个好的学习计划，能够让我们在学习的时间、进程、目标和方法等方面都做到心里有数。

制订学习计划时，要避免哪些误区？

❶ 不能"连轴转"

人的承受能力是有限的，如果学习计划安排得太满，让我们一天天"连轴转"，那么我们很快就会因不堪重负而不得不放弃，这是很不科学的。

❷ 不要安排过多休息时间

在学习计划中安排了过多的休息时间，就没什么意义了，因为学习计划毕竟是以学习为主的，不能主次不分。

❸ 不要照搬别人的计划

有的小朋友不知道怎样做学习计划，于是照搬别人的计划。这样也是不科学的，因为只有根据自己的知识基础、学习习惯等制订计划，才是有用的。

为什么要制订学习计划?

远离懒散

学习没有计划,我们就容易变得懒散,学习时容易被外界事物影响,一会儿翻翻课本,一会儿削削铅笔,一会儿跑一边喝水……花费时间不少,效率和质量却不高。如果有了学习计划,我们在学习时就会专注得多,心里有学习计划约束着,学习效率和质量都会提高。

我们制订学习计划后,就能合理地安排自己学习和休息的时间,比如阅读10分钟,预习一篇课文,休息10分钟。这样有利于养成良好的学习习惯。

安排好学习时间

提高时间利用率

制订学习计划可以提高时间的利用率,例如在记忆力强的时间学习着重记忆的科目,如英语,注意力集中时学习对自己有挑战的科目等。

25

我来支招儿啦！

学习计划要怎样做?

1. 考虑全面

我们的学习计划以学习为主，但也要考虑到休息和娱乐，只有全面考虑才能做出科学的计划。此外，还要考虑机动性，给计划外的事留出时间，提升计划实现的可能。

2. 重点突出

我们的精力是有限的，因此制订学习计划时，必须要有重点，尤其是要给我们较弱的科目留出更多的时间。

3. 从实际出发

我们的学习计划必须符合自己的知识基础、学习习惯等。如果仅凭一时的热情，制订了太高或太多的计划，实行起来就会寸步难行。

4. 安排具体

每天要做哪些事，每件事要用多长时间，每件事有什么具体的要求……学习计划中的每一个细节都具体安排，才能提高可执行性，真正起到提升学习成绩的作用。

NO.6

善于预习，让**听课更轻松**

　　最近一段时间，班主任安老师发现坐在第一排的小朱在上课时总是不认真听讲，经常看着窗外发呆。

　　这天下课后，安老师把小朱叫到办公室，问他为什么不认真听讲。小朱回答说："我有些听不懂，所以走神了。"安老师问道:"你昨晚有预习吗?"小朱如实回答说:"没有预习。"安老师说:"提前预习是一个特别好的学习方法,可以让你很好地跟上老师的思路。"

安老师又问:"你知道怎样预习数学吗?"小朱回答说:"看一下公式和知识点,这样可以吗?"安老师说:"你还应该试着做一下练习题。"小朱说:"好的,我知道了。"

安老师说:"你之所以听课遇到困难,就是因为没有预习啊。今晚回去,按照我说的认真预习吧,明天听课就会顺利多了。"小朱开心地回到了教室。当晚,他认真预习,第二天听课,果然不再迷茫了。

有的小朋友从来不提前预习,有的小朋友虽然知道要预习,可只是草草地翻翻书,根本不知道自己要做什么,对学习新课自然起不到帮助。有效的预习方法,不仅要对新课内容有一个基础的了解,也要了解新课的重点、难点和疑点等,并做好记录,等到上课时就能有针对性地学习,效率就高多了。

怎样预习更有效？

1 分层次进行预习

　　根据我们的学习基础，还有用于预习的时间的长短，我们可以选择不同层次的预习方式：低层次的预习，只要弄明白第二天要学的内容是什么就够了；中层次的预习，要明白新课的内容、结构、重点、难点和疑点等；高层次的预习，要求熟悉新课，提出相应的问题，厘清解题思路。也就是说，高层次的预习就相当于提前学习了一遍新课。

2 安排好预习时间

　　预习通常是在上新课前的晚上进行的，视个人情况调整，如果第二天的新课内容多且难，可以多安排一些时间预习，或者多预习几科；反之，则可以少安排一些。

3 运用好预习本

　　准备好一个专门预习的本子，把要学的内容的重点、难点和疑点都做好笔记。上课时可以参考预习本，有针对性地听课；等到复习时，预习本也可以拿来进行参考。

为什么要预习？

提高听课质量

不预习，我们在听课时容易陷入一种盲目、被动的状态，听起来似懂非懂，容易产生很多疑问和不解。而做好预习的同学，早已掌握了新课的重点、难点和疑点，听课时就会心中有数，更易于学习和掌握新知识。

有利于巩固知识

在预习时，我们虽然是在学习新知识，但有些新知识不可避免地与一些旧知识有所关联，回忆不起来时就会翻阅课本，这无疑是对旧知识的巩固。

可以带着问题去听课

预习时，我们可以把不明白的知识记下来，上课的时候带着问题去听课，会感觉豁然开朗，对这些知识的记忆更加深刻。

我来支招儿啦！

有哪些有效的预习方法呢?

1. 快速阅读法

无论是哪一科，我们都可以快速把新课的内容阅读一遍，对标题、插图、图表等引人注意的地方进行重点关注，也可以对重点内容进行摘录。

2. 提纲法

把新课的内容列出提纲，会让新课显得层次分明、脉络清晰，学习起来便于掌握重点，为听课、复习等铺平道路。

3. 循序渐进法

我们以预习语文课为例：第一步，先通读课文；第二步，掌握课文中的新词、生字，不认识的字积极查字典；第三步，结合课文试着做课后练习，查找与课文内容、课文作者有关的参考资料等；第四步，总结出自己的阅读感受等。经过循序渐进的预习，我们在上课前就可以对这一课有较为深入的了解了。其他科采用循序渐进法预习时，可以在此基础上进行调整。

4. 试做习题法

我们在预习新课时，可以重点关注课后习题，并尝试一下解题，能够提升预习的效果。

NO.7

上课时，专心听讲最重要

　　升入五年级之后，欣怡和一诺成为同桌。她们俩过去的成绩不过是中等，听课时都有些不专心的毛病。这两个老师眼里的"刺儿头"坐在一起，反而出现了奇妙的"化学反应"，成绩都进步了。班主任非常诧异，于是郑重地将两人请到办公室，想把她们的进步经验推广到全班。

两个小姑娘在班主任面前有些羞涩，但还是你一言我一语地说出了她们的经验。原来，两人都意识到了自己上课爱走神，也发现对方有同样的毛病。于是，她们俩签了一个"协议"：只要一方发现对方走神了，就要负责提醒，让对方重新将注意力集中到听课上。由于两人原本都爱走神，因此对方一个眼神、一个小动作，都会被自己看出端倪，会立刻将对方从天马行空的想象中拉回来。就这样，没过多长时间，她们爱走神的毛病都大为改善，成绩也得到了提高。

班主任立刻将她们的经验告诉了全班同学，很多同桌之间都签订了类似的"君子协定"。根据同学们的反映，听课的效率都有了一定程度的提高。

在我们学习的过程中，最重要的一个环节就是上课听讲。如果不能带着对知识的渴望，用饱满的情绪利用好课堂的每一分钟，就很容易遗漏老师所教的知识。所以，我们应该珍惜课堂时间，专心听老师讲课，不要浪费课堂时间。

学习大课堂

上课听讲的"五到"是指什么？

1 眼到

教材、笔记、教具、板书、PPT、老师的演示等，都是我们在课堂上要看的。不仅要看进眼里，还要记在心里。

2 耳到

认真听老师讲课，听同学们的提问和讨论，是提高课堂学习效率的重中之重。

3 口到

老师要求朗诵和背诵，不要羞于开口；听不懂某个问题，要大胆举手提问；老师提问时，要敢于回答。

4 手到

要积极记笔记，记录的内容包括老师讲课的重点以及有价值的板书等。

5 心到

心到指专心听讲，也指善于思考，不仅要把注意力集中在老师身上，还要将学到的新知识与旧知识融会贯通，真正掌握知识点。

上课专心听讲为什么重要？

获取知识的主要途径

我们获得各种知识的最重要的途径就是听老师在课堂上讲课，这比我们自学要容易得多。

老师在给我们讲课时，会将课本上的知识点进行归类总结，并采用循序渐进的方式讲出来，让我们更好地理解和吸收。特别是课堂的最后几分钟，老师都会把本节课的重点内容进行总结。

能够抓住重点

提高学习效率

老师在课堂上讲的都是重点和精华，当我们专心听讲时，可以深入地学习并掌握新知识，提高学习效率。

我来支招儿啦!

听课总走神儿,该怎么办?

1. 自我提示

准备好一些小卡片,上面写上"不要走神""专心听讲"等句子,放在容易看到的地方。每当走神时,这些卡片就会提醒我们,一定程度上能起到避免走神的效果。

2. 自我奖惩

如果某节课走神,就要惩罚自己到操场跑圈,或者多做家务等;某天听课没有走神,就奖励自己多看会儿电视等。时间一长,就会养成专心听课的好习惯。

3. 记录法

准备一个小本子,专门记录自己上课走神的状况。例如,某节英语课我们想象自己去踢足球,就可以在本子上记上"英语课想象踢足球,浪费五分钟时间"。这样的记录一多,我们就会因浪费了太多时间而心生悔意,逐渐改掉上课走神的毛病。

4. 注意休息

要养成良好的学习习惯和生活习惯,做到充分休息、劳逸结合,上课时就不容易走神了。

NO.8

我要努力和老师"合拍"

冲冲是五年级的"学霸"，他善于自学，都开始看初中的课本了，大家都对他羡慕不已。时间一长，冲冲就有点儿"飘"了，觉得老师的很多想法都不如自己。

一天，英语老师给大家讲解语法。冲冲听着听着，觉得老师讲的都是自己会的内容。于是，老师在课堂上讲，他就拿出一本英语读物，一边查英语词典一边读了起来。

快要下课了，英语老师突然拿出了一叠试卷，对大家进行随堂测试。冲冲信心满满，没想到，成绩出来后，他竟然不及格。冲冲非常疑惑，同桌盈盈目睹了一切，对冲冲说："你觉得英语老师讲的没用，所以没听对吗？"见冲冲懊恼地点点头，盈盈说："老师在课堂上讲的都是重要的知识，是我们考试时要考的内容。你想用自己的方法学习，也必须在认真听课的基础上进行才行，否则怎么能考好呢？"冲冲若有所思，从此他再也不轻视老师讲的内容了，而是在课堂上紧跟老师的思路，课下寻找其他学习方法，英语学得越来越好。

老师讲课时，不把注意力集中到老师的思路上，就容易漏掉很多重要的知识。只有紧跟老师的思路，才不会"掉队"。

学习大课堂

 为何要以老师的思路为主导？

① 能够提高注意力

我们在课堂上紧跟老师的思路，大脑皮层就会产生相应的优势兴奋中心，提高注意力。紧跟着老师的讲解思考，注意力就会集中，就不会走神，学习的效果自然会好。

② 抓住整堂课的精华

老师的话是整堂课的精华，我们紧跟老师的思路，也就抓住了课堂的精华。

③ 及时解决问题

在我们紧跟老师的思路听课时，遇到难点，或是有疑问，要做好记录，在课堂的提问环节，及时问老师，争取把不懂的知识在课堂上解决掉。

④ 提升知识的深度和广度

老师有丰富的知识、阅历和教学经验，其知识的深度和广度是我们难以企及的。我们只有跟着老师的思路，才能更加深入地理解知识，开拓视野，提升自己的知识和见识。

为什么有的小朋友无法跟老师"合拍"？

不喜欢某位老师

有的小朋友出于各种原因，不喜欢某科的老师或不适应他的讲课风格。等到这位老师上课，就产生逆反心理，不愿意听。我们作为学生，可以大胆地和老师谈一谈，和老师交换一下想法，说不定对这位老师的印象就会改观。

听不懂

一些学习基础差的同学，如果长期学习成绩赶不上来，上课就像"听天书"，完全听不懂老师在说什么，怎么可能跟老师"合拍"呢？这样的同学，就必须找到自己的问题所在，有针对性地进行补习。

觉得老师讲得不好

有的小朋友学习成绩较好，所以对老师讲的内容产生一定的轻视心理，觉得还不如自学。这样的想法是不可取的。

怎样才能跟上老师的思路呢?

1. 注意老师的提示语

老师在讲课时会说"注意这里……""我再重复一遍""这个问题关键在于……"等提示语，这是老师在引导我们的思路。我们将注意力集中到老师所说的问题上，也就跟上了他的思路。

2. 跟随课堂提问思考

老师讲课时会提出一些问题，有的要求同学们起立回答，有的老师自己就回答了。这些问题也是学习中的关键问题，我们抓住这些问题深入思考，就可以跟上老师的思路。

3. 紧跟老师的推导过程

老师讲解某一知识点时，通常会讲述其推导过程。这些推导过程是有助于我们理解记忆的，我们紧跟老师的推导过程，有助于跟上他的思路，同时也有助于提升我们的推理分析能力。

4. 不"钻牛角尖儿"

遇到不懂的地方，我们不要"钻牛角尖儿"，如果急着想弄懂，就可能忽视老师接下来讲的内容，得不偿失。我们可以将这些内容做个记号或者记在课堂笔记上，等提问环节或者课下再向老师请教。

NO.9

课堂上，我会踊跃回答问题

　　一天下午，小娇回到家里就对妈妈抱怨说："今天上课我丢人丢大了，我再也不举手回答问题了！"妈妈亲切地说："你为什么这么说呢？跟妈妈说一说吧。"小娇这才一五一十地说了起来。

　　原来，下午最后一节课是科学课，老师问："同学们，谁知道地球是什么形状的呀？"
小娇高高地举起了手，老师
让小娇回答问题，小娇站起
来自信满满地说："地球是
圆圆的，就像一个皮球。"
同学们都笑了起来，小娇左
顾右盼，不知道大家在笑什

么。老师微笑着让她坐下，
说道："小娇同学回答得不对，因为地球是一个两头略扁、中间
略鼓的椭圆形球体。"小娇的脸唰一下红了。

　　妈妈听完小娇的讲述，语重心长地说："这怎么能叫丢人
呢？我们正因为有不懂的东西才去上学呢。放心吧，同学们不
会因为你回答错误就笑话你。再说了，发生这件事后，你的知
识是不是记得更牢固了？"小娇觉得妈妈说得很对，下定决心
以后继续踊跃回答问题。

　　老师在课堂上提的问题，往往是重点、难点和疑点，是我们必
须掌握的知识点。因此，我们为了加深理解、检验学习成果，需要
积极回答问题。老师也可以根据我们的回答检验我们的学习成果，
调整教学方法。可见，上课踊跃发言是非常重要的。

学习大课堂

为什么很多小朋友不喜欢回答问题?

1 害怕回答错误

有的小朋友缺乏自信,害怕自己回答错误之后遭到同学们的嘲笑,或者被老师批评。久而久之,这些小朋友就会对在课堂上发言产生畏惧心理。

2 上课走神,不知道答案

有的小朋友上课时脑子里想的是其他的事,根本不知道怎么回答,甚至根本不知道老师问的是什么。这样一来,他们自然不喜欢回答问题了。

3 不想在众人面前表现自己

有的小朋友觉得积极回答问题是一种卖弄的表现,他们觉得自己不回答问题,会显得低调、成熟,实际上这种想法并不可取,会让自己失去了一次检验学习成果、巩固知识的机会。

4 觉得回答问题没有意义

一些小朋友觉得老师提出问题,总有其他同学会回答,自己没必要"凑热闹";或者觉得老师的问题根本就没有必要回答,只要听课就行了,因此不屑于发言。

踊跃回答问题为什么很重要？

提升学习兴趣

我们回答问题时，会将注意力和精力完全集中到课堂上，就会越学越感兴趣。

课堂上回答问题并不是在"表演"，而是为了与老师交流互动，同时也能促使自己进行深入思考。

与老师交流互动

提升表达能力

很多同学缺乏在公共场合发言的经验，在课堂上回答问题就是一个不错的锻炼方式，能够提升我们的表达能力。

在课堂上回答问题，必须理清思路、言简意赅，这是对我们的思维能力的考验和锻炼。

锻炼思维能力

我来支招儿啦！

我们该怎样回答问题？

1. 主动举手

很多同学害怕老师提问时自己被点名，更别提主动举手了。但是，我们想要有所进步，就必须克服害怕回答问题的心理，感受回答问题带来的乐趣，在课堂上主动举手、踊跃发言。

2. 声音洪亮

为了方便老师和同学听清我们的回答，我们回答问题时必须声音洪亮、口齿清楚，这会给大家留下很好的印象，也有利于提升我们的表达能力。

3. 表述清楚

听到老师的问题后，我们要迅速在大脑中组织语言、提炼重点，让自己的回答有条有理、层次分明、表述清楚。

4. 先思考再回答

我们在举手回答问题之前，必须仔细思考一下问题，确认自己没有听错、听漏，并整理好自己的思路，然后再举手进行回答。如果刚听到问题就仓促举手回答，很可能在站起来后才发现自己根本没有想好，就闹笑话了。

NO.10

老师对我有**偏见**，该怎么办

小哲的语文成绩在全年级名列前茅，他也是个很爱回答问题的学生。但是最近，小哲觉得语文老师白老师对自己产生了偏见，这让他非常苦恼。

原来，这几天上课时，白老师每次提问，小哲的手都举

得高高的，但是白老师的眼睛在班里扫视一圈后，总是选择其他同学来回答。有一次，有一道题比较难回答，举手的同学只有几个，白老师再一次无视了小哲举得高高的手，竟然点名让没有举手的小默起来回答。小默涨红了脸，费了老大的劲终于答出来了，白老师还让大家给他鼓掌。这下小哲更是气不打一处来，白老师这不是摆明了针对自己吗？

终于，小哲克制不了自己的情绪，主动到办公室找白老师"提意见"。

白老师听完他的话，愣了一愣才笑着说："我对你没有偏见，只不过我对你的成绩有信心，想要给其他同学一个机会，也了解一下其他同学能不能听懂。"

小哲脸红了，说："那……白老师，我以后还要不要举手回答啊？"

白老师笑着说："当然要，你的回答总是很有启发性，我还想让你给大家当个榜样呢。"

小哲兴奋地说："老师，您以后让谁回答问题，就看怎样对班级有利吧，我还是会积极举手的。"白老师说："太棒了，老师相信你。"

老师会针对班级里孩子们不同的情况，采取不同的态度。我们不要因为觉得老师对自己有偏见而陷入消沉之中，可以找老师谈一谈，说不定误会就会消除了。

老师欣赏哪些学生？

1 成绩好的学生

老师作为教育者，学生的成绩就是他们成就感的来源之一，老师喜欢成绩好的学生自然是顺理成章的事。

2 发言积极、爱提问题的学生

有些学生在课堂上积极发言，老师提问题时积极回答，课下有问题也会主动请教老师。这样的学生和老师交流频繁，又展现出自己强烈的求知欲，自然会得到老师的喜爱。

4 认真努力的学生

认真努力的学生，学习态度相对较好，而且成绩也会提升得很快，最主要的是他们可以成为班里的学习榜样，自然得到老师的喜爱。

觉得老师对自己有偏见怎么办？

有效沟通

如果小朋友发现或是感觉老师对自己有偏见。要及时与老师沟通，寻找问题，看一看是不是存在某些误会，及时解决问题，消除误会。

如果发现老师对我们有偏见，最好的解决方式就是努力上进，使成绩得到提高，让老师对我们刮目相看；如果是因为过分调皮或者过分沉默而使老师对我们有偏见，也可以努力改善自己的交际方式，让老师看到我们的努力，使老师对我们的看法有所改观。

努力上进

告诉爸爸妈妈

应及时将实际情况告诉爸爸妈妈，请爸爸妈妈和老师单独谈一谈，聊一聊问题出在什么地方，进一步化解矛盾，转变老师对我们的看法。

我来支招儿啦!

怎样给老师提意见?

1. 注意时机和场合

我们希望老师改变对自己的偏见，需要大胆提出意见，但要注意时机和场合，不能在课堂上或办公室里有很多其他老师的情况下提。我们要单独面对老师，提出自己的意见，让老师易于接受。

2. 语气平和，表达婉转

我们给老师提意见时，必须采取礼貌的口吻、商量的语气、诚恳的态度，例如说："老师，我其实并不是像您想的那样不爱学习，我只是基础不够好，您能帮助我提升成绩吗？"对好学的学生，多数老师都是喜欢的，也会改变对我们的看法。

3. 用各种方式传达心声

如果觉得当面给老师提意见会很尴尬，可以通过书信、电话、电子邮件、聊天软件或请父母转述的方式向老师反映，很多时候这样的方法也更容易被老师接受。

NO. 11

想要好成绩，多问"为什么"

　　小波最近发现新转来的同学小勇是个很有趣的人：无论是在课上还是课间，小勇找到机会就会向老师和同学提问。据小波统计，小勇每天都会问十多个"为什么"，这些问题有难有易，有的问题让小波都感到好笑："他怎么连这个

都不知道？这些知识我都烂熟于心了，哪用
得着问别人呢？"时间一长，小波就
对小勇产生了一些轻视心理，觉得小
勇没有自己聪明。

到了考试那天，小波信心满
满，觉得自己肯定能考出个好
成绩。没想到，成绩出来后，却
让他大跌眼镜：小勇的成绩在班
里名列前茅，自己却远远落在了小勇后边。

此后，虽然大家都知道小勇是个"学霸"了，但小勇还
是像往常一样，有不懂的地方就会问。这下，小波再也不敢
笑话小勇了，而是开始向小勇学习，经常追着老师问问题。
他以前觉得老师很讨厌问题多的学生，这下才发现老师唯恐
学生不问问题。一个学期下来，小波的成绩也提升了。

"学问学问，勤学好问"。在学习中，多提问题是一个良好的习惯。
我们不要觉得自己懂得多，要知道学无止境，我们永远都有不懂的
知识和技能，需要向别人学习。多问"为什么"能够让我们获得更
多知识，也能让已经获得的知识更为稳固，使我们不断取得进步。

学习大课堂

如何养成提问题的习惯？

1 带着问题听课

我们在预习的时候，就要准备好想问的问题。如果在老师讲解时，这些问题没有得到解答，就要积极举手提问。听课时我们还要积极参与同学们的讨论，在讨论中也可以向同学提出问题，这样能够得到新的思路，获得新的知识。

2 认真听取别人的发言

在学习中，别的同学提出的见解和问题，都是他们思考的结晶，我们要认真听取，并思考这些见解和问题对自己是否有帮助和启发。我们也可以借鉴一下这些同学是如何提出问题的，这样有利于我们提出更有水平的问题。

3 不要怕被同学耻笑

向别人请教根本就不是值得羞耻的事，反而是勤奋、好学的表现。有的小朋友想不明白这个问题，出于虚荣心而不肯向别人提问，结果不懂的问题只会越积越多。

多提问题为什么很重要？

获得新知识

学习中遇到不懂的地方，及时问老师、问爸爸妈妈、问同学，多数时候能够得到解答，我们就能获得新的知识；提的问题越多，获得的新知识就越多。长期积累下来，我们的成绩也会得到提升。要是不肯主动去问，一味等待老师来教，那我们获得的新知识就比勤提问题的同学少多了。

我们的大脑非常神奇，但是它记忆的知识还是经不起时间的考验，过段时间就忘得差不多了。如果我们多提问题，就能够加深理解和记忆，将知识记得更牢、更久。

加深记忆

开阔思维

在提问题的过程中，我们不断质疑和探索，创新和独立思考的能力都得到了激发。提出的问题越多，我们的思维就越得到拓展，对知识的理解也就越深入。

我来支招儿啦!

怎样提问题更好?

1. 将问题分解整合

一个问题,如果包含的知识量较为丰富,我们就要将其进行分解,从不同层次、不同角度将大问题分解成小问题,这样也方便老师或同学进行解答;如果我们要问的问题比较繁杂,也要善于整合,这样不仅节省双方的时间,也能让知识更有系统、便于记忆。

2. 向尽可能多的人请教

我们请教的对象,可以是老师、同学、爸爸妈妈,也可以是身边的朋友。每一个有优点的人,都值得我们学习,我们不要考虑他们的学历、年龄,勇敢地向他们提出问题吧,相信多数人都乐于帮助我们。

3. 记清楚答案

我们提问题,目的就是得到答案。有的小朋友提问题挺积极,得到答案后就抛之脑后了,这种提问是没有意义的。我们可以准备一个"问题本",将问题和答案都记录下来,每隔一段时间翻阅一下,对我们的学习是很有帮助的。

有效记笔记，学习更有条理

　　世杰是一个学习很努力的小学生，他听老师说记课堂笔记是提高学习效率的好办法，就让妈妈买了一个漂亮的笔记本，准备记笔记。

　　第一节课是语文课，世杰翻开课本，打开笔记本的第一页，只听语文老师说："同学们，这一节课我们学习'古诗三首'。"

世杰连忙用潦草的字迹在笔记本上记录：同学们，这节课我们学习"古诗三首"。

接着，老师开始有感情地朗诵起这三首诗。老师的声音很慢，抑扬顿挫，世杰也把三首诗抄写了一遍。老师开始正式讲课后，语速快了起来，世杰渐渐跟不上了，不由得慌乱起来。

老师讲着讲着，突然注意到世杰那手忙脚乱的样子，非常诧异。他走到世杰身边，发现他正在记录着自己一分钟前说的话，而笔记上的字已经乱得像蚯蚓爬一样了。老师不由得笑了起来，说："世杰啊，课堂笔记不是这么记的。你只要记下重点内容就行了，像这样'满堂记'，你还不如不记呢。"

课下，老师详细告诉了世杰怎么记课堂笔记。这下，世杰终于学会了。

记笔记是一种重要的学习方法，能够加深我们对学习内容的理解和记忆，笔记还是复习时的重要资料。记笔记可不是一件简单的事，需要我们综合运用各种感官，也是对我们思维能力的一次考验。

学习大课堂

 我们要记的笔记包括哪些？

① 课堂笔记

课堂笔记是最重要的学习笔记，能帮助我们更好地理解和记忆老师讲授的内容；日后再看，还可以帮助我们回顾和复习旧知识。此外，记课堂笔记也是对我们写作能力的锻炼。

② 读书笔记

读书笔记包括我们读书的心得，摘抄的好词、好句、好段，还有阅读中遇到的疑难问题等。勤记读书笔记是一种高效的阅读方式，能够积累写作素材、提升阅读效果，更重要的是能够提升我们的阅读兴趣，让我们爱上读书。

③ 难题、错题笔记

我们学习中难免遇到让自己挠头的难题，以及做错的题。因此，我们必须养成记难题笔记和错题笔记的习惯，这有助于重点突破，弥补自己的弱项，并避免遇到类似题型时一错再错。

为什么要记课堂笔记呢？

集中注意力

在课堂上，我们难免有注意力分散的时候。记一下课堂笔记，可以将我们的思维集中在课堂之内，让我们跟上老师的思路，避免注意力分散。

记课堂笔记时，我们的大脑、眼睛、耳朵和手要协调工作，使我们全身心投入课堂活动中，对知识的理解会更深入。

积极思考

便于记忆与复习

"好记性不如烂笔头"，我们把老师讲课的重点记下来，能够加深记忆。在复习的时候，如果没有课堂笔记，我们难以回忆起老师讲述的内容。

老师讲述的知识，有一些是课本之外的。我们将其记在课堂笔记上，就是对新知识、新观点的记录，不断积累就可以扩充我们的知识面。

扩充新知识

我来支招儿啦!

怎样记好课堂笔记?

1. 清楚课堂笔记记什么

有的小朋友记课堂笔记非常努力,一整堂课都在奋笔疾书,将老师讲的内容事无巨细都记到本子上。结果,不仅影响了听课效果,还让课堂笔记毫无重点、缺乏条理,甚至没有价值。好的课堂笔记不是什么都记,而是记重点、难点和疑点,以及记概念、公式、法则、原理和老师的解题技巧、思路、方法等。

2. 把握记笔记的时机

我们记课堂笔记时,不能影响听课和思考,因此必须掌握时机。通常来说,我们可以在老师写板书时记笔记,老师讲述重点时则必须挤出时间速记和简记。此外,下课后,我们也可以一边回忆一边补记。

3. 对课堂笔记进行整理

由于时间有限,我们记录的课堂笔记是简化、凌乱或不够完整的。所以,我们课后有必要对课堂笔记进行整理,将内容补全。不清楚的地方,还可以询问一下老师。此外,整理课堂笔记也是一次复习。

NO. 13

复习很重要，要掌握技巧

　　考试将近，小蕊开始紧张的复习。数学老师发现，小蕊复习数学时几乎不看课本，只是一道接一道地做辅导材料上的难题，或是一张一张地做试卷。

　　数学老师很奇怪，于是问她："你为什么不看课本呢？"

小蕊回答道："课本上的内容我已经完全掌握了，再说课本里的知识都太简单了，我再看不过是浪费时间，还不如做几道难题呢。"老师说："你这种复习方法是错误的。"小蕊被老师的话吓了一跳，她觉得自己的理由挺充分的，不知道老师为什么说

自己的复习方法是错误的。老师继续说："无论是什么样的难题，都是以课本上的内容为基础的。你复习时不看课本，就容易遗忘、疏漏知识点，怎么能做好难题呢？基础打不牢，大厦会稳固吗？"

　　小蕊听了老师的话，若有所思地点点头。她决定将做难题、偏题与复习课本基础知识这几件事同步进行。

　　我们的记忆是有限的，如果学习之后不进行复习，一段时间后就可能把知识忘得差不多了。因此，复习是极为重要的学习方法，而且我们要经常复习、不间断复习，一遍遍地加强自己的记忆，才能考出好成绩。

学习大课堂

 复习时应该做些什么？

1 温习一遍课本

结合课本，将所学内容温习一遍，总结学习重点，并分析自己哪些方面掌握得比较好，哪些方面还需要改进。

2 对照课堂笔记复习

对照课堂上的笔记，看一看与自己的理解有哪些不一致的地方，哪些地方自己遗忘了。

3 检查一遍作业

大致浏览一下作业，看哪些做对了，哪些做错了，总结做错的原因是什么。对于作业中的重点、难点问题，要进行特殊"关照"，查漏补缺。

4 记录重点、难点和疑点

分析所学知识的重点、难点和疑点后，可以将它们记录到一个专门的本子上，为其他阶段的复习（如考前复习）做好准备。

5 总结学习方法

总结一下自己使用了哪些学习方法，好的就继续坚持，没有效果的就果断抛弃，有缺陷的则积极改进。

为什么要进行复习？

强化记忆 →

德国心理学家艾宾浩斯研究发现，我们记忆一些东西之后，随即就开始了遗忘。完成记忆后的短时间内，遗忘是最快的。如果我们只学习不复习，一周后只能记住四分之一左右的旧知识了。可见，我们只有及时复习，才能强化记忆。

我们在听课时容易沉浸其中，难以进行冷静、综合的思考。而在复习时，就容易以较为冷静的态度找到我们学习的薄弱环节，分析这些环节没能完全掌握的原因，补充需要加强的薄弱部分。

← **查漏补缺**

使知识系统化 →

复习是对听课的继续和补充。通过复习，我们能够对课堂知识进行归纳、整理，使知识系统化。在听课时，我们是很难将各部分知识进行比较、分析、综合的，而在复习时，就相对容易实现这一点。

65

我来支招儿啦！

如何复习更有效?

1. 分散复习

学习就是不断地重复、重复、再重复的过程，复习也是如此。如果我们复习的时间是有限的，那么分散复习的效果就要好过集中复习的效果。举例来说，如果我们每周打算花一个小时复习数学，那么一个晚上集中复习一个小时的效果，就不如每天复习20分钟，一连复习三天的效果。

2. 重温课本

有的小朋友认为课本上的基础知识太简单了，没有复习的必要。于是，在复习时一味去做难题、偏题，对课本上的基础知识视而不见。这种复习方法是错误的，如果遗忘了基础知识，想要攻克考试时出现的难题、偏题，难度就太大了。所以，我们复习时不要忽略课本上的基础知识。

3. 做好复习笔记

复习时记下的重点、难点和疑点的资料，以及总结的学习方法等，都是复习笔记的一部分。复习笔记要尽量简明，起到提纲挈领、强化记忆的作用。

NO.14
写完作业再去玩儿吧

　　这天晚上，快递员把妈妈给章超买的电子琴送来了，章超很想弹琴，但妈妈说要写完作业才能弹。

　　在妈妈的催促下，章超不情不愿地去写作业了。写上几页，他就走到门边，偷偷瞄一眼摆在客厅的漂亮的电子琴。不一会儿，章超来到客厅对妈妈说："我写完了。"妈妈很高兴，说："那你弹会儿琴吧。"章超高兴地坐下弹起琴来，一连弹了好几首，才在妈妈的催促下依依不舍地回去睡觉了。

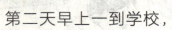

第二天早上一到学校，章超就开始对着同桌婷婷软磨硬泡，让婷婷把作业借他抄一下。原来，章超根本没写完作业，他对妈妈撒谎了。婷婷无奈地说："下不为例哦！"章超连连保证，匆忙抄完了作业。没想到，这件事竟被数学老师发现了。章超被老师训斥了一顿后，痛定思痛，下定决心以后一定要写完作业再做其他的事情。

写作业是巩固课堂知识的重要手段，是我们学习的一个不可或缺的环节。写作业与复习一样，都有时效性，一旦拖延或马虎，就失去了应有的效果。所以，我们必须按时完成作业，并保证作业的质量。

 写作业时，我们要改掉哪些坏习惯？

① 不独立完成作业

有时候老师留的作业太多，影响到孩子休息，家长就会帮忙写，从而让孩子养成依赖父母完成作业的坏习惯，削弱了孩子独立思考的能力，这是很不可取的。也有的小朋友尝到利用电脑、手机、智能音箱等查询答案的甜头，不愿意独立思考，这种习惯也必须纠正。

② 边写边玩

写作业时做小动作乃至边写边玩，会严重拖延完成作业的时间，加深大脑的疲惫感，严重影响写作业的效率和作业的质量。

③ 写完后不检查

有的小朋友写完作业后就扔在一边看也不看，更别提认真检查了。他们完成的作业很容易出现错字、错题等，影响了对知识的巩固。

④ 字迹潦草

一些同学写作业只求快，字写得非常潦草，有时候连自己都看不清写的是什么。这样的作业哪还有质量可言呢？

写作业、做练习题有什么好处？

检查学习效果

通过写作业、做习题，可以及时检验我们对知识的掌握情况，以及我们是否可以对知识灵活应用。如果作业做得很顺利，习题做得非常正确，那么，可以说明这部分知识我们掌握得很好。相反，则说明我们没有掌握好，可以及时查找原因，进行调整。

通过写作业、做习题，可以不断巩固新知识，提高"消化"新知识的效率，新知识运用得越多，理解得越深刻，记忆得越长久。

加深理解和记忆

积累复习资料

作业和习题一般都是经过老师精选的，有很强的代表性、典型性。因此，写作业时遇到的错题等，可以整理后作为复习时的参考资料。

我来支招儿啦!

怎样写作业更高效?

1. 先复习再写作业

很多同学将复习和写作业混为一谈,这是不对的。我们在写某学科的作业前,最好先把当天课堂上学习的知识复习一遍,做到心中有数,再写作业就容易多了,而且不容易出错,也不会浪费时间。

2. 及时写完

作业是有时效性的,当天学习当天写作业,记忆会更牢固;如果拖到第二天甚至更久的时间才写,记忆就会大打折扣。同时,也容易让我们产生整天都在应付作业的感受,使我们对学习产生厌倦。

3. 写完后思考总结

写完作业、检查无误后,我们还要耐下心来思考总结一番,特别是用到的概念、定理、公式等,都可以"复盘"一遍,加深记忆。

71

一天，数学课快要结束了，老师为了加深大家的记忆，说："同学们，今天我们学了圆周率，我希望大家能够背一下小数点后十位，我明天要进行抽查。"

下课后，同学们立即热烈地讨论起来。图图用绝望的语调说:"十位?这些数字又没有什么规律,谁能记得住啊。"前一排的刘荣回过头说:"我觉得不难呀,不就是十位吗?"图图说:"你不会是在吹牛吧?"刘荣说:"不信咱们走着瞧吧。"

到了第二天,数学老师果然开始抽查。图图原本以为自己背得很流利了,一合上书又忘了。班里举手的同学寥寥无几,老师正好点到了刘荣,刘荣自信地站起来背道:"3.1415926535。"老师非常满意。

下课后,图图带着敬佩的语气问:"刘荣,你是怎么记住这么长的数字的?"刘荣说:"我是靠谐音记住的,这11个数字,不就是'山巅一寺一壶酒,尔乐苦煞吾'吗?"图图不得不心服口服。

我们要学习的绝大多数知识,都是要靠记忆力来掌握的。记忆力的好坏受先天的影响,但也可以通过后天的锻炼来加强。锻炼记忆力的方法有很多,例如著名的谐音记忆法、联想记忆法等。

学习大课堂

 小学生的记忆有什么特点？

1 开始有意记忆

我们在上小学之前，通常是进行无意记忆，也就是没有预定目标的记忆。而上了小学，学的知识多了，要记忆的东西就是有预定目标的了，这就是有意记忆。

2 从机械记忆向理解记忆发展

所谓的机械记忆，就是在并不理解原理的前提下进行的记忆，俗称"死记"。我们上了小学之后，知识增加了，就开始在理解的基础上进行记忆，这就是理解记忆。只有进行理解记忆，我们才能真正掌握知识。

3 从具体记忆向抽象记忆发展

具体记忆记住的是事物的直观特征，靠具体记忆是很难记住抽象的公式、概念、单词等知识的。到了小学时代，我们的抽象记忆能力会得到迅速发展，有助于提升我们的知识水平。

记忆该怎样进行锻炼呢？

利用好黄金时段

人的记忆在不同的时间段有不同的水平，一般来说早晨和晚上睡觉前的记忆效果是比较好的。我们在记忆的黄金时段进行学习，也是对记忆力的一种锻炼。

如果没有理解就去死记硬背，知识基础就一点都不牢固，久而久之，我们就失去了记忆的动力。所以，我们必须形成先理解、再记忆的习惯。

先理解、再记忆

要对记忆感兴趣

如果我们对学习漫不经心，对记忆也不感兴趣，那么很难将知识记住。所以，我们可以提升对记忆本身的兴趣，让自己乐于去记忆，这样记忆能力就会得到提升。

要想记得牢靠，就得综合运用耳朵、嘴巴、大脑、双手、眼睛一起进行听、说、读、写，在记忆时边思考边写、边读边记，这样记忆效果会更好。

多渠道进行记忆

我来支招儿啦！

有哪些高效记忆法呢？

1."吃甘蔗"记忆法

如果我们需要记忆的东西太长，例如一篇较长的文章，就可以采用"吃甘蔗"记忆法，即将其分成较短的几段，分别进行记忆。

2."过度学习"记忆法

所谓过度学习记忆法，就是在记住了某些知识后，为了巩固记忆，将这些知识继续学习一段时间，并且多记几遍，直到熟记、牢记为止。原本读三遍就能记住的重点知识，我们就读六遍，强迫其刺激大脑，就能记得更牢。

3."滚雪球"记忆法

例如，我们在背诵单词时，可以先将需要记忆的单词分为几组，先对第一组进行过度学习，牢记后再对第二组进行过度学习。第二天我们对前两组进行复习，随后就开始过度学习第三组、第四组……时间长了，单词就在我们脑海中滚起了雪球，记得越来越多。

4.谐音记忆法

谐音记忆法是一种常用的记忆方式，就是将比较难记的知识点，用其他同音的汉字去标记，使其变得生动、有趣起来。很多同学背诵英语单词时，就喜欢用这种方法来记忆。

5. 联想记忆法

我们看到某些知识点时，脑海中可以浮现与其有关的一些事物形象。例如，有人是这样记忆我国的四大盆地（塔里木盆地、准噶尔盆地、四川盆地、柴达木盆地）的："塔里有根木头，准备割（噶）木耳（尔），将木头四面穿（川）上，举起柴刀打（达）木头。"

6. "链式"记忆法

将需要记忆的内容串成一条链，然后将每个知识点与前面的知识点联系起来，形成一个联想的故事。例如，我们要记忆一个购物清单，其中包括以下物品：香蕉、牛奶、鸡蛋、面包、洗发水和牙膏。我们可以将这些物品编成一个简单的故事，

我去了超市，买了一些东西。我先买了一串香蕉，然后买了一瓶牛奶。接着，我看到了鸡蛋，就买了一箱。为了做三明治，我买了一袋面包。快要出门了，我想起洗浴用品不多了，就买了一瓶洗发水和一支牙膏。

7. 抄诵法

把要记忆的内容抄写下来，或者朗读，或者默读，在抄写的过程中，加深对知识的理解和记忆。

NO.16
巧用最佳用脑时间

一天晚上，已经九点半了，平平还坐在书桌边，捧着语文课本念念有词。妈妈走进房间说："平平，都这么晚了，你怎么还不去睡觉？"平平回答道："等我把这篇文章记牢再去睡觉吧，明天语文课上老师会抽同学背的。"妈妈说："你背得怎么样了？"

平平苦笑着说:"根本没有记住,我都背了好几遍了,可每次一合上书,我就什么都想不起来了。"妈妈说:"这是因为你经过了一天的学习,大脑已经十分疲劳了,

错过了最佳用脑时间,记忆力自然会受到影响。这样的话,即使你再怎么努力,做的可能也是无用功。妈妈给你出个主意,你先睡觉,明天早上早点儿起床背诵,一定能记牢的。"平平半信半疑地上床睡觉去了。

早上,妈妈正在往桌子上摆碗筷,平平兴奋地跑过来说:"妈妈,你的方法太管用了,我现在已经把这篇文章牢牢记在脑子里了!"妈妈笑着说:"看来我猜对了,早晨就是你的最佳用脑时间。"

很多小朋友在学习中都有这样的体会:同样的题目,在晚上绞尽脑汁都做不出来,早晨却能轻松找到思路;在下午想要背单词却怎么都记不住,到了晚上再背却记得又快又牢。这就是受到最佳用脑时间的影响。利用好最佳用脑时间,我们的学习就会事半功倍。

学习大课堂

 最佳用脑时间分为哪些类型？

1 "百灵鸟"型

这种类型的小朋友，在清晨思维是最活跃的，学习起来也灵感迸发，记东西特别快。这类小朋友适合在早上多学习，到晚上则需要早早休息，以免用脑过度。

2 "猫头鹰"型

有的小朋友在晚上精力特别充沛，大脑皮层也进入最活跃的状态。他们在晚上反应很快、思维敏捷，判断能力也很出色，学习效果比清晨和白天还好，这属于"猫头鹰"型。这类小朋友不要觉得学习到越晚越好，还是要尽早睡觉，避免熬夜。

3 混合型

混合型的小朋友没有什么明显的最佳用脑时间，也可以说他们一整天都是最佳用脑时间，每个时间段的学习效率没有较大的差异。这类小朋友看起来学习效果会最好，却不像"百灵鸟"型小朋友和"猫头鹰"型小朋友那样有一段可以"超常发挥"的时间，所以成绩未必强过其他类型的小朋友。

总的来说，这三种类型并没有明显的优劣之分，需要我们根据自己的最佳用脑时间灵活安排学习任务。

我们为什么要利用好最佳用脑时间？

提高学习效率

最佳用脑时间是大脑最为清醒、反应最快的时候。如果我们能够在这段时间内进行高效学习，我们的学习效果会更好。很多优秀人物都是善于利用最佳用脑时间的，例如鲁迅先生晚上灵感最为丰富，他就喜欢在晚上写作。

长期保持在最佳用脑时间内进行学习和思考，有助于提高大脑的认知能力。因为，我们的大脑会习惯在这段时间内迎接各类挑战，大脑是越用越灵活的，时间一长大脑的灵活性和适应性都会有显著的提升。

提高认知能力

提高注意力

通常来说，我们的大脑在最佳用脑时间内最为清醒，注意力最集中，不容易被其他事物分散精力。不在这段时间内学习，就容易疲劳，从而注意力不集中，很容易被其他事物干扰，导致学不下去。

我来支招儿啦！

怎样充分利用最佳用脑时间?

1. 利用早晨记忆

对大多数小朋友来说，早晨都是最佳用脑时间。早晨起床时，我们的大脑经过一晚上的休息，疲劳消失了，脑细胞最为活跃，最适合用来记忆，例如背单词、背课文、记公式等。

2. 晚饭前后复习、写作业

我们白天经过一天的学习，到晚上就会有些疲惫，所以晚上不适合再进行高强度的学习，可以进行较为轻松的学习，例如复习。而在吃过晚饭后，我们的精力得到了一定的恢复，就可以开始写作业了。

3. 睡前半小时预习

科学家认为，我们在睡前一小时或半小时记忆的知识，在入睡后还会在大脑中"重播"，能够帮助我们加深记忆。所以，我们可以在这段时间内预习明天要学的内容，效果是很好的。

NO.17

写一手漂亮的字，好处多多

雪洋是三年级二班的尖子生，她每科成绩都很优异，各科老师都很喜欢她，但也对她的一个小毛病感到头疼——她的字写得太潦草了，完全不像出自一个漂亮的小姑娘之手。

语文老师杜老师因此对雪洋十分头疼。雪洋的作文写得文辞优美，杜老师却不得不给她的作文减分，因为她的字实在是不够美观。杜老师屡次找雪洋谈话，劝她练练字。但是，雪洋觉得自己不练字也能考第一名，费那个劲干什么？

　　杜老师找雪洋的妈妈商量，妈妈给雪洋买了许多字帖，强迫她练字。雪洋一开始还耐着性子写了几页，很快就不耐烦了，在字帖上乱写起来。

　　但是，一件事改变了雪洋对练字的态度：她参加了全校的作文大赛，精心写了一篇文章，却没能获奖。根据杜老师了解到的情况，阅卷老师对雪洋的文章还是比较满意的，但是嫌她的字太丑了，所以将她的文章淘汰了。这次打击让雪洋痛定思痛，开始认真用妈妈买来的字帖练字。没过多久，她的字已经变得颇为工整了。

　　字的好坏不仅对语文成绩有影响，而且对每一科的成绩都有一定的影响。如果我们的字像蚯蚓一样七扭八歪、难以辨认，更是会对成绩产生严重的负面影响。所以，不要觉得练字无关紧要，赶紧让父母给我们买几本字帖，认真练起来吧！

学习大课堂

练字为什么要临摹字帖呢?

① 以书法家为师

我们无论是练习硬笔书法,还是练习毛笔书法,所用的字帖多数都出自著名书法家之手。这些字帖中字的框架结构、笔顺,以及字的大小、行距等都是得到大众认可的。我们临摹字帖,一定程度上就是以这些书法家为师,自然有利于我们练出好字。

② 加深对书法的了解

字帖上字的结构、笔顺,笔画的长短,横、竖、撇、捺、点的写法等都是很有讲究的。我们通过对字帖的临摹,就能对这些书法知识有一个较为深入的了解,便于我们练出好字。

③ 字帖是方便、快捷的练字方法

比起去上专门的书法课,我们自行根据字帖练字,无疑更加方便、快捷,更容易坚持下去,而且效果也不错,何乐而不为呢?

我们为什么要练字呢？

字的好坏影响成绩

字写得是否漂亮、卷面是否整洁，直接影响语文、英语等有主观题目的科目的成绩。这些对成绩的影响，在小学时期还比较小，到了中考、高考时就非常大了。如果我们现在不练出一手好字，以后也很难再练出来了。

练字是一个较为漫长的过程，在练习时需要我们有充分的耐心、细心，才能有所成就。练字的过程也是我们完善性格的过程。古人说"字如其人"，是有一定的道理的。

练字能完善性格

养成良好的学习习惯

练字，不仅可以纠正拿笔姿势，还可以纠正坐姿。良好的坐姿不仅有利于身体健康，还能提高专注力，从而提高学习效率。

我来支招儿啦!

怎样写一手漂亮的字呢?

1. 坐姿和握笔姿势都有讲究

我们练字时,无论是坐姿还是握笔姿势都有讲究,姿势正确才能写出端正、漂亮的字。例如,坐姿一定要端正,不能驼背或趴在桌子上;握笔时不要握着笔尖部分,不要太过用力等。

2. 笔画和笔顺都要规范

我们刚开始练字时,一定要注意规范,不能写连笔字,而是应该一笔一画地写,让每一个字都显得方正、平稳。写字时笔画要规范,同时按照正确的笔顺书写,也能让我们的字显得更工整。

3. 写字时不可浮躁

写字时心浮气躁,就容易粗心大意,写出的字会显得潦草,甚至可能出现缺笔画、写错字的情况。因此,我们写字时必须心平气和。

4. 坚持临摹字帖

临摹字帖是练字的最佳手段之一,同时也是一个枯燥的过程。想要练出一手漂亮的字,必须坚持临摹字帖,不能半途而废。

NO.18

培养阅读习惯，让我变得博学

　　乐乐是一个话不多的小学生，同学们只知道他成绩不错，但不知道他有什么爱好、才能，都觉得他有些神秘兮兮的。

　　这一天，学校组织大家去博物馆参观文物。大家欣赏着一件件美丽、古朴的陶器、青铜器、瓷器、书画作品等，偶尔小声讨论几句。王佳一边看，一边小声嘀咕："鼎是干什么用的呢？"身边的乐乐随口回答："是用来煮肉、盛肉的。"王佳将信将疑地点点头。过了一会儿，她又问乐乐："这个大叉子是

干什么用的？"乐乐看了一眼，回答道："这是耒，是古代人种地时翻土用的。"王佳不由得"哇"了一声，说道："你懂得这么多啊！"

周围的同学沸腾起来，"乐乐怎么懂这么多啊？""你怎么什么都知道啊？"乐乐听了大家的话，不好意思地说："因为我喜欢读书，这些都是我在书上看到的。"

随后，班里流行起阅读热潮，乐乐则成了大家的"阅读课小老师"，大家阅读时有疑问都会请教他。

"书是人类进步的阶梯"，通过阅读我们能够跨越时空、连接中外，获得美妙的精神享受。对于我们的学习和生活，阅读也是好处多多。可见，我们一定要培养良好的阅读习惯。

学习大课堂

觉得自己没有时间阅读怎么办？

1 重视读书

把读书添加到每天必须完成的学习计划里。这样就能合理安排出阅读的时间来。

2 利用好零碎时间

很多时候"没时间"只是我们不去阅读的借口，只要养成阅读习惯，我们总能找出一些零碎、空余的时间进行阅读。

3 做好阅读计划

漫无目的去阅读，就可能感觉时间很紧张。如果我们做好阅读计划，到了规定的时间就开始阅读，时间一过就去忙别的，时间就被安排得井井有条了。

4 坚持每天阅读

如果每天都抽出一点时间去阅读，时间一长，很多厚厚的书就被我们"征服"了，效率比偶尔抽出一段较长的时间阅读还要高。

我们为什么要阅读？

拓宽视野、增长智慧

阅读优秀的书籍，可以拓宽我们的视野，开阔我们的眼界。比如阅读科普类书籍，我们能学到许多的科学知识；阅读智慧故事，我们能领略到深刻的哲理；阅读历史类书籍，我们能学到许多人生道理和解决问题的方法；等等。

当我们畅游书海，尤其是阅读一些优秀的课外书时，能够使自己的情操、气质等得到陶冶，心胸会变得开阔，想象力、审美能力等也会得到相应提升。

陶冶情操

提高写作能力

阅读与我们的写作能力密切相关。有良好阅读习惯的同学，词汇量、逻辑能力等都会得到一定提升，对提高写作能力是很有帮助的。

我来支招儿啦!

我们该如何选择课外书?

1. 最好围绕课本来选择课外书

我们读书时，要尽量围绕课本来选择课外书。例如，语文课本每单元后面的阅读推荐，我们要尽量重视起来；对于课本中出现的重要人物，我们可以读一读他们的传记，等等。

2. 多看自己感兴趣的书

如果阅读成了不得不做的任务，我们每天看的都是自己不感兴趣的课外书，那么阅读也就成了一件"煎熬"的事。所以，我们要尽量多看自己感兴趣的书，成为精通某一类知识的"小博士"，也是不错的选择。

3. 请老师、家长和同学推荐好书

我们不知道应该看哪些书时，可以请老师、爸爸妈妈和同学为我们推荐，特别是他们看过并觉得值得推荐的好书，都有一定的阅读价值。

NO.19

严重偏科，还能**纠正吗**

　　赵华是一个很聪明的孩子，他学东西很快，老师总是表扬他。语文老师尤其喜欢他，赵华也特别喜欢上语文课。数学老师其实也挺喜欢他，但是数学老师平常比较严肃，又因为看到赵华做习题的时候比较马虎，批评了他几次。赵华就开始和数学老师赌气，总是在数学课上做小动作。数学老师课堂提问，他也不举手回答。时间一长，他就有些听不懂了。

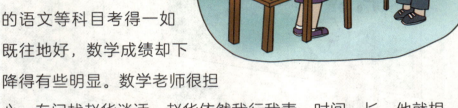

考试的时候，赵华的语文等科目考得一如既往地好，数学成绩却下降得有些明显。数学老师很担心，专门找赵华谈话。赵华依然我行我素，时间一长，他就根本听不懂老师在讲什么了，对数学越来越没有了自信。

又一次考试，赵华的数学成绩再次大幅下跌。数学老师再次找他谈话，赵华终于向老师坦白了自己偏科的原因。在数学老师的开导与帮助下，赵华开始努力追赶，最终在学期结束的时候追了上来。

偏科影响的可不止小学时期的成绩，如果不及时纠正，我们升入中学后会更难纠正。一旦影响到考大学，我们一生的命运也就受到严重影响了。可见，偏科真的是一个影响很大的问题，必须在小学时期及时纠正过来。

学习大课堂

偏科有哪些危害？

1 危及强势科目

小学各门学科都是基础课，互相之间有着密切的联系。如果语文学得不好，我们可能连数学题目都读不明白；数学等学科学不好，写作文时提到相应内容，也容易犯一些常识性的错误。

2 影响未来

小学是为我们一生的学习打基础的阶段。小学时就偏科，没有及时纠正，我们在中学时就更加难以纠正了。就算只有一科偏科，对我们的总成绩也会产生重大影响，让我们很难适应更高阶段的学习。有时候，我们一生的命运就因为偏科而受到严重影响，可见纠正偏科问题刻不容缓。

3 无法全面发展

当今社会需要的是全面发展的人才。任何一科成为短板，都会让我们缺乏某一类才能。所以，为了成为有用之才，我们必须学好每一科。

造成偏科的原因是什么？

老师的影响

很多同学偏科，都是受到了该科老师的影响。不喜欢某个老师，就可能"恨屋及乌"，讨厌起这位老师所教的科目。久而久之，该科成绩就会变得很差，丧失对该科的信心，形成恶性循环。

兴趣是学习的动力。例如，有的小朋友对文学感兴趣，因此语文成绩就很出色，但对数学不感兴趣，觉得数学课索然无味，从而将精力全放在语文上，时间一长就会出现偏科的现象。

个人兴趣

学习方法不正确

由于各门学科的知识结构不一样，所以在学习方法上也存在一定的差异，而许多小朋友并不知道如何制订科学有效的学习计划，再加上综合运用能力不足，从而导致偏科。

我来支招儿啦！

如何矫正偏科？

1. 有意识地重点学习弱势科目

我们如果偏科，可以在制订学习计划时，将学习时间向弱势科目倾斜，在弱势科目上付出更多的努力；写作业时，先写优势科目，就有充足的时间学习弱势科目。

2. 想方设法从弱势科目中获得满足感

我们可以给弱势科目定一个目标，目标不用太大，可以是我们"跳一跳就能摘到的果子"。实现这个目标后，我们就可以获得成就感，接着去攻克下一个目标……有了成就感，我们就能产生对弱势科目的兴趣，慢慢地将其变成普通科目甚至优势科目。

3. 向成功矫正偏科的同学"取经"

我们可以观察一下身边的同学，如果有成功矫正偏科经验的同学，我们一定要向他虚心求教，请他分享自己的经验。

NO.20

讨厌学习，我还"有救"吗

11 岁的志源活泼好动、记忆力过人，学习还算可以。但是最近，他开始对学习不怎么感兴趣了。在班主任高老师上课时，他一直盯着窗外，完全不在乎老师讲了什么。等到高老师发下卷子开始随堂测试后，志源第一个交了卷，就开始趴在桌子上闭目养神。高老师特意看了看他的卷子，一些难题做得不错，很多基础知识题却是随意作答、错漏百出。

高老师发现志源已经出现了厌学心理，如果不加以干预，对他以后的学习会产生恶劣影响。于是，高老师请来了志源的爸爸，才知道志源的妈妈刚为志源生了一个妹妹，全家人的注意力都放到了妹妹身上，也就忽略了对志源的关心。志源心生不满，于是就通过不好好学习来发泄情绪。

与高老师交流后，志源的爸爸也意识到必须关心儿子。在他和妻子的努力下，志源重新感受到了家庭的温暖，对小妹妹也由一开始的忌妒变得喜爱起来，他的学习成绩迅速回到了正常水平。

一些小朋友产生厌学心理的原因有很多，而且一旦厌学就一发不可收拾，再也无法产生对学习的兴趣。所以，我们一旦感觉自己对学习产生厌倦，一定要立即警惕，并努力改变厌学心理。

学习大课堂

厌学有哪些具体表现？

① 缺乏学习兴趣

厌学的同学，会对某一科甚至所有学科都毫无兴趣，从而对学校感到厌倦，每天上学都是敷衍了事。就算他们意识到学习能够影响到自己的前途和命运，依然对学习提不起兴趣。

② 上课无精打采、注意力不集中

在厌学情绪的影响下，一些同学上课时精神涣散，不断打瞌睡，总是无精打采的样子，注意力根本无法集中到课堂上来，对各项学习任务都充满抵触情绪。

③ 逃学

随着厌学情绪的发展，一些同学会出现迟到、旷课与逃学的现象，出现习惯性的逃学行为后，这些同学就可能接触到社会上的不良分子，风险是很大的。

④ 制造事端

厌学的同学被迫留在学校时，痛苦、焦躁等负面情绪会不断累积，导致他们做出制造事端的行为。

为什么会出现厌学心理？

学习基础差

有的小朋友学习基础差，努力之后成绩还是无法提高，因此就失去了学习的兴趣，出现厌学心理。

有的小朋友家境殷实，生活条件优越，觉得自己用不着靠学习来改变命运，就会缺乏学习的动力，出现厌学情绪。

缺乏危机感

叛逆心理严重

有的小朋友生活在单亲家庭或父母对其不在意，生活上缺乏关爱与督促，养成叛逆的性格，于是产生厌学的心理。

有的学校只看重分数，片面追求高分，不注重学生的全面发展，各类活动都围绕教学质量展开，单调而枯燥，让学生毫无兴趣，以致厌学；有的老师比较偏心，对学生过分严苛或过分放任，都可能导致学生对学习产生厌倦。

学校和老师的原因

我来支招儿啦！

怎样改变厌学心理？

1. 知道什么是我们的"正经事"

我们作为小学生，最主要的任务就是上学。上学也不是为了爸爸妈妈，而是为了我们将来走上社会后有知识、有技能，为社会做出贡献，实现自己的价值。认识到这一点，我们就能一定程度上改变厌学心理。

2. 相信自己，勇克难关

一些同学因为学习压力太大，自己的成绩怎么也上不去而厌学。这时候，最重要的就是要相信自己。要知道，逃避根本解决不了问题，我们最终还是要直面困难，用努力学习来攻克难关。

3. 和老师、同学搞好关系

一些小朋友厌学，并不是讨厌学习本身，而是讨厌某个（某些）老师或某个（某些）同学。有这种情况的小朋友，要尽量主动一些，与老师和同学搞好关系，也可以坦率地征求爸爸妈妈的意见，如果是自身的问题，就应该立即改正。和老师、同学的关系融洽了，厌学心理也会得到改善。

NO. 21

我该朝竞争对手"出损招"吗

　　一个周末的下午，由于学校里要举行作文比赛，坤坤就到朋友小美家去，两人一起写参赛作文。等坤坤回到家，从书包里掏出两篇作文对照着看起来。

　　妈妈问坤坤："你是一下子写了两篇作文吗？"坤坤说："不

是的，这一篇是我写的，这一篇是小美写的。"妈妈觉得很奇怪，问道："你为什么把小美的作文拿回来了？"坤坤得意地说："您不是总说让我跟同学展开

竞争吗？我把小美的作文拿回来，她就得不了第一名了。"妈妈的脸一下子阴沉下来，说道："你这种行为，说好听点是不正当竞争，说难听点不就是偷东西吗？"坤坤吓了一跳，说："我不是想偷东西，只是……"

妈妈语气缓和了些，说："你就算这次用不正当手段拿了第一，下次怎么办呢？只有自己堂堂正正靠努力得到第一，才是有意义的。"坤坤恍然大悟，立刻回到小美家，将作文还给了她，还向她道了歉。

有些小朋友还无法正确理解竞争的意义，可能会为了赢得比赛而做出一些不正当的行为。如果不及时纠正，会对世界观、人生观、价值观产生扭曲，后果不堪设想。所以，我们既要学会竞争，也要意识到不正当竞争的危害，树立正当竞争的意识。

学习大课堂

如何与同学边竞争、边合作？

1 资源共享

有的小朋友唯恐别人超过自己，总是爱偷偷学习。这样，他们就无法与别人交流经验，还会给学习带来压力乃至痛苦。不如与同学实现资源共享，一起学习、一起讨论，既有合作，又有竞争，还能实现共同进步。我们就算学习名列前茅，也有很多需要向其他同学学习的地方。因此，需要多跟同学们交流，互相取长补短，才能共同进步。

2 乐于助人

我们把同学视为"竞争对手"，能够刺激自己不断进步，但也不必因此把同学视为"敌人"。看到同学在学习上需要帮助时，我们应毫不犹豫伸出援手，既可以赢得友情，又可以巩固知识，何乐而不为呢？

3 在合作中竞争

在日常的各类竞争中，我们要学会虚心向别人学习，取长补短，互相帮助，达到双赢。相反，如果只注意竞争而忽视合作，一心只想拆别人的台，反而会白白浪费精力和时间。

我们要有怎样的竞争意识？

正确理解竞争

　　如果在竞争时掺杂了忌妒心理、自私心理，竞争就会变了味，是不利于我们的成长的。正确的竞争是与平等意识、双赢意识并行不悖的，如果为了竞争而采取不正当的手段，就是误解了竞争的意义。

积极进行竞争

　　有的小朋友缺乏竞争意识，不管其他同学怎么样，只是埋头学自己的。这样其实是不利于进步的，意识不到自己与优秀同学之间的差距，导致慢慢落后。所以，我们有必要将优秀的同学视为"竞争对手"，努力向其看齐，并以超越对方为目标。

我来支招儿啦！

怎样和朋友"比着学"？

1. 朋友不如自己——鼓励他

朋友成绩不如自己时，我们不能暗自庆幸，也不能嘲讽他，而是要积极鼓励和帮助他，让他保持自信。

2. 朋友超过自己——追赶他

当朋友的成绩超过了自己，我们不要忌妒，而是要发自内心为他高兴，同时积极向他学习，请他帮助自己，两人一起进步。

3. 学习上遇到困难——互相请教

我们和朋友一起学习时，遇到了困难，可以向他请教；他向我们请教时，我们则要做到知无不言，言无不尽。

4. 学习有心得——互相分享

当我们有了有用的学习心得时，不要因为朋友是"竞争对手"就对他保密，而应坦诚地分享给对方，共同进步。相信朋友有了学习心得，也会愿意分享给我们的。

NO.22

让互联网成为**学习**的帮手

闹闹是一个活泼的小男孩，他非常喜欢玩爸爸书房里的电脑，但是爸爸只允许他周末玩一小时。

这一天晚上，闹闹的小姨路过闹闹所在的城市，在他们家借住一宿。爸爸、妈妈一起出去接小姨，闹闹趁机溜进了爸爸的房间，打开电脑，玩起了小游戏。他原本打算只玩半小时，没想到玩起来就忘记了时间。爸爸、妈妈带着小姨进了房间，闹闹才回过神来，想关电脑已经来不及了。

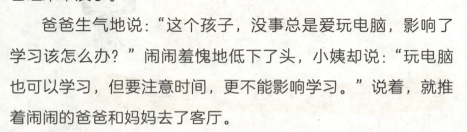

爸爸生气地说："这个孩子，没事总是爱玩电脑，影响了学习该怎么办？"闹闹羞愧地低下了头，小姨却说："玩电脑也可以学习，但要注意时间，更不能影响学习。"说着，就推着闹闹的爸爸和妈妈去了客厅。

小姨把闹闹叫到身边，从旅行箱里取出了自己的笔记本电脑，打开后给大家看她购买的很多电子书，不少都是闹闹喜欢看的名著。接着，她打开了一个画图软件，连接上一个手绘板，让闹闹试着画画。闹闹最喜欢画画了，画了一只威风凛凛的老虎。小姨还打开了一个视频网站，搜索到了一位名师的网络课。并告诉闹闹的爸爸和妈妈，可以跟着网络上的老师学习课本里的知识，而且还可以自主选择某一堂课，有目的地进行预习和复习。

爸爸、妈妈感叹道："电脑真的能成为学习的帮手啊，你教教我们吧，这下我们不怕闹闹玩电脑不学习了。"小姨说："好啊，不过你们还是要限制他使用电脑的时间啊！"

互联网上有大量有用的信息，对我们的学习和成长都是有帮助的，我们不必将互联网当作"洪水猛兽"，应该让爸爸妈妈意识到这一点。当然，互联网是一把双刃剑，我们要学会正确利用它。

我们应如何利用互联网进行学习？

1 在网上查阅资料

互联网上有海量的资料，只要我们善于利用，就可以让互联网成为帮助我们学习的工具。同时，运用好互联网，也可以扩大我们的视野，使我们可以全面发展。

2 在网上练习写作

在互联网上写作，方便我们一边写一边查阅资料，也能够将我们的知识、见解和文采展现给他人。

3 在网上进行多媒体学习

在网络上进行学习，我们既能看到文字，也能看到视频、图片，听到声音，充分调动多个感官参与学习，学习效果比单一的阅读要好。

我们上网时要注意哪些问题？

不要沉迷游戏

我们作为小学生，自制力还比较差，一旦接触刺激的电脑游戏，就容易沉迷其中，对学习失去兴趣，一心只想玩游戏。所以，我们利用互联网学习时，必须有自制力，避免沉迷到电脑游戏中。

远离有害信息

互联网上充斥着很多有害信息，如果我们过早接触这些信息，容易受到毒害，影响我们的身心健康。所以，我们上网时尽量使用"青少年模式"，遇到不良信息不要好奇点击，如果弹出要立刻关闭。

保护好自己

我们在网络上使用社交工具或网络论坛时，偶尔会与陌生人交流。有的小朋友缺乏自我保护意识，就可能陷入网友的陷阱，甚至遇到危险。所以，我们不要盲目地去见网友，也不要将自己的个人信息告诉陌生人。

我来支招儿啦！

要想上网不被父母骂，该怎样做?

1. 约定上网时间

我们要和爸爸妈妈约定上网时间，只要到时间了，就主动离开互联网，这样可以让爸爸妈妈放心，也能锻炼自己的自制力。

2. 和爸爸妈妈一起上网

爸爸妈妈害怕我们沉迷游戏、接触不良信息，我们可以和他们一起上网，让他们监督我们在网上查阅资料、学习知识以及适度娱乐。如果爸爸妈妈相信互联网是我们成长的好帮手，他们怎么会阻挠我们上网呢?

3. 成为爸爸妈妈的网上好友

我们可以使用社交工具成为爸爸妈妈的网上好友，随时和他们谈心，将上网时遇到的问题向他们请教，这样也是在一定程度上处于爸爸妈妈的监督之下，他们也会对我们放心不少。

上网时如何保护自己?

1. 遇到网络不良行为时,要及时向爸爸妈妈或老师报告

网络上充斥着欺诈、网络暴力等不良行为,我们要学会分辨这些行为,一旦发现,不要出于好奇去接触,而是要及时向爸爸妈妈或老师报告。否则,可能造成家庭财产的损失,甚至让我们受到身体乃至心灵的伤害。

2. 不散布不正当的言论

上网时,如果发现有人发表不正当的言论,应立刻离开,自己不要散布不正当的言论或攻击别人。

3. 不去营业性网吧

我们年龄还小,自制力较弱,如果去营业性网吧,很容易接触一些"少儿不宜"的东西,影响我们的身心健康。

NO. 23

这样做，考试才不怯场

期末考试倒计时1天

刘露平常听课认真，反应也快，老师提问题时她总是积极举手，同学们有疑问她也能做出准确的回答，说她是班里的尖子生，谁也没有意见。但是，刘露却从来没有考过前几名，因为她有一个大问题：考试怯场。

　　复习的时候，刘露总感觉自己漏了什么，翻来覆去地看同一本笔记，浪费大量时间。考试时间越近，她就越慌乱，考试前一天竟然失眠了。她越想睡越睡不着，急得流出了眼泪，一直到了凌晨三点才睡着。起床后，她感觉头晕眼花，晕乎乎地到了学校，差点儿进错考场。

　　开始答题后，刘露觉得题目并不算太难，总算冷静了一些，拿起笔就开始回答，等到检查的时候她才发现，有一道题自己都答到密封线外了，有一道题由于审题不清答错了。她急匆匆地拿起橡皮擦起来，一不小心把试卷擦破了。这下，她急得眼泪都快流出来了，想着该怎么补救。还没等她想好，时间到了，这两道题完全没改，她只得交卷。考试结果出来了，她两道题出错，自然得不了高分。

　　我们想要考个好成绩，备考时和考试时的心态都需要调整。我们不仅要在平常认真学习，还要掌握一定的考试技巧，才能让平常所学在考场上得到充分展现，考出好成绩。

学习大课堂

 考试时如何进行心理调节？

① 适度的紧张很有必要

大多数同学考试时都会紧张，换个角度来说，适度紧张也不是坏事，会让我们的注意力更集中、潜能被激发、反应能力也能得到一定的提升，这对考试是有好处的。不过，过度紧张就会使人烦躁不安、头痛、头晕，乃至拿不住笔，这就会影响考试成绩了，必须进行调节。

② 进行积极的心理暗示

我们可以不断告诉自己"我复习很充分""我会考好的"，多默念几遍，会产生意想不到的效果，使我们可以冷静下来答题。

③ 进行放松训练

做几次深呼吸，是放松精神的方便快捷的手段。此外，我们也可以让全身的肌肉都紧绷起来，再慢慢放松，这样能够体验到身心放松的感觉，减少一些考试的紧张感。

考试前要做好哪些准备？

心理准备

考试前，我们要保持好积极、平稳的状态，有利于我们充分调动自己的知识和技巧，将考试顺利"拿下"。

有的小朋友丢三落四，进了考场才发现笔没有带、橡皮没有带、铅笔刀没有带等，加剧紧张心理，影响考试的发挥。

学具准备

注意饮食和休息

考试前有的小朋友可能会焦虑，睡不好觉、吃不下饭，身体变得疲倦，会严重影响考试的发挥。所以，我们一定要在考试前保证充足的睡眠，吃饭时做到营养均衡，最大限度地保持好的身体状态和精神状态，这样有利于考出好成绩。

117

我来支招儿啦！

有哪些有用的答题技巧？

1. 先浏览一遍试卷

拿到试卷后，先不要急着答题，最好先花三分钟把试卷从头到尾浏览一遍，对试卷的难易程度有一个基础的了解，把握全局，知道自己在哪一类题上容易得分，哪一类题觉得比较困难，哪一类题容易出错，做到心中有数。

2. 答题顺序有讲究

一般来说，答题都是按照"先易后难""先熟后生""先小后大"的顺序来进行，避免在难题上耗费太多时间，导致没有充足的时间做容易得分的题。同时，这样的顺序也容易增强我们的信心。

3. 认真审题

开始做题时，一定要先审题，不要漏题、看错题，特别是要弄清楚题目的要求和条件，避免因疏忽大意而造成错漏。

4. 先思考后答题

答题不能一味图快、提笔就写，最好先思考再动笔，力求下笔就写对，不能将希望全寄托在检查试卷上。

课堂听讲"八不要"

1. 不要怕枯燥

看似枯燥的课堂，实际上包含着大量重要的知识点，我们必须细心聆听，学着适应老师的讲课方式。

2. 不要对老师有偏见

有的小朋友对某位老师有偏见，认为该老师水平差、脾气坏等，就不愿听该老师的课。抱着偏见去听课，学习效果不可能好。

3. 不要只听"热闹"

有的小朋友只喜欢听老师讲有趣的话题，对原理、概念等不感兴趣，实际上后者才是更应该掌握的内容。

4. 不要带着情绪听课

有的小朋友不同意老师的看法，于是"闹情绪"，不愿意再听课，就可能错过重要知识点的讲解。

5. 笔记不要千篇一律

有的小朋友记笔记的形式千篇一律，效果不好，最好根据科目及授课形式的不同来调整笔记内容。

6. 不要三心二意

有的小朋友听课时爱胡思乱想，这样会打乱听课思路，很难再跟上老师的讲课节奏。

7. 不要心浮气躁

有的小朋友心浮气躁，有一点小的干扰就不听课了。这些同学要善于自律，排除干扰，专心听课。

8. 不要怕麻烦

有的小朋友觉得很多内容学习起来麻烦、辛苦，于是一心想要玩乐，不想学习，这种心理必须纠正。

"学霸" 八大好习惯

1. 课后复习

每天做作业前，先简单复习一下当天所学的内容，看一看课堂笔记，尽量将新学的知识回忆一遍，既能加深记忆，又能让作业写起来更轻松。

2. 认真书写

不管是写作业还是考试，字的好坏都是十分重要的，同时这也是学习态度、学习质量的重要指标之一。

3. 提前预习

做完作业后翻开课本，预习一下第二天的新课内容，花不了太多时间，却能对新知识有所了解，第二天带着疑问听课，效果更好。

4. 专心听讲

上课听讲时注意力集中的小朋友，学习效率是最高的。

5. 爱好阅读

"读书破万卷，下笔如有神"，从小养成良好的阅读习惯，不仅有助于提升成绩，也会对我们的一生产生积极影响。

6. 爱提问题

从小爱问"为什么"，会问"为什么"，多思考，多提问题，智慧就逐渐积累起来了。

7. 及时改错

每个人犯错误都是在所难免的，只要找出错误所在，及时改错，就能继续进步，"学霸"一般都有这样的才能。

8. 独立解决问题

独立解决问题能让我们尝到胜利的甘甜，对自己增加信心，变得更加优秀。

八大"恶习"要改正

1. 作息不规律

作息不规律的小朋友，不仅影响身心健康，还会缺乏足够的学习时间，学起来三天打鱼，两天晒网，结果自然是事倍功半。

2. 听课走神

听课走神，就不知道老师讲的重点、难点和疑点在哪里，坏处多多。

3. 抄作业

有的小朋友因为各种原因不自己做作业，而是借同学的作业来抄，这样根本起不到学习的效果。

4. 只在考前"开夜车"

有的小朋友觉得自己很聪明，平时对课堂知识不求甚解，觉得自己在考前"开夜车"、临时抱佛脚就能考出好成绩。实际上，这样学习的知识基础极不牢固。

5. 遇到困难自暴自弃

一些小朋友在学习上遇到困难就打退堂鼓，不敢上前挑战，甚至自暴自弃，结果知识也会抛弃他。

6. 学习被动

有的小朋友上学像上刑，总是让老师和家长催，不被敦促就无法完成正常的学习任务。

7. 眼高手低

有的小朋友觉得自己什么都学会了，不愿做基础的习题，总想做难题、偏题，结果耗费大量时间和精力，却没能得到知识的提升。

8. 自制力差

好习惯的形成需要自制力，坏习惯的克服也需要自制力。没有自制力的小朋友，即使有心养成好习惯，也会出现反复、拖拉、敷衍、放任等现象，最终放弃。

帮助孩子从容不迫、健康成长

给孩子的
成长技能书
抗挫力量书

李正歧 / 主编

北京工艺美术出版社

图书在版编目（CIP）数据

抗挫力量书 / 李正歧主编 . -- 北京 ：北京工艺美术出版社，2023.12
（给孩子的成长技能书）
ISBN 978-7-5140-2681-8

Ⅰ . ①抗… Ⅱ . ①李… Ⅲ . ①挫折教育 - 儿童读物
Ⅳ . ① G44-49

中国国家版本馆 CIP 数据核字 (2023) 第 144337 号

出 版 人：夏中南　　　策 划 人：杨玲艳　　责任编辑：王亚娟
装帧设计：宏源设计　　责任印制：王　卓

法律顾问：北京恒理律师事务所　丁　玲　张馨瑜

给孩子的成长技能书

抗挫力量书

KANG CUO LILIANG SHU

李正歧　主编

出 版	北京工艺美术出版社	
发 行	北京美联京工图书有限公司	
地 址	北京市西城区北三环中路6号　京版大厦B座702室	
邮 编	100120	
电 话	(010) 58572763（总编室）	
	(010) 58572878（编辑室）	
	(010) 64280045（发　行）	
传 真	(010) 64280045/58572763	
网 址	www.gmcbs.cn	
经 销	全国新华书店	
印 刷	天津海德伟业印务有限公司	
开 本	700 毫米×1000 毫米　1/16	
印 张	8	
字 数	76千字	
版 次	2023年12月第1版	
印 次	2023年12月第1次印刷	
印 数	1~20000	
定 价	199.00元（全五册）	

Preface 前言

　　成长是美好的、多彩的，也是有烦恼和麻烦的，在孩子成长的过程中会遇到各种问题，有的孩子缺乏自信，有的孩子不懂社交，有的孩子不爱学习，有的孩子无法承受挫折，有的孩子不能管理情绪……

　　当孩子遇到这些问题时，就需要给予孩子正向的引导，用科学的方法帮助孩子在成长中掌握技能，为孩子未来勇敢面对成长路上的"坑坑洼洼"赋能，帮助孩子不断突破自我，成长为更好的人。

　　为了提高孩子的综合素养和成长技能，让孩子在成长路上少走弯路，我们根据孩子的认知情况精心编写了这套《给孩子的成长技能书》，本书共包含《自信口才书》《社交能力书》《学习方法书》《抗挫力量书》《情绪管理书》五个分册，每个分册围绕一个主题，每个主题都是孩子成长过程中需要掌握的技能，书中从多个角度阐述成长主题，从不同方向提升孩子的成长技能。

　　本书以故事的形式代替了枯燥的说教，选择孩子身边经常

发生的成长故事，贴近孩子的实际需求，让孩子在轻松、有趣的氛围中认识学习成长过程中遇到的问题，能够引起孩子的情感共鸣，调动孩子的阅读积极性。本书从孩子的角度出发，在逐步指出问题的同时，提供了切实可行的解决方法，让孩子轻松提高自信和口才，学会社交，找到正确的学习方法，提升抗挫能力，懂得管理情绪，轻松掌握成长道路上的各种技能，帮助孩子健康、智慧地成长。

全书语言生动简洁，通俗易懂，全彩手绘插图，色彩鲜艳，形象生动，让孩子身临其境；版式活泼，栏目丰富，集知识性、实用性和趣味性于一体，可极大地提高孩子的阅读兴趣。

希望这套专门为孩子打造的成长技能培养书，能够悄悄走进孩子的隐秘世界，做真正理解孩子的知心人，陪伴孩子快乐成长，让孩子变得更加优秀。

目录
Contents

NO.1
因磨叽被指责，改后效率提高很多

　　小玲是个慢性子，她做什么事情都是磨磨蹭蹭的。比如，早上闹钟响了，她起床穿衣服就要花掉十几分钟，然后慢腾腾地梳头、刷牙、洗脸。

　　妈妈一边看着早就准备好的早餐，一边催促她："你可不

1

可以快点呀？饭菜都凉了。""再不快点，上学就要迟到啦！""知道啦！"小玲回答。其实她也想快点，但速度就是提不上来。

在学校里，小玲也是出了名的慢性子，跟别的小伙伴们一起做任务时，小伙伴们都完成了，就剩她一个人还在拖后腿，面对小伙伴的指责，她心里可着急、可羞愧啦。

其实小玲也很苦恼，因为做事磨叽她没少挨爸爸妈妈骂。她担心以后学习任务加重，自己会因为做事磨叽而跟不上进度，写不完作业；她更担心长大以后，适应不了社会的快节奏。

做事慢点似乎不是什么大错，但是，如果我们养成了做事磨叽的坏习惯，对我们的生活和学习就会有很多危害。做事磨叽的人时间观念会非常差，无论做什么事情都难以在规定的时间内完成。磨叽在学习上的不利影响会更明显，十分影响我们的学习效率，导致学习成绩难以提高。做事磨叽的毛病如果得不到及时纠正，长此以往，对我们未来的人生会产生很多不利影响。所以，我们应该改掉做事磨叽的坏习惯。

抗挫大讲堂

做事磨叽有什么坏处？

1 行为变得懒散，做事情变得敷衍

如果我们做事总是拖拖拉拉的，就容易变得懒散。习惯拖拉之后，容易遇到事情一味后退，需要爸爸妈妈来操心，或者做事的时候非常敷衍。长此以往，我们做事难有好的结果，能力也很难有所提高。

2 影响做事效率，妨碍学习新知识

做事磨叽会影响我们做事的效率。比如，写作业磨磨蹭蹭、不在状态，会占用大量时间，也会使我们变得很疲惫，影响作业质量。而且，我们若是做事效率高一些，就可以有时间学些其他的东西，或者培养兴趣爱好。

3 得过且过，失去生活目标

我们若是做事爱磨叽，就容易对所做的事情失去兴趣，做什么都会觉得无味无趣，不愿意去争取和努力，觉得一切都无所谓，不想通过努力做出改变，得过且过。

而且我们若是养成拖拉磨叽的习惯，自制力和规划能力都会比较差，长大以后不懂得规划，将会失去生活目标。

为什么有的孩子做事磨叽？

确实不会做 ➡

有时候我们做事磨叽，是因为我们不会做。拿写作业来说，若是没听懂课，对于知识点、概念没掌握清楚，就算想尽快完成也做不到。

我们做事爱拖拉，有时是因为我们的时间概念较为模糊，不在意一段时间是多久，也不像大人一样具有时间紧迫感。

⬅ **没有时间观念**

注意力不集中 ➡

有时候我们做事磨叽，是因为我们非常容易受到外界的干扰，没办法集中注意力做一件事情，一会儿这样，一会儿那样。

有时候，我们做事磨叽是因为缺乏兴趣、动力不足，有抵抗情绪，因此用"磨蹭"的方式来拖延时间。

⬅ **动力不足**

我来支招儿啦！

如何做事不磨叽？

1. 培养时间观念

认识到时间的重要性，做时间的主人。我们可以把要做的事情列个清单，给每项事情分配时间，计时做事。

2. 加强技能训练，寻找科学方法

如果我们是因为技能不熟练、不会做而磨叽，我们可以加强技能训练，反复练习，提高效率，达到"熟能生巧"的程度。我们在做事前，也可寻找科学方法，先想一想，做这件事怎样才能省时间，有没有快捷的方法，按照怎样的顺序去做更快。我们平时也可以训练自己，提升紧迫感。

3. 找到做事的动力

发现做事的乐趣或意义，乐意去做事。我们可以在做事中找到成就感，也可以给自己奖励，意识到"有付出才会有回报"。

4. 营造良好氛围

比如，我们做作业时，选择一个安静的场所，身边不要有游戏机、零食之类的诱惑。

NO. 2

衣着寒酸被轻视，激励自己

　　小丽品学兼优，但是家里经济条件不好，爸爸妈妈没钱给她买漂亮的衣服、鞋子，她平时穿的都是从批发市场买来的，款式老旧土气，材质也不好，全是廉价货。

　　而班上很多同学家境不错，穿的衣服、鞋子都很好看、新潮，价格不便宜。

　　有几个同学因此看不起小丽，偶尔还会在一边嘲笑小丽。有时班集体举办活动，小丽和她们分到一组，她们也会故意无视小丽。

　　小丽也曾苦恼过，甚至还偷偷哭过。后来小丽在一本故事书中看到，主人翁虽然出身贫寒，常被人轻视、嘲笑，但是他一直乐观向上、坚韧不拔，最终大有成就。小丽从这个故事中得到启发，她想通了，不再为这件事难过，也不再因为穿着而烦恼，而是乐观面对，努力学习，对同学热情友好，对生活积极乐观。

　　我们从小被教导，以貌取人是不对的。然而在现实生活中，很多人会根据穿着来选择对待一个人的方式。有时穿着不好的小朋友会被轻视，导致自尊心受挫，加上看到其他人打扮得光鲜亮丽，可能会有心理落差。这些负面情绪真实而强烈，我们不能视而不见。

　　然而我们不能因此而消沉，更不能轻视自己，应把别人的轻视当成催促自己奋发图强的动力，不断激励自己。

抗挫大讲堂

因衣着寒酸被轻视，可能会产生哪些问题？

1 变得自卑，喜欢逃避

因为衣着寒酸而被轻视，我们可能会有一种"别人有的我没有，大家全都看不起我"的感觉，觉得自己很可怜、丢人，产生自卑心理；也可能会对自己持否定的态度，轻视自己，自暴自弃。面对逆境，在心理上采取逃避、退缩的应对方式。

2 变得虚荣

因为被轻视，我们可能会对贫困感到羞耻，为了"与其他同学一样"，产生虚荣心，甚至花钱买一些自己消费不起的东西。

3 反社会人格倾向

部分家庭贫困的小朋友缺少家人的关爱，如果在学校因衣着寒酸受到轻视，容易对他人产生愤怒情绪，严重的话，容易产生被遗弃的感觉，如果没能得到及时疏导，可能产生反社会人格倾向。

为什么不要因衣着寒酸被轻视而难过？

以貌取人不对

以貌取人是不对的，判断一个人的依据应该是言行，而不是衣着。有的人穿着不好仅仅是因为经济条件不好，但人品却很好。而那些品格低下的人，即使衣着再光鲜亮丽，也不会受到人们的尊敬。

如果我们经济条件不好，没有漂亮衣服穿，这本身不是我们的错。因此，我们不必感到难过或者羞愧。真正做错的是那些因他人衣着寒酸而轻视他人的人。我们又何必在意他们的看法呢？而且我们周围肯定还是那些不以貌取人的好人更多，我们的注意力应该多放到这些对我们友好的人身上。

本身没做错事

难过没有用

因为衣着寒酸被轻视了，躲起来自怨自艾，既不能使轻视我们的人反省、向我们道歉，也不会改变我们的经济状况，只有我们自己难过罢了。何不自强起来呢？

我来支招儿啦!

衣着寒酸被轻视，该如何做?

1. 保持自信

即使穿着不如别人，我们也要保持自信。在学习方面、运动方面、社交方面，让自己全面发展，获得老师和同学的认可，而外界的肯定将进一步提升我们的自信，让我们更有底气。不丧失自信，可以使我们明辨是非，知道自己被轻视不是因为做错了事情，不责怪自己。

2. 注意仪容仪表

衣服可以不昂贵，不是名牌，但是要整洁、干净、得体。若是我们衣着普通，但是整洁卫生，也能给人干净清爽、简单大方的感觉，再适度提升一下个人气质，就更加得体。我们作为学生，掌握基本穿搭就可以，在学校可以穿校服。

3. 多与同学相处

不要独自悲伤，该寻求外部的支持时就大胆寻求外部的支持。我们平时要团结同学，多交朋友，热诚友善地对待班上的同学。这样，当有人因为衣着问题轻视我们时，就会有同学支持我们。有了支持我们的小伙伴，我们会感觉"我不是一个人"，能更快地摆脱困扰。

NO.3
被同学奚落，我积极面对

有一天自习课上，小李有道题怎么算也算不出来，急得直冒汗，于是问邻桌是怎么做的。谁知道邻桌看了一眼题目，再看一眼小李，不屑地说："这道题这么简单，你居然不会做，真是笨死了！"说完，邻桌拿起笔，快速在纸上算出了答案，把纸递给小李的时候，脸上还有鄙夷的表情。小李愣住了，心想：平时跟邻桌相处得挺好的呀，怎么今天这样对自己？没想到他这么看不起自己。于是小李心里充满了挫败感，不知道以后怎么跟邻桌相处了。

　　回到家，小李闷闷不乐。妈妈问："宝贝，你今天怎么了？看起来不高兴啊？可不可以告诉妈妈是怎么回事？"于是，小李把今天跟邻桌之间发生的事告诉了妈妈。妈妈耐心开导着小李，说："你是学生嘛，在学习的过程中，有题目做不出来很正常，这并不是因为你笨，如果你什么都会的话，你就不需要上学了，别人说的话，我们要分辨一下，如果别人说得不对，我们没有必要为此难过。"听了妈妈的话，小李终于不再不开心，也不再消沉了。

　　在这个世界上，很少有人没被奚落过。被奚落，并不是什么很严重的事。奚落他人的人不代表所有人；被奚落的人也不代表被所

有人否定。我们无法左右别人对我们的态度，但在被奚落后，我们可以积极的心态来面对。

抗挫大讲堂

小孩被奚落后会有什么表现？

1 产生负面情绪

被同学奚落后，我们可能会觉得非常委屈、难过，认为周围人都不喜欢自己、全世界抛弃了自己等。这些负面情绪如果一直累积的话，我们就会变得沮丧、抑郁。

2 恼羞成怒，行为过激

被奚落后，我们可能会很生气，进而失去理智，"别人奚落我，我也要奚落他"，于是口不择言，也去奚落同学，甚至与同学大打出手。

3 自我怀疑，失去斗志

被同学奚落后，我们往往容易怀疑自己，认为是由于自己太差劲了，或是由于自己做错事情了，才被同学奚落。久而久之，我们就会越发自卑，甚至失去斗志。

我们为什么会受到奚落？

他人寻求优越感

有的人喜欢挖苦、奚落别人，是想通过讽刺和贬低别人来抬高自己，寻求一种优越感。

有的同学很无聊，心怀恶意，故意挑衅我们，奚落我们是为了让我们当众难堪。

他人心怀恶意

我们性格懦弱

有的同学虽然没有坏心思，但是口无遮拦，总是在不经意间奚落他人。而我们自身尽管觉得心里不舒服，却因为性格懦弱从不向他们表达不满。

有的时候我们被人奚落，是因为我们太优秀，或是锋芒毕露，招人怨。

因为优秀招人怨

我来支招儿啦!

被奚落了怎么办?

1. 从容应对

如果同学奚落我们的话语不严重，根本没有伤害到我们，我们完全可以无视对方，或者通过转移话题的方式打破僵局。如果对方的话语让我们内心不适了，我们可以大方地告诉他们我们的感受，并要求对方停止那种让我们不舒服的言论。如果对方的奚落比较尖锐，让我们难以忍受，我们可以化被动为主动，和对方据理力争，驳斥对方，让对方不敢小瞧我们。而且我们要明确地告诉他们，我们不会再忍受那些过分的言语和行为。这样，同学以后就不会再毫无顾忌地奚落我们了。

2. 不自我贬低

被同学奚落，我们的心情会很复杂，会觉得自己不够完美、不够优秀，才遭到同学的嘲讽。其实被奚落了，错不一定在我们，随意奚落他人的人才应该自我反思。而且世上本就不存在十全十美的人，谁又能事事都做得很完美呢? 我们不能指望自己被所有人欣赏和喜欢。所以，我们没必要因为他人几句奚落的话语就自我贬低。

我们可以把奚落视为鞭策，在以后的生活中反思自己的缺点和不足，努力提升自己，让奚落我们的人对我们刮目相看。

3. 理性分析

排除主观情绪的干扰，仔细回顾一下同学奚落我们的话，如果是我们有错在先，我们可以寻求和解，并改正错误。

4. 重新审视关系

人与人之间的交往是建立在平等和互相尊重的基础上。在正常的关系里，我们不会故意伤害他人的自尊，不会经常挖苦、奚落他人，而是尽量为他人着想。如果同学总是奚落我们，不懂得照顾我们的感受，我们要重新审视这段关系，看看有没有继续交往的必要性。我们可以尽量少与经常奚落我们的同学往来，让自己远离奚落。

5. 做一些有意义的事

有时候别人奚落我们，我们反驳也许没有用，我们自己伤心痛苦更没有用。我们可以多努力，做一些有意义的事情，当我们成功了，别人就会看到我们的闪光点，对我们刮目相看。

NO.4
因单亲家庭受歧视，理性应对

　　雅雅是一个五年级的学生。在她很小的时候，爸爸妈妈就离婚了，雅雅跟妈妈一起生活。在妈妈的精心呵护下，雅雅健康快乐地成长着。后来雅雅的爸爸再婚了，但他还是很爱雅雅，会经常来看雅雅。因此，雅雅觉得这种生活没有什么不好的，

她并没有因为爸爸妈妈的
离婚而痛苦。

　　不知怎么回事，同学
们知道了雅雅的家庭情况，
有意无意地总向她投来异
样的眼光。还有些同学不
怀好意地取笑雅雅，说雅
雅的爸爸不要她了，她是
没有爸爸的孩子，甚至给她取外号。

　　雅雅好苦恼、好委屈，一个人偷偷哭过好几次。已经过了
好长时间了，同学们好像还没打算放过她。有时放学后，他们
看到雅雅的妈妈来接雅雅，还会向她露出嘲讽的笑容。雅雅
不知道他们为什么要歧视她，虽然她的爸爸妈妈离婚了，但他
们还是很爱她，再说了，她的爸爸妈妈离婚又不是她的错，她
在学校也没犯什么错误。雅雅现在很不开心，越来越敏感，甚
至有点自闭了，有时不敢到学校去了。

　　随着离婚率的升高，单亲家庭越来越多。然而，虽然生长在单
亲家庭的孩子什么都没有做错，有时却会受到歧视。其实，在单亲
家庭长大的孩子并不比其他的孩子差。而且，一般来说，在单亲家

庭长大的孩子，往往比同龄人更懂事、更坚韧，心理也会更成熟。

如果我们因生长在单亲家庭受到歧视，我们应该知道，许多事不是我们能左右的，但是我们可以改变自己的心境，理性应对。

抗挫大讲堂

 理性应对同学的歧视有什么好处？

1 可以让同学改变看法，消除歧视

当我们面对同学的歧视时，不卑不亢地应对，有理有据地回击，那些喜欢嘲笑他人的同学，就会渐渐发现自己的举动非常无聊，并逐渐明白歧视他人是不对的。

2 可以维护自尊

当我们受到歧视时，我们理性应对，不丧失勇气，不变得胆小怯懦，敢于直面同学的歧视，适当回击他们，可以让我们保持自尊，提升自信心。

3 可以避免迷失自我

理性应对歧视，可以让我们不会因受到歧视而情绪低落、自卑，甚至看低自己，变得过于在意他人的看法。

为什么会有同学歧视单亲家庭的孩子?

有偏见 →

或许是受社会的影响,或许是受家庭的影响,或许是因为与单亲家庭的孩子接触少,有的同学不了解单亲家庭,以为单亲家庭必然缺点很多,单亲家庭的孩子会有各种坏毛病,对单亲家庭和生长在单亲家庭的孩子充满了偏见,因而歧视生在单亲家庭的孩子。

有的同学喜欢跟风,班里有同学歧视单亲家庭的孩子,于是他就跟着一起歧视,生怕自己跟别人不一样。

← **喜欢跟风**

为了体现优越感 →

有的同学可能觉得自己的家庭很美满,跟单亲家庭不一样,对生长在单亲家庭的孩子有一种优越感,不尊重生长在单亲家庭的孩子,歧视他们是为了体现自身的优越感。

我来支招儿啦！

如何应对因生长在单亲家庭而遭歧视的情况？

1. 强势回击

别人因歧视嘲笑我们，做出伤害我们的行为，我们可以强势回击，我们要让歧视我们的人知道，我们不是好欺负的，如果我们默不作声，任由他们嘲笑，他们可能会说更过分的话来伤害我们。

2. 取得成绩

如果我们成绩优异，就能让那些看不起我们的同学自愧不如，不敢歧视我们。而且，表现出色还可以增强我们的自信，使我们在面对歧视时心里底气更足。

3. 说服同学，展现自我

我们可以告诉歧视我们的同学，生长在单亲家庭没什么丢人的，大人离婚很正常，我们小孩子没有任何错，我们不该受到不公正的对待。这样，或许歧视我们的同学会意识到错误，对我们转变态度。我们也可以积极展现自我，让人知道，虽然我们生长在单亲家庭，但我们也很可爱、很优秀。

被同学欺负了，理智应对

彬彬今年上五年级了，他个子比较小，引起了班里的"小霸王"小志的注意。这天，彬彬放学后独自往家走，小志突然拉住他的胳膊，说："我最近手头紧，想跟你借一百块钱花花。"

彬彬说："我没有带钱。"

小志说："明天给我拿过来，否则小心点儿！"

回家后，彬彬又气又怕，不知道该怎么弄到钱，眼泪开始在眼眶里打转。最终，他鼓起勇气把这件事告诉了爸爸。爸爸很生气，但并没有冲动，而是告诉彬彬该怎么应对。

第二天放学，彬彬特意跟几个顺路的同学一起走。嚣张惯了的小志当着同学们的面拦住了彬彬，找他要钱。彬彬大声说："我又不欠你的钱，凭什么给你？要不我们去班主任那里评评理！"小志没想到他敢这么跟自己说话，气势汹汹地想冲过来打他。同路的几个同学也受过小志欺负，现在看到瘦小的彬彬都这么有勇气，呼啦一下挡在了彬彬面前。小志一下子害怕了，说了几句狠话就走了。

几个同学陆续到家了，爸爸才骑着自行车慢悠悠地来到了彬彬身边，原来从彬彬一出校门爸爸就远远地跟着他呢。看到大家震慑住了"小霸王"，爸爸说："这种孩子一般都欺软怕硬，你越怕他，他就越欺负你。"彬彬点了点头。后来，小志果然没再找彬彬的麻烦。

在学校被欺负，并不是一件很稀罕的事，校园霸凌是全世界学校的一个顽疾，给无数受过欺负的孩子带来伤害。遭到校园霸凌时，我们一定不能忍气吞声，要及时寻求老师、家长乃至社会的帮助。

抗挫大讲堂

在校园被欺负，主要有哪些形式？

1 身体欺负

身强体壮、性格霸道或擅长拉帮结派的孩子，会对"看不顺眼"的同学进行肆意的殴打或勒索、抢夺，对其进行身体上的欺负。

2 言语欺负

爱欺负人的孩子，时常会用言语对同学进行攻击，包括辱骂、诽谤、挖苦、骚扰等。如果不被制止，就会与身体欺负结合起来，给被欺负的同学带来更大的痛苦和折磨。

3 集体排挤

爱欺负人的孩子，善于拉拢其他人，对被欺负的同学进行故意的排挤或攻击，会让被欺负的同学的校园生活变得更加难以忍受。

哪些小朋友容易受欺负？

性格懦弱 ➡️

　　性格懦弱的小朋友最容易遭到欺负，受欺负对小朋友的身心健康发展是不利的。所以，这类小朋友必须改变懦弱的性格，培养自信心和坚强的意志，这样就能够让欺软怕硬的人敬而远之。

　　身体瘦小的小朋友缺乏反抗的能力，容易被坏孩子盯上。所以，我们在日常生活中必须注意饮食，让自己健康成长，并努力进行锻炼，拥有健康的体魄，这会让那些爱欺负人的孩子有所顾虑。

⬅️ **身体瘦小**

形单影只 ➡️

　　形单影只的小朋友很容易遭到欺负。因此，我们要培养自己开朗的性格，多交朋友。

我来支招儿啦！

被欺负了该怎么办？

1. 不要跟对方"私了"

有些小朋友遭到欺负，由于畏惧或不愿被人知道，总是忍气吞声，与对方"私了"。这样，对方便会觉得欺负我们丝毫不用顾虑后果，会长期欺压和纠缠我们。因此，不要跟对方"私了"。

2. 寻求成年人的帮助

一些小朋友一再被欺负，却始终不敢告诉老师和爸爸妈妈，无法及时得到帮助，让霸凌者更加肆无忌惮，危害到自身的身心健康。因此，遭到欺负，必须告知老师和爸爸妈妈，寻

求帮助。如果对方想对我们造成身体伤害，也可以报警寻求帮助。

3. 进行必要的反抗

爱欺负别人的孩子，绝大多数都是欺软怕硬的，被欺负的人越忍气吞声，他们就越得意忘形。所以，被欺负后一定奋起反抗，一旦震慑到霸凌者，他们就会收起嚣张的气焰。

NO.6
同学聚会不请我，不用伤脑筋

　　小美在光明小学上四年级，她感觉平常跟同学相处得还可以，会跟同学们一起聊天、做作业，还会互相分享零食、漫画。集体活动她也积极参与。

　　可是上个星期天，班里小林同学过生日，在家办了一个生

日聚会，请了好多人，几乎全班同学都去参加了，大家玩得可开心了，只有小美没有收到邀请。小美可羡慕那些收到请帖的同学了。

这周，当同学们开心地谈起小林的热闹生日会时，小美既伤心又失落，她不明白为什么小林不邀请自己。是对她有意见吗？还是班里其他同学对她有看法？她跟小林没吵过架呀，也没什么矛盾，为什么单单漏了她呢，是不小心遗漏的吗？

小美很苦恼，想不明白。

在成长的过程中，我们都希望自己与他人和谐相处，没有人希望自己被排斥。如果同学生日聚会请了很多人但就是没请自己，作为没有被邀请参加同学生日聚会的人，难免会认为自己被排斥了，为此烦恼，产生消极情绪。但冷静下来想想，只是一个生日聚会而已，不必看得特别重要，不被邀请也不一定就是我们做错了什么，也许是有什么意外情况使同学忘了呢？也许确实就是没什么交情，别人跟我们不投缘而已，不用太过在意。

抗挫大讲堂

没被邀请参加同学聚会，为什么会烦恼？

1 害怕是因为自己做错事

全班同学都收到了邀请，就自己没有，容易让人怀疑是不是自己做错了什么，以前是不是得罪了那位同学而不自知，因此使得那位同学讨厌自己，或是自己做了其他丢脸的事，使那位同学不邀请自己。

2 担心自己人缘差

唯独自己被落下，我们会想是不是因为自己太不受欢迎了，使同学不愿意邀请我们，或者其他同学都不愿意跟自己在一起参加聚会。

3 不知道以后别人怎么看待自己

同学们在生日聚会上欢聚一堂，只有我没有出现在聚会上，之后同学们谈起聚会时都有共同话题，而我插不进去嘴，这会让同学怎么看我呢？

4 感觉被忽视

同学邀请了那么多人，就落下我，很容易有一种自己被忽视的感觉，为什么要忽视我呢？难道我那么不起眼吗？有时我们还可能会因被忽视而生气。

给孩子的成长技能书

为什么同学生日聚会单单不邀请我?

单纯是疏忽
组织聚会有时候会比较忙,同学和家长手忙脚乱的,很容易疏忽遗漏,或者是要另外的同学转达,结果那位同学忘了。

有时候我们觉得自己与对方关系好,对方举办生日聚会的话自己肯定会被邀请。但实际上,对方却并不这么觉得,只觉得与我们关系一般。
与我不投缘

对我有意见
或者因为我们自身的原因,或者因为同学的偏见,导致过生日的同学对我们有意见,不想让我们参加他的生日聚会。

我来支招儿啦！

同学生日聚会不请我，该如何做？

1. 学会释怀

告诉自己，我们没有被邀请，感觉不舒服、失落、被轻视是正常的。但是，别人的生日聚会，想邀请谁就邀请谁，那是他的自由，谁也没义务一定要邀请我们。所以，没被邀请，我们不能怨恨他人。

同学之间的交往是双向的，个别同学和我们不投缘很正常，就算同学是因为跟我们有矛盾或对我们有意见不邀请我们，我们也不必太介意，更没必要自我怀疑、自我否定。要多想想我们还有其他许多朋友，只是跟那位同学关系一般罢了。

2. 把不愉快的经历说出来，不耿耿于怀

我们没被邀请参加同学生日聚会，觉得自己被忽视、不受欢迎、感到伤心了，可以找家人或好友倾诉。这样既可以把负面情绪发泄出来，也可以得到他们的安慰，避免自己钻牛角尖。

3. 找亲朋好友欢聚

既然没被邀请参加同学的生日聚会，我们可以自己组织个聚会热闹一下。可以约上亲朋好友，喝喝饮料、唱唱歌、做做游戏，在欢乐中遗忘不被邀请的失落。

NO.7

感觉被排挤了，该怎么办

    小石是一个沉默寡言的孩子，班里有什么活动时，他尽量躲得远远的。因此，他跟同学们的交流越来越少，同学们总是忘了他的存在。

    这一天上体育课，体育老师让大家分组练习托排球。大家很快就分好组了，谁也没有要和小石组队的意思。小石的情绪一下子爆发了，蹲下身子捂着脸抽泣起来。

体育老师看到了，连忙走过来问："小石，你怎么了？"小石哭着说："大家都排挤我，谁也不愿意和我一组。"体育老师于是让小石和自己以及体育委员一组。

上完这节课，体育老师将这件事告诉了小石的班主任。班主任找了几位男生了解情况，得知同学们并不是故意要欺负小石，而是他性格太孤僻，平时与大家不怎么交流，久而久之，大家就都不愿意主动找小石玩了。于是，班主任便做了做小石的思想工作，又拜托那几位男生主动与小石交流。

小石内心本来就有靠近大家的愿望，只是不知道怎么开口而已。见这几位活跃的男生主动接纳自己，他心里非常高兴，性格也开朗了不少，很快就有了几个关系不错的朋友。

有些同学感觉自己被排挤，可能是因为自身性格等原因不敢主动与同学们交流。这类同学可以尝试改进自己性格里的一些弱点，

变得开朗一些，主动与同学们接近。我们要努力踏出第一步，锻炼强大的内心，把被排挤当作自己成长中的一场历练。

抗挫大讲堂

被排挤了，怎样进行心理调节？

1 进行必要的反思

很多时候，我们某方面做得不好，就可能游离在各种团体之外，甚至遭到排挤。这时候，自我反思是很有必要的。如果并不是我们的原因，而是遭到了霸凌，那么我们就没必要反思了，更没有必要用讨好的方式乞求接纳，而是要努力让自己的内心强大起来。

2 不要迷失自我

很多同学游离在集体之外时，会陷入深深的失落之中，觉得自己处处不如别人。时间一长，就会迷失自我，失去学习的动力和进步的方向。这种情况是很危险的，我们必须尽快调整心态，或者向老师求助。

3 疏导不良情绪

如果我们不能短时间内摆脱被排挤的感觉，就要学会通过发泄等方式疏导自己的不良情绪。例如，痛痛快快地哭一场，到一个无人的地方把郁闷、不快大声地喊出来等。

被排挤的常见原因有哪些？

性格内向

性格内向的小朋友常常不能与同学们正常交流，他们不知道该和同学们说什么，也找不到加入集体活动的契机，只能游离在集体之外。其他同学自然将他们视为"怪胎"或者认为他们"高冷"，没有兴趣接近他们。

有的小朋友成绩非常突出或非常差，有的小伙伴相貌非常漂亮或特点鲜明等，都可能会被视为"异类"，被同学们议论甚至孤立。

某些方面异于常人

爱打"小报告"

每个班里都有爱打"小报告"的同学，为了在老师眼里有个好印象，或者单纯出于热心，事无巨细地向老师报告，这样的同学比较容易遭到孤立。

我来支招儿啦！

怎样摆脱被排挤的窘境呢？

1. 用好成绩证明自己

遭到排挤，我们的内心肯定会感到痛苦、孤独，觉得学习、生活都失去了色彩。其实，只要我们努力学习，也是可以让大家对我们刮目相看的。我们可以将被排挤的痛苦转化成鞭策自己的动力，取得好成绩后，在获得成就感的同时也有了帮助同学的资本，让自己重新得到接纳。

2. 反思自己

觉得被排挤了，我们可以反思一下自己的行为，如果我们真的有做得不好的地方就要努力改正。当然，如果不是我们的责任，而是别

人故意搞"小团体"排挤我们，那我们也不要一味地将责任揽在自己身上。

3. 敞开心扉，结交新朋友

我们要敞开心扉，将我们的改变展现给排挤我们的同学看。如果不能挽回他们，就不要勉强了，我们完全可以去结交新的朋友。

NO.8
积极寻找与同学的共同话题

　　小张是个不擅长交际的孩子，很多时候他也想去跟同学们交朋友，却不知道该跟同学们说些什么，好像没有什么共同话题。有时候看到同学们聚在一起说说笑笑的样子，小张心里很羡慕。

好几次，几个同学在旁边聊天聊得很热闹，小张想加入，但是感觉他们聊的话题，自己并不熟悉，于是打起了退堂鼓。有时候，小张好不容易开口了，才说几句，看到同学们对自己说的东西好像不感兴趣，于是就不说了，场面顿时变得有点尴尬。因为这样，对于交朋友，小张总是积极不起来，都开学好几个星期了，小张还是没有交到朋友，他的心里很苦恼，不知道该怎么办。

后来，小张在爸爸妈妈的鼓励和帮助下，积极寻找话题、融入班级，从跟同学们没话说到现在跟同学们谈天说地，小张的变化真是很大。他现在也开心了许多。

人人都渴望友谊。聊天是交友的第一步，不跟同学们聊天、谈点都感兴趣的话题，怎么跟同学们拉近距离呢？因此，找到共同话题是很重要的。

千万不要小看了找共同话题，它可是拉近人与人之间的距离、快速了解他人的好方法。如果我们能快速找到跟他人的共同话题，就不怕交不到朋友。

与同学没有共同话题有什么后果？

1 难以与同学交朋友

许多友谊是从聊天开始的。与同学有共同话题，才会与同学有话说，才会与同学亲近、熟悉，继而能够得到认同、肯定，建立友谊。如果没有共同话题，则与同学交流很少，彼此就很难熟悉起来，无法成为好友。

2 融不进班集体

因为与同学没有共同话题，交不到朋友，与同学关系疏远，所以难以融进班集体。

3 打击交友积极性

因为与同学没有共同话题，不知道说什么好，或害怕说错话，于是很少开口，或者觉得还是与人少见面为好，免得尴尬。这样，很难主动交朋友。

4 容易出现心理问题

因为与同学没有共同话题，交不到朋友，也融不进班集体，容易独来独往，会觉得孤独，甚至有可能觉得自己被孤立。长此以往，容易出现心理问题。

为什么与同学没有共同话题？

人与人不一样

因为每个小朋友的成长环境、生活经历都是不一样的，有的小朋友经历过、了解过的事情，其他小朋友没有接触过，于是产生不了共同话题。而且人的兴趣爱好各不相同，自然也就聊不到一块去。还有，人的秉性、思维也不一样，对同一件事情看法也有区别，也就不容易谈到一块去。

如果我们被家长管得过于严，很多课外活动都不允许去参加，失去了开阔视野、与同学互动的机会，也会导致我们和同学没有共同话题。

家长管得过于严

对同学不够了解

有时候我们与同学没有共同话题，是因为对同学不够了解，不知道他们性格如何、喜欢什么、讨厌什么、想做什么等。于是，聊天的时候也就不知道说什么。

我来支招儿啦!

同学之间如何找到的共同话题?

1. 主动找话题,提高交际能力

我们可以积极一点,主动找话题!可以从大众都感兴趣、都能聊的话题开始,如新闻热点、体育赛事、热销图书、经典漫画、学习目标等。我们还要有意识地提高自身的交际能力。

2. 尝试了解同学

当我们了解和熟悉同学之后,共同话题就多了。我们可以尝试和同学一起学习、一起参加活动,以此来增进彼此之间的了解。

3. 多参加集体活动

不要因为觉得和同学说不到一块去,就经常拒绝参加集体活动,而是应多参加集体活动,体验集体活动的乐趣。参加集体活动不但可以让我们与同学之间彼此了解,而且可以增进感情。当我们与同学共同经历的事情多了,自然就会有一些共同话题。

4. 从共同爱好开始

很多友情都是从共同爱好开始的,我们可以观察同学们都有哪些爱好,然后与那些跟自己有共同爱好的同学聊聊自己的见解,与他们交朋友。然后慢慢融入集体当中。

NO.9

学会走出班干部被撤职的风波

　　晓晴是一个五年级的学生，多才多艺，一直担任班里的文艺委员。

　　可是有一天，班主任方老师突然跟大家说，要换倩倩来当文艺委员。

这对晓晴来说可真是个晴天霹雳，她自认为对文艺委员的工作尽心尽力，干得也不错，不明白为什么方老师要撤她的职。"是不是方老师不喜欢我啊？是不是同学们讨厌我啊？是不是我做错什么了呢？

还是我做得不够好？"晓晴一直很伤心，不停想着这件事，慢慢变得不自信了，也不爱跟同学们说话了。后来连方老师的课，晓晴都听不下去了，成绩开始下滑。

之后，晓晴把自己的困惑告诉了妈妈，妈妈向方老师了解了具体情况后，耐心地开导晓晴。终于，晓晴看淡了被撤职这件事，不再为这件事难受了。在学校，晓晴又变得开朗自信、热爱学习了。

在学校，很多小朋友都担任过一些职位吧，像班长、课代表、体育委员等。担任这些职位，可以提升我们的自信心，锻炼我们的组织能力等。但是，我们难免会遇到被撤职的情况。我们该如何面对呢？

其实，被撤职并不可怕，也不代表我们不优秀，我们就算不担任这些职务也可以在其他方面锻炼自己，为班集体服务。

 被撤职，对孩子有什么不利影响?

1 陷入负面情绪

当我们被撤职，我们可能会觉得很委屈、很丢人，自尊心受到伤害，变得灰心丧气，丧失自信心，还会怀疑是不是老师不喜欢自己等。也有可能产生愧疚心理，觉得愧对了老师和同学们的信任。

2 变得讨厌老师

当我们被撤职，我们可能觉得自己遭受到了不公正，继而讨厌这个老师，讨厌老师教的课程，不想学习。这会导致我们学习的阻力变大，成绩变差。

3 担心同学们的看法

被撤职后，我们可能担心同学们会有异样的看法，害怕他们瞧不起我们，取笑我们。

为什么会被撤职？

不适合职位

也许我们自我感觉良好，但我们的能力可能有所欠缺，或者我们处理事情的方式不对，或者是我们的态度不够好，让老师觉得我们并不适合当前的职位。

也许我们可以胜任这个职位，但是还有其他同学比我们更适合，在某些方面更优秀。比如，接任的同学跟同学相处得更好，会起到更好的带头作用。

其他同学更适合

应专注学习

也许是我们在学习方面遇到了问题，老师不想让我们分心，希望我们把注意力集中在学习方面。有时候我们的爸爸妈妈也不愿意我们担任班级职务，担心会占用我们的学习时间，要求老师不让我们担任班级职务。

我来支招儿啦!

被撤职后怎么办?

1. 询问原因,提高自己

我们可以私下问问老师撤我们职的原因。如果只是正常轮换,那就没什么好难过的。如果是因为我们自身的原因,比如,能力不够等,我们也不必灰心、气馁,可以努力提升自己,让自己更加优秀,获得老师和同学们的认同和赞赏。

2. 学会看开,接受现实

既然我们已经被撤职了,我们就得接受现实,学会看开。其实没有哪条规定写明哪个职务必须得由我们担任,老师换人担任很正常。如果同学比我们优秀,我们应该为那个职务有了更好的人选感到高兴。如果有同学因为我们被撤职而看低我们,我们也不必放在心里。

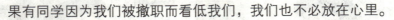

3. 寻求帮助,缓解情绪

当我们因为被撤职而陷入消极情绪时,我们可以向爸爸妈妈寻求帮助,让他们帮忙分析原因、开导我们。有了爸爸妈妈的安慰和引导,相信我们会很快走出被撤职的影响。

NO.10

选班干部，不如我的同学票比我多

一年一度的班干部选举开始了，明轩很有信心能连任班长。他去年一年干得有声有色，想必大家都心里有数。而且，他当班长期间成绩完全没有落下，依然在班里名列前茅。再看看竞争者，最有实力的要数去年的副班长一涵了，她成绩不如自己，但是跟每个同学的关系都不错。明轩觉得，仅凭这一点，她是威胁不到自己的。

选举结果出来了，明轩大跌眼镜：自己竟然输给了一涵。他很不服气，于是在跟几个同学一起玩时，询问他们把票投给了谁。有三个同学承认他们把票投给了一涵。明轩大惑不解："我去年带领大家为班级争得了好几次荣誉，我的成绩也比一涵好得多，为什么你们不肯投我呢？"一位同学说："你平常做事，只按照自己的想法做，不爱征求大家的意见。虽然你的确有能力，但是大家也难免会有不被尊重的感觉。所以，遇事爱和大家一起商量的一涵就当上班长了。"听了这些话，明轩若有所思，他觉得自己必须做出一些改变，才能让大家重新接纳自己。

很多同学在竞选班干部时觉得竞争者不如自己，这不过是单方面的想法，因为没有看到竞争者的优势。所以，我们在竞选班干部落选后，与其质疑公平性，不如去总结自己的劣势，再看看别人的优势，取长补短，为下一次竞选做准备。

抗挫大讲堂

 班干部需要有哪些素养？

1 有领导能力

班干部要有一定的领导能力，当班级需要组织一些活动时，班干部要负责组织大家，并协调大家将活动做好，努力调动同学们的积极性和创造性。

2 团队合作精神

班干部要懂得团队合作的重要性，无论班级里的大事小情，都要身先士卒，带领大家一起完成，同时也要善于分配任务，让每个同学都能充分发挥各自的优势。

3 有责任心

班干部需要有强烈的责任心，要把班集体的健康、有序、进步当成是自己的职责，积极协助老师开展班级管理工作。

4 有社交能力

班干部需要有良好的社交能力，能够与同学和老师建立良好的关系。比如，当同学之间出现矛盾，班干部要充当"和事佬"；有同学情绪失落，班干部要为他加油打气；同学们遇到困难，班干部要主动帮助……

怎样应对竞选班干部失败？

寻找自己的不足

竞选班干部失败，我们必须认真反思，看自己是否有让同学们不满意的地方，导致他们不选自己。如果自己想不通，也可以咨询其他同学。得知答案后，我们需要立即改正。

明明自己更优秀，同学们却选了其他人，我们会有不满是很正常的。但是，我们不要把责任推给别人，怪同学们不肯支持自己，那样会降低自己在同学们心目中的地位。与其迁怒他人，不如让自己不断进步。

不要迁怒他人

向获胜者学习

获胜的同学，如果的确比我们强，我们必须认真向他学习；如果不如我们，那我们也不要轻易否定他，而是找一找自己失利的原因，看是不是对方有某些特长，争取补足自己的"短板"。

怎样做容易在班干部竞选中获胜？

1. 做好准备

在竞选前，需要认真准备，了解自己的优势和不足，制订清晰的竞选计划，将自己未来工作的方向、重点以及计划为班级带来的改变等清晰地展现出来。

2. 与同学们建立良好的关系

想要当选班干部，仅靠选举开始前几天的努力是远远不够的。我们在平时的学习和生活中，就要积极与同学们建立良好的关系，积极参与班级活动，让同学们认识和了解自己。

3. 了解同学们的需求

在竞选前，我们要了解同学们的需求和想法，做出有针对性的竞选计划，让同学们认可我们是能够代表他们的人选。

4. 保持谦虚和诚实

同学们都喜欢谦虚、诚实的人，我们竞选时不要夸大自己的优点，也不要刻意隐瞒自己的缺点，尽量让同学们看到我们真实的一面。

NO. 11

搞砸了老师给的任务，坦然面对

张伟和刘英是同班同学，两人住在同一个小区。

上周五，刘英因为生病请假了。

放学的时候，老师布置作业，对张伟说："张伟，麻烦你把这两张卷子带给刘英，让她周末完成，我下周一要讲解的。好吗？"

"好的，没问题！"张伟回答道，接过卷子小心翼翼地塞进书包，一回到小区就给刘英送过去了。

可是到了星期天晚上睡觉前，张伟收拾书包的时候，发现书包里还有一张空白的卷子！原来他只给了刘英一张卷子，另一张落在书包里了。

张伟心想："怎么办？已经是星期天晚上睡觉的时间了，再给刘英送过去已经来不及了。可是，明天老师就要讲解卷子，刘英没做卷子，怎么办？"

张伟意识到自己把老师给的任务搞砸了，心里非常不安。

在学校，如果老师把任务交给我们，我们会觉得自豪，会很用心地去完成。但是如果不小心搞砸了，我们会万分懊恼，感到内疚，觉得辜负了老师的信任，也担心老师会责怪我们。其实如果真的不小心搞砸了，也不用想太多，坦然面对就是。与其懊恼、后悔，不如想想该怎么解决问题。

抗挫大讲堂

 搞砸了老师给的任务有什么后果？

1 影响老师工作

虽然老师给的任务可能是件小事，但如果做不好也有可能影响老师的工作。比如，耽误老师的教学进度。如果是弄丢了资料，还可能增加老师的工作量。

2 对同学造成不利影响

如果老师布置的任务跟同学有关，可能会影响同学的学习进度，也有可能导致老师误会同学没有及时写作业。

3 产生不良情绪

搞砸了老师给的任务，我们可能会陷入自责情绪中，觉得老师一定会责怪自己。也可能会后悔接了任务，觉得如果没有接任务就没事了。还可能产生强烈的挫败感，觉得自己没用，这么简单的事都做不好。

4 受到负面评价

如果我们没有完成任务，老师可能会对我们的表现给出负面评价，这可能会影响我们的声誉，甚至会让老师和同学对我们产生怀疑或不信任，这可能会影响我们的社交关系和学习体验。

为什么会搞砸老师给的任务？

过于在意

瓦伦达效应告诉我们，当我们做事情时，对这件事情越在意、紧张，反而越容易把事情搞砸。因为这时候，我们太重视这件事了，执行的时候没有把注意力放在事情本身上，顾虑太多，越是自我暗示不能搞砸，越容易办得一塌糊涂。

因此，有时候我们搞砸了老师给的任务，不是因为我们态度不端正，对事情不重视，反而是因为我们对老师交代的事看得过于重大，万分重视，生怕有闪失，所以我们无法专注任务本身，影响了行动力。其实我们放轻松，用平常心对待，把精力放在任务上，就能踏实做好。

有时候我们做事缺乏思考，或者做事的时候不讲究策略方法，直接上手去做，结果经常是费了心力，却没做好。

做事方法不对

粗心大意

有时候我们做事粗心大意，明明想做好，却往往在一些小事上出现疏忽，以致任务失败。

我来支招儿啦！

搞砸老师给的任务后怎么办？

1. 及时反馈情况

如果我们没有及时完成老师给的任务，不要害怕，不要隐瞒，要如实向老师汇报当前的情况。告诉老师，是什么原因导致任务没有及时完成，在执行任务的过程中我们遇到了哪些问题，现在任务进展到什么程度了，还有哪些问题需要解决，我们需不需要帮助等。如果任务彻底搞砸了，没得补救了，我们也要接受现实，如实汇报，让老师及时了解情况。

2. 承认错误，诚恳道歉

无论是主观原因还是客观原因，既然我们搞砸了任务，就必须承担责任。在向老师汇报完工作之后，我们要言辞恳切地承认错误，向老师致歉（如果还影响了同学，也得向同学致歉），相信老师（和同学）会原谅我们。

3. 努力补救

如果事情还有补救的余地，我们要想办法弥补，努力开动脑筋想想解决方案，也可以听听其他人的意见，向他人求助。

NO.12
不小心说错话，积极补救

　　有一天，云云跟好朋友婷婷开心地聊着天，从周末去哪里玩到最近看的哪本书很有趣，从哪种新款笔好用到衣服颜色，谈天说地，十分轻松。

　　可是说着说着，不知怎么回事，两人开始意见不合，后来甚至激烈争执起来。

当婷婷说"我不跟你争论了，反正你就是错的"时，云云气急了，说："你这个大笨蛋、丑八怪，你才错了。"话刚说出口，云云就后悔了，恨自己怎么说话不过脑子。她跟婷婷是好朋友，虽然很生气也不该这么讲话。

婷婷看着云云，更是生气，直接就走了，不再搭理她。

云云有点慌了，她真不是故意要伤害婷婷的。接下来的几天，婷婷都不理她。云云好难过，不知道该怎么做。她好想收回那些话啊。而且这几天，云云都有点不敢跟同学们说话了，生怕又说错话。

小伙伴们，俗话说"良言一句三冬暖，恶语伤人六月寒"，意思就是：善意、理解的话能给人带来安慰，即使处于寒冷的冬季也能让人感到温暖；而充满恶意的伤人话语，会刺伤人们的心灵，即使身在温暖的六月，也让人感到阵阵的严寒。话语的力量是很大的，既能温暖人也能伤害人。我们在生活中一定不要口出恶言。

抗挫大讲堂

说了让人难过的话有什么后果？

1 让他人受到伤害

无论我们是有心伤害他人还是无心之失，我们说出的令人难过的话语，对于听到的人来说，都像是一把利剑，使他们的内心受到伤害。

2 影响友情

当对方听到我们说了让他难受的话后，可能从此疏远我们，不再把我们当朋友。

3 影响他人对自己的看法

当他人知道我们说了令人难受的话，可能会觉得我们太刻薄了，说话太难听，或者觉得我们就是在故意伤害他人，因此不想跟我们做朋友。

4 自己也很难受

有时当我们的话语伤害到了他人，我们自己也会内疚、难受、心慌、惴惴不安，甚至成为我们心里过不去的坎。

为什么会不小心说出让人难过的话？

不了解情况

有时候我们不了解他人，不知道在某些人面前不能提起某些事，不然会令他们难过。比如，有的小朋友可能身体上有点小毛病，我们不清楚情况，一直提相关话题，就有可能使对方难过。

有的小朋友不注意说话方式，说话很直，冒冒失失的，说出的话很容易让人难过。

不注意说话方式

情绪失控

有时候，当我们处于生气、紧张的状态时，就会口不择言，不管话语会不会伤害到别人就脱口而出，往往说完我们自己就马上后悔了。比如，吵架的时候，我们往往会骂出一些我们平时不会说的、伤人的话。

我来支招儿啦！

说了让人难过的话，如何补救？

1. 真诚致歉，承认错误

当我们不小心说出令他人难受的话，我们不要顾及面子，不要掩饰自己，不要强词夺理为自己辩解，而是要真诚地向对方道歉，说"对不起"，让对方明白我们知道自己错了，希望对方谅解。如果对方很生气，先不要急于为自己辩解，可以试着多聆听了解对方的观点和想法，然后再致歉。

2. 补偿对方

当我们的话语伤害到了他人，我们应该好好补偿对方，使他们能够感受到我们的诚意。比如，我们可以买点小礼物送给对方，也可以在生活、学习中帮助对方。

3. 表达自己内心的想法

虽然我们的话语伤害到了他人，但是我们的内心并不想这样做，可是被伤害的人未必能够了解我们的真实想法。所以，我们可以多跟对方表达自己的真实想法，让对方知道我们的内心是没有恶意的。如果对方并不想搭理我们，我们应有耐心，等对方冷静下来再找合适的时机进行交谈。

NO.13
因成绩不理想有愧疚，做调整

张涵是个四年级的学生。她的家境一般，为了让她接受好的教育，爸爸妈妈每天辛苦地工作，背负着很大的经济压力，赚来的钱大部分用来给她支付生活费、购买学习资料、上兴趣班了。他们自己平时过得很节俭，连件新衣服都舍不得买。

张涵是个懂事的孩子，她学习一向非常刻苦，每天认真听讲，按时完成作业，还给自己额外增加了作业量，连周末都用来学习，不出去玩耍。她想用优异的成绩来回报爸爸妈妈。

可是，不知怎么回事，张涵的各科成绩始终不是很理想，哪怕拼了命地学习，成绩也没多大起色。张涵很难受，不知道如何面对爸爸妈妈，不知道如何向他们交代，每次看到自己的分数都觉得很内疚，觉得特别对不起他们。张涵好恨自己不争气，觉得无法回报爸爸妈妈。

现在，张涵的压力越来越大，不知道该怎么办才好。

我们感念爸爸妈妈的辛勤付出，想用好成绩来报答他们，这种心情是可以理解的。但是因成绩不理想我们就一味责怪自己是没有必要的，因为这样不但无法让我们提高成绩，而且会对我们产生很多不利的影响。不如尝试放松心情，放下心理包袱努力学习，没准有意外的收获呢。

抗挫大讲堂

 因成绩不理想而内疚有哪些不利影响？

1 降低自信，产生消极情绪

我们的内疚情绪会使得我们自信心降低，让我们怀疑自己的能力，觉得自己没用，进而可能产生自责、焦虑等心理。为了减轻内疚感，我们会采取一系列行动，当效果不尽如人意时，内疚感又会加剧，我们会感到更加不安和焦虑，甚至会抑郁。

2 影响生活和学习

当我们过于内疚时，总是责怪自己，情绪低落，这会影响到我们正常的生活和学习。而且心理压力过大，越是在意，越是紧张，可能越是做不好，这也反过来影响我们的成绩。过于内疚还会降低我们的沟通能力，影响社交关系。

3 影响我们与爸爸妈妈的关系

我们因为成绩不好，心怀愧疚，害怕让爸爸妈妈失望，不知道如何面对他们，可能导致与他们之间的交流越来越少。其实，正常的亲子关系应该是平等的，且离不开互相沟通。当我们因内疚不愿意与爸爸妈妈沟通时，他们无法了解我们的内心，不知道我们的学习状况。这样，既不利于我们与他们的关系，也不利于他们帮助我们解决学习上的问题。

为何成绩不理想会对爸爸妈妈有愧疚心理？

家长给的压力过大 →

有时家长给我们的压力很大。比如，有时爸爸妈妈为了激励我们，总是强调自己付出了很多，希望我们好好学习来报答他们。这样，我们的压力过大，心理包袱过重，当成绩不理想时，就觉得辜负了爸爸妈妈的期许，心生愧疚。

有的小朋友太懂事了，非常懂得体谅爸爸妈妈的艰辛，很心疼爸爸妈妈，对他们的付出心怀感激，想用成绩来报答他们。于是，当成绩不理想时，就觉得自己不争气、很没用，愧对他们的付出。

← **太想回报**

观念问题 →

有的小朋友认为自己只有成绩好才能回报爸爸妈妈，对成绩看得过于重要了，而忽略了其他方面。因此，当成绩不理想时，就觉得很对不起爸爸妈妈。

我来支招儿啦！

成绩不理想觉得愧对爸爸妈妈怎么办？

1. 和自己和解

虽然我们内疚是出于对爸爸妈妈的心疼和爱，但是如果我们总怀着内疚感生活，会影响我们的身心健康。爸爸妈妈都希望我们快乐，与他们和谐相处。所以，我们要卸下精神负担，与自己和解，不必觉得亏欠了爸爸妈妈，只要尽力就好。

2. 寻求帮助，改进学习方法

与其内疚不如向他人寻求帮助。我们可以向爸爸妈妈或老师求助，找出问题所在，改进学习方法，就可以提高成绩。同时，我们学习也要注意劳逸结合，不能因为觉得愧对爸爸妈妈，就时刻紧逼自己。

3. 通过其他方式回报爸爸妈妈

如果我们在学习上已经尽力了，即便成绩不理想，也不必太自责，我们可以通过其他方式去回报他们。比如，帮助爸爸妈妈干一些家务活，如洗菜、洗碗、搞卫生；不让爸爸妈妈对自己太过操心，好好照顾自己，自己能做的事情尽量自己做，不丢三落四。

NO.14

不小心交了坏朋友，赶紧远离

　　小徐在学习上有些焦虑，于是靠自己喜欢的运动——打篮球来排遣，因此意外跟隔壁班的"小霸王"东东熟悉起来。

　　小徐和东东常常一起打球，休息时东东常常吹嘘自己在校外"混"得有多好，小徐说了自己升学的苦恼，东东就劝他别费劲了，上个普通中学就好，小徐被他说得有些心动。

这一天，东东神秘兮兮地将小徐叫到操场的角落，从兜里掏出了一盒香烟和一个打火机，说："要不要试试，可刺激了。"小徐好奇地接过一根，点

着后吸了一口，呛得他眼泪都出来了，连忙还给了东东。东东得意地说："看你那没出息的样子。"小徐听了很不舒服。

这天放学后，小徐回到家，妈妈敏锐地闻到了小徐身上的烟味，严厉地问道："你身上的烟味是怎么来的？"小徐支支吾吾半天，最后不得不实话实说。妈妈意识到问题的严重性，劝他一定要以学习为重，不要跟东东过多来往。小徐想了想，自己除了打球，跟东东也没有什么共同爱好。于是，他渐渐疏远了东东，东东也没兴趣找他了。

我们的一生会有很多朋友，好的朋友会帮助我们不断进步，但有时候交到不好的朋友，也可能会引我们走上歧途。所以，交朋友是一件需要慎重的事，我们要多交"良师益友"，远离"狐朋狗友"。

抗挫大讲堂

交朋友要遵循哪些原则？

① 品德最重要

我们选择朋友，不免会考虑到对方的外表、言行、家庭条件、学习成绩等因素，但一定要恪守一个前提：品德最重要。一个品德不好的人，就算其他方面再出色，我们也不要跟他交朋友。要知道，"近朱者赤，近墨者黑"，坏朋友产生的不良影响，对我们的身心健康极不利。

② 尽量与志同道合的人交朋友

没有共同的兴趣爱好，友谊就很难升温，因为双方在一起根本没有多少共同语言。所以，我们选择朋友时，要尽量选与自己志同道合的人，这样有利于双方互相交流、共同进步。

③ 不苟求对方十全十美

每个人都有优点和缺点，我们如果想交一个十全十美的朋友，结果只能是白费力。所以，只要对方品德好，与我们有共同语言，我们就可以争取和他成为朋友。发现朋友的缺点后，我们不要就此改变对他的看法甚至远离他，而是要努力帮助朋友改变，取得进步。

交到坏朋友有哪些害处？

三观被扭曲

交上坏朋友，对方错误的人生观、价值观、世界观都会对我们产生一些不好的影响。

多数坏朋友都是不爱学习的。我们和他们在一起久了，也可能对学习失去兴趣，那后果就太严重了。

容易"不务正业"

学会说谎

坏朋友为了达到目的，可能会毫无心理负担地随意撒谎。我们和他们经常在一起，也可能沾染上爱撒谎的恶习。可是爱撒谎的人，迟早会被别人揭穿，落下不好的名声，这是我们一定要避免的。

受坏朋友影响，我们的性格可能会变得乖戾，攻击性变强。

攻击性变强

我来支招儿啦！

我们要交哪些类型的朋友？

1. 支持我们的朋友

在我们成长的过程中，时刻需要别人的支持和鼓励，其中朋友的支持和鼓励效果尤其好。特别是在我们遇到挫折时，这类朋友就是很好的倾听者和给我们打气的人，既可以帮我们分担压力，也可以鼓舞我们的信心。

2. 眼界开阔的朋友

当我们陷入迷茫时，这类朋友作为密切关注着我们的"旁观者"，可以给我们提出恰当的建议，帮助我们认清自己，重新找到前进的方向。这类朋友通常有着开阔的眼界，可以成为我们学习的榜样。

3. 志同道合的朋友

生活中，我们喜欢将自己的兴趣、爱好分享给他人，这时候志同道合的朋友就会成为我们最好的交流对象。在分享中，我们可以一起快乐成长。

NO.15

同学才艺多，我却什么都不会

　　最近一段时间，媛媛有点儿不对劲，整天愁眉不展的。

　　一天下课后，邻桌狄娜忍不住问媛媛："这几天你是怎么了，看起来怎么这么消沉啊？"媛媛起先还不肯说，在狄娜一个劲儿地追问下，她终于说道："前几天班里举行文艺晚会，我什

么才艺都不会，就没有报
名。看着你们在舞台上载
歌载舞，我觉得自己好没
用哦。现在我还清清楚楚
地记得你跳的那支舞蹈呢，
多漂亮啊！"狄娜说："你
以前没有学过吗？"媛媛
摇摇头。狄娜又说："你对

跳舞感兴趣吗？"媛媛连连点头，随后又失落地说："可是我
不知道去哪里学才好。"狄娜一听，说道："这不算什么问题，
我妈妈就是开舞蹈学校的，你跟我一起学就行了。"媛媛一听，
立刻喜笑颜开。当天晚上，媛媛就跟爸爸妈妈说了这件事，爸
爸妈妈也很高兴。没过几天，媛媛就开始跟狄娜在同一间练舞
室学起跳舞了。

　　没有人天生就多才多艺。无论是唱歌、跳舞、弹琴还是书法、
绘画，这些都需要经过专门的训练和学习。一些小朋友没有什么才
艺，看到大家多才多艺自然会有失落感，这也未必是坏事。有这样
的想法，说明他产生了学习才艺的兴趣，可以请求父母让自己去学
习，相信一定会迎头赶上的。

抗挫大讲堂

学习才艺对小学生有什么好处？

① 提高自信心

学习才艺之后，我们可以找到展示自己才能的舞台，得到他人的认可和赞扬，这是提高自信心的好机会。

② 增强兴趣

如果我们从小喜欢画画，就会提升对绘画相关行业的兴趣，说不定长大了我们会成为画家。在小学时代就增强对某类才艺的兴趣，可能会为一生从事相关行业奠定良好的基础。

③ 培养毅力和耐心

学习才艺需要付出时间和精力，我们只有克服困难和挫折，才能取得一定的学习成果。因此，学习才艺可以帮助我们增强毅力和耐心。

④ 提升综合素质

学习才艺可以提升我们的综合素质，如艺术修养、审美能力、动手能力、表达能力等，这些素质是我们一生的宝贵财富。

没有才艺为什么会感到失落？

觉得自己不如别人

缺乏才艺的一些小朋友，可能怀疑自己不如别人，从而陷入深深的失落之中。实际上，如果我们没有进行过相关培训，怎么会有才艺呢？暂时没有才艺不能证明我们天生不如别人。只要找对了方向，付出了努力，我们也可以拥有自己的才艺。况且，我们作为小学生，最重要的任务是学习，才艺只是作为全面发展的补充。拥有才艺确实可以为我们增光添彩，但没有才艺我们也可以用成绩证明自己。

多才多艺的小朋友，更容易受到他人的瞩目，可能在班级的集体活动中、家庭聚会中，他们都更愿意积极地展示自己的才艺，成为父母的骄傲。而缺乏才艺的小朋友，可能会觉得自己无法给父母争光，会让父母失望。

担心让父母失望

我来支招儿啦!

因没有才艺而苦恼时，该怎么办?

1. 相信自己独一无二

我们要相信自己是独一无二的存在，我们也有自己的优点和特长。虽然没有一些能令大家羡慕的才艺，但这不意味着我们没有才能或价值。

2. 发掘自己的兴趣和才能

我们可以去发掘自己的兴趣、爱好和潜能，通过不断学习，提高自己的能力。也可以尝试参加一些兴趣小组或者社团，结交一些志同道合的朋友，多交流、分享，慢慢地我们就会提升自己的才华和能力。

3. 寻求帮助

当我们因为没有才艺而苦恼时，可以向老师、家长或其他专业人士寻求帮助。他们可能会为我们提供一些建议或推荐一些课程。我们如果有心去学，就会渐渐发现其中的乐趣，说不定很快就成长为有突出才艺的人了。

NO.16
克服畏难情绪，积极学习新技能

　　大亮家附近新开了一家健身房，大亮爸爸是个喜欢运动的人，便兴致勃勃地办了张会员卡，想着以后可以经常去那里健身。

　　有一天，爸爸对大亮说："我带你去学游泳吧！"

　　大亮一听，觉得学游泳既艰难又辛苦，便说："我不愿意学游泳。"

爸爸说："游泳是一项很有利于健康的运动，而且在水里像鱼一样自由自在地游，多好玩啊。"

很快，爸爸给大亮买了全套装备——泳衣、耳塞、救生圈，到了周末就拉着他去学游泳。在泳池里，大亮总感觉自己要溺水了，真的很不开心，很抗拒。但是爸爸好像没发现大亮很抗拒学游泳，还说希望他早点学会，跟自己一起游。大亮也想学好，可就是很抵触学习的过程。

大亮现在心里很不希望周末的到来，因为一到周末他就得去学游泳，一想到要去学游泳他心里就有些慌，不知道该怎么办。

小朋友们，俗话说"一技傍身，吃喝不愁"。爸爸妈妈总希望我们多掌握一些技能，以后方便我们在社会上立足，或者多培养兴趣爱好来磨炼心性、陶冶情操，于是总会让我们学习一些新东西。而我们由于这样那样的原因，有时候不喜欢去学习。

当我们对学习有抗拒心理时，先别急着放弃，我们要学会克服，让自己始终对学习保持热情。当我们学会了新的本领，我们会发现，学习也有乐趣，只要用心去做，曾经抗拒的事其实也可以被接受。

抗挫大讲堂

抗拒学习新东西的坏处是什么？

1 学不会

当我们抗拒学习时，我们便难以集中精力去学习，学习效率会降低，难以学会。又因为学不会，更抵触学，形成恶性循环。

2 自信心受挫

当我们因为抵触心理学不会时，心情会变得低落，觉得是自己能力不行，这会让我们自信心受挫。而且我们可能在此过程中不理解爸爸妈妈、师长为什么坚持让我们学习，对他们产生不满情绪。

3 无法提高自己，变得落后

如果我们抗拒学习新东西，我们就无法提高自己，无法掌握新技能，一直原地踏步。若其他小朋友都在积极学习，不断进步，我们与其他小朋友的差距就会越来越大。

为什么有的小朋友抗拒学习新技能？

不感兴趣 ➤ 有的小朋友可能就是不喜欢要学的东西，而是喜欢别的东西，比如，爸爸妈妈让他学习弹琴，但是他喜欢打球、画画，因此对弹琴产生抵抗心理。有的小朋友学业压力大，想把精力都用在功课上，因此也不愿意学习别的东西。

有的小朋友抗拒学习，是因为在学习中遇到困难。比如，有的小朋友怕水，不敢下水，因此抗拒学游泳；有的小朋友跑不快，总是接不住球，因此不想学习打球；有的小朋友手指不灵活，因此抗拒学弹琴。 ◀ **学习时遇到困难**

不喜欢教练、教法 ➤ 有的小朋友抵抗学习，可能是因为教练太严厉，小朋友害怕见到教练，也可能是教练的教学方式让小朋友产生抵触情绪。

我来支招儿啦！

如何克服抗拒学习新东西的毛病？

1. 找到学习的动力与兴趣

我们可以用积极的眼光来看待我们正在学习的技艺，找到学习的动力和兴趣。可以多想想如果我们学会了这个技艺，会有什么益处。比如，学会了打球可以让我们有很多机会与小朋友们一起锻炼，既可以增强体质又可以增进友谊；学会了弹琴既可以陶冶情操又可以让我们参加活动时有才艺展示；等等。

2. 与父母或教练及时沟通

如果我们是因为不喜欢老师、教练的教学方式而不想学习新技能的话，可以跟教练沟通，或是让爸爸妈妈同教练沟通。如果我们是因为不喜欢教练而不想学，也要及时告诉爸爸妈妈，可以考虑换个教练教。

3. 关注点滴进步，寻找学习的成就感

我们应该多关注自己在学习过程中的点滴进步。比如，对于一项新技能虽然我们暂时还没有完全学会，但今天比昨天进步了一点点，那也是值得开心的事啊。当我们看到自己每一天都有所进步，就会获得成就感，进而变得更喜欢学习新东西。

NO.17

转学后状态不佳，及时调整

　　小庆原本是在光明小学上学的，他的成绩一直很好，还是班长，平时也积极参加各种活动，可以说是班里的优等生，老师、同学们都很喜欢他。最近，因为爸爸工作的原因，小庆一家搬家了，他转学到了实验小学。

之前小庆对新学校充满了好奇和兴奋，爸爸还说这个学校特别好，要他好好珍惜在这里学习的机会。可是这段时间，小庆发现自己在这里并不开心。

以前在光明小学，小庆很受欢迎，拿了很多奖状。可是到了这里，他的成绩下降了，而且连个小组长都没当上，就连他一直自豪的特长也显得平淡无奇，与同学们相比他没有什么突出的优点。他仿佛从白天鹅变成了丑小鸭。小庆觉得同学们看起来都好优秀啊，他好像失去了所有的荣耀和自豪，他都怀疑来到这里是不是个错误。"我还是以前的我吗？我在新学校的生活怎么会是这样？"小庆想。

小庆好失落，不知道如何面对这种情况。

转学后的适应问题普遍存在。到了一个新环境，总会有一个适应过程。有的小朋友适应得快一些，有的小朋友适应得慢一些，这个很正常。

当我们怀着喜悦和期待来到新学校，结果新学校里高手如云，我们失去了优越感，难免会受到打击，产生心理落差。我们要正视这个问题，及时调整心态，尽快适应新的环境。

抗挫大讲堂

 转学后不再显得优秀，会产生哪些问题？

1 产生自卑、自我怀疑心理

当自己与新同学相比显得普普通通、不再优秀时，我们难免会产生自卑心理，觉得自己不如别人，怀疑自己的能力，甚至觉得自己是个"废物"。

2 影响人际关系

当我们因为不再显得优秀而失去了信心，陷入自卑情绪，可能会害怕别人发现自己的平庸，与他人交流的积极性会受到打击，这妨碍我们跟他人交流、做朋友。有时我们因为怀念过去自己显得优秀的日子，而过分留恋过去的朋友圈，因此融不进现在的同学圈子。

3 影响学习状态

因为不再显得优秀，我们心里不舒服，难免会影响休息、学习。甚至会让我们从此丧失学习热情，消沉下去。

为什么转学后我不再显得优秀了？

不适应新环境

当我们来到新的学校，学习场所、学习伙伴、日常饮食等都发生了很大变化，一点一滴都需要我们从头再适应。而我们可能还没从熟悉的环境中缓过神来，对融入新环境没有做好准备，种种不适应难免会影响到我们的学习，所以成绩变差。

每个老师讲课的方式都不一样。我们已经习惯了原来老师的教学方式，到了新学校，可能对新老师的教学方式有些陌生，一时没有适应，导致学习跟不上，成绩下滑。

不适应新老师

同学们很优秀

自己在新学校不再显得优秀，有时候不是我们自身不优秀了，而是同学们都很优秀，导致我们不再突出了。有的学校是优秀生集中的地方，我们显得普通很正常。

我来支招儿啦！

转学后不再显得优秀，怎么办？

1. 尽快适应新生活，调整学习方法

如果我们是因为来到新学校，对一切都不适应而导致成绩下滑，那我们要尽快熟悉新的环境，让生活节奏稳定下来，并且适应新老师的教学方式，在新环境中找到适合自己的学习方法。

2. 调整自己的心态

如果我们本身并没有退步，而是因为新学校的师资力量比较强大，优秀同学太多了，我们才显得不突出了，那么我们应及时调整自己的心态，不要因为这种落差而自卑。然后紧跟老师的步调，课下多复习、多做题，多和优秀的同学探讨经验，相信我们一定能取得进步。

3. 向老师、爸爸妈妈求助

当我们在新学校成绩下降、不再优秀时，我们应及时向老师、爸爸妈妈求助，千万不要闷在心里。也许我们以为很严重的问题，其实并不是什么难题，只要我们告诉老师或家长，他们就会帮助我们看出问题在哪里，能轻松指导我们应该怎么做，指导我们渡过难关。

NO.18
学会走出友谊破裂的阴影

梅梅与小红是好朋友，她们之间可以说无话不谈。

梅梅总是喜欢把自己的一些想法告诉小红，比如，生活中遇到什么烦心事啦，对老师、同学的看法啦，自己在家里做了什么啦，还有一些小秘密啦。

可是最近，梅梅发现，小红居然把她的小秘密告诉别人，甚至还编造了一些她没说过的话。梅梅生气极了，警告小红不要那样做，可小红丝毫不觉得自己错了，摆出一副无所谓的样子。

还有一次，梅梅主动约小红周末去公园玩，小红说有事情，没有空，于是周末梅梅就自己在家温习功课了。第二天，梅梅听同班同学说，周末在公园里遇见小红了，一起逛了好久。后来她们之间还发生了一些不愉快的事情，于是梅梅和小红的好朋友关系破裂了，两个人再也不说话了，见面也跟不认识一样。

梅梅很受伤，因为之前她们的关系非常好，无话不说。所以现在她的感觉既有难过，也有可惜、害怕，怕以后交朋友也会像这次一样，处着处着就破裂了。梅梅现在没法走出友谊破裂的阴影，交朋友的积极性受到了很大的打击。

人人都渴望友谊，真诚、持久的友谊就像雨露一样滋润彼此的心灵。但是，友谊有时候并不是一成不变的，随着成长，我们与朋友开始改变，环境也在变化，友谊有可能会越来越坚固，但也有可能慢慢变淡，甚至走向破裂。破裂的友谊让人心碎，学会走出失败的友谊是我们成长的必经之路。

 友谊破裂有什么不好的影响？

1 心情失落、难过

曾经在一起度过许多美好时光的好朋友如今变得疏远了，甚至不再讲话，难免伤害我们的感情。而且友谊破裂后，可能一时没有新的朋友，形单影只，于是感到失落和难过。

2 陷入自责、自我怀疑的情绪中

当友谊走到尽头时，我们可能会陷入自责、自我怀疑的情绪中，觉得可能是自己哪里做得不对，导致友谊破灭，或者友谊其实可以挽回，只是自己没有抓住机会，又或者是自己哪里不够好，做错了什么事，导致朋友离我们而去。

3 影响交友积极性，害怕交友

友谊破灭后，我们可能会陷入偏激情绪中，觉得这世上就没有关系一直亲密的朋友，或者"以后不交朋友了，反正关系会破裂的"。或者感情受伤之后，害怕以后交友也会伤心，于是不想再交朋友了。

友谊为什么会走向破裂呢？

环境改变

两个很亲密的好朋友，曾经有着共同的生活环境、共同的话题。但随着环境的变化，两人不在一起了，很长时间没联系，慢慢都有了自己的生活，共同的话题越来越少，友谊也就走到尽头了。

有时候我们与朋友存在误会，但是双方都没有意识到有误会，或者觉得解释没有必要，觉得对方肯定会了解自己。于是两人的心结越来越深，再也无法交心，最终导致友谊破裂。

有误会

被伤害了

一方总是做伤害对方的事，令对方伤心、难堪。比如，一方太过于以自我为中心，说话不注意，总是在不经意间伤到朋友的心。

我来支招儿啦！

怎样走出友谊破裂的阴影？

1. 放下面子，挽回友谊

有些友谊的破裂是暂时的，是有可能恢复的。只是我们有时候因为顾及面子，总是开不了口去挽回。只要我们珍惜感情，放下面子，认真地跟对方好好沟通，或许就会解开心结，继续美好的友谊。就算友谊确实无法挽回，至少我们曾经为了这段友谊努力过，以后提起来也不会后悔。

2. 正确看待交友这件事

为了早日走出阴影，不影响交友的积极性，我们要正确看待友谊。在人生的不同阶段，我们会有不同的朋友。我们要明白，持久的友谊很难得，而友情慢慢变淡并走向终结也很正常，友谊破裂很多时候并不是谁做错了什么。在交友方面，要保持一颗平常心。

3. 继续打开友谊之门

虽然经历了一段失败的友谊，但肯定还会有很多有趣的人等待和我们成为好朋友呢！他们会给我们带来快乐和帮助。不要因为一段失败的友谊而陷入长时间的偏激情绪中。

NO.19

爸妈不在身边, 温暖自己

　　欣欣是个小学生。欣欣从有记忆起，就和爷爷奶奶一起生活，爸爸妈妈一直在外打工，只有过年的时候才会回来，过完年没几天就又匆匆离家外出。

　　偶尔在暑假的时候，爷爷奶奶会送欣欣到爸爸妈妈那里去。

其他的日子里，欣欣只能与爷爷奶奶相伴。

每当放学的时候，欣欣看到别的小朋友都有爸爸或妈妈来接，自己只有爷爷或奶奶来接，心里总是很难过。周末，别的小朋友跟爸爸妈妈一起出去游玩、散步，欣欣看到后心里有一种说不出的滋味。

"为什么别的小朋友有爸爸妈妈陪伴，享受着爸爸妈妈的关爱，而我只能通过电话与爸爸妈妈联系呢？"欣欣好难过，逐渐变得越来越孤僻，不想讲话，不想学习，不知道如何度过每一天。

我们都渴望得到爸爸妈妈的关爱。当受到委屈或遇到挫折时，我们总会想起爸爸妈妈，因为爸爸妈妈会给我们安全感。当我们取得好成绩时，当我们获得表扬时，我们也会第一时间告诉爸爸妈妈，跟他们分享我们的喜悦。

然而生活中，由于种种原因，有些小朋友可能会与爸爸妈妈分开，不能彼此陪伴。但我们要明白，其实爸爸妈妈也是不愿意离开我们的，尽管他们身在远方，也是记挂着我们的。我们要坚强起来，不要因此而丧失了对生活的期待。

抗挫大讲堂

 不在爸爸妈妈身边长大的孩子可能会遭遇什么?

① 情感缺失，与爸爸妈妈有隔阂

我们长时间不在爸爸妈妈身边，可能会觉得委屈，觉得爸爸妈妈不爱自己，因而缺乏安全感，变得自卑、不合群，也可能性格变得极端或偏执。而且，我们可能对爸爸妈妈产生隔阂，无法对他们敞开心扉，生活中有什么问题不会和他们沟通交流，宁愿看电视、玩手机也不愿意跟他们聊天，在教育方面也会拒绝他们的指导。

② 遇到问题感到无助

在成长道路上我们会遇到各种问题，我们希望爸爸妈妈为我们遮风挡雨。爷爷奶奶或姥姥姥爷虽然也很爱我们，但他们毕竟年纪大了，精力有限，而且观念难免有些落后。因此，当爸爸妈妈不在身边，我们遇到问题时会感到很无助。

③ 受到其他小朋友的"特别"对待

有的小朋友看到我们的爸爸妈妈不在我们身边，会认为我们缺乏爸爸妈妈的支持和关爱，认为我们与众不同、弱小、孤立无援，从而选择孤立我们，甚至欺负我们。

为什么有些爸爸妈妈无法陪伴孩子？

没有时间和精力

有些家长工作特别忙，或者需要长期出差，他们把大部分时间和精力都用在了工作上，没有时间和精力照顾孩子。还有的爸爸妈妈因为身体原因，不能亲自照顾孩子。

有的家庭经济条件比较差，或是爸爸妈妈在本地无法找到合适的工作，需要外出打工赚钱，只能让爷爷奶奶或姥姥姥爷照顾孩子。

经济条件不允许

为了孩子的学习

有时家长为了让孩子上个好学校，会让孩子到离家比较远的学校寄读或住在亲戚家。比如，有些农村小朋友从小被爸爸妈妈送到县里的好学校寄读，只有放假的时候才能回家。

我来支招儿啦！

如何过好爸爸妈妈不在身边的日子？

1. 照顾好自己

　　既然爸爸妈妈不在身边的事实已不可改变，那么我们就要接受这个事实，早点学会自立，及早培养自己的自理能力，好好照顾自己。比如，自己收拾书包、玩具，自己洗袜子，自觉完成作业，主动帮爷爷奶奶干一些力所能及的家务活，等等。遇到问题，我们要学会及时向爷爷奶奶或老师、朋友求助。

2. 经常与爸爸妈妈联络

　　现在智能手机、网络都很普及，语音聊天、视频通话都很方便。我们可以经常跟爸爸妈妈聊天、视频，问候爸爸妈妈，也让他们了解我们的情况，告诉他们自己的学习和生活情况、家里发生的事、学校发生的事、爷爷

奶奶或姥姥姥爷的身体状况等，遇到疑惑也可以问问他们。

3. 积极交朋友

　　爸爸妈妈不在身边，我们更应该积极交朋友，让友谊来温暖自己。

NO. 20
摆脱爸爸妈妈离异后的**困境**

　　小敏是个 9 岁的女孩子，不久前她的爸爸妈妈离婚了，小敏跟着爸爸一起生活。小敏的妈妈离婚后去了另外一个城市，很少回来。爸爸工作很忙，每天回家都很晚，于是爸爸把她交给奶奶照顾。

小敏觉得自己是被抛弃的孩子，内心世界很孤独。她经常独来独往，不喜欢与小伙伴们一起玩闹，学习成绩也开始下降。

后来，奶奶发现了小敏的情况，经常带小敏出去散步，陪她写作业，还给她讲各种故事。小敏的爸爸妈妈也知道了小敏的情况。小敏的妈妈就跟小敏视频聊天，经常鼓励小敏，告诉她自己的工作情况，还说等小敏放暑假了，就接小敏过去住一阵子。小敏的爸爸则想办法抽出时间陪小敏，跟小敏一起吃饭、做游戏。

在家人的温暖关怀下，小敏逐渐摆脱了因为爸爸妈妈离异而产生的负面情绪，开始变得开朗起来。

随着社会的发展，离婚率越来越高，越来越多的小朋友要面对爸爸妈妈离异的情况。其实，爸爸妈妈离异后我们的生活未必就一片暗淡，很多人在爸爸妈妈离异后的短期内会受打击，但是时间长一点，就会恢复常态，各方面跟其他小朋友没什么区别。单亲家庭的孩子也可以过得很好。

抗挫大讲堂

爸爸妈妈离异，对孩子有什么影响？

1 **容易产生消极情绪，影响人际关系**

爸爸妈妈离异，我们可能会产生"这一切都是我的错""爸爸妈妈不要我了，我成孤儿了"等心理。有的小朋友会认为如果自己听话乖巧，成绩足够好，或许爸爸妈妈就不会离婚了。还有，爸爸妈妈离异，我们只能跟一方一起生活，就会觉得另一方抛弃自己了。

这些消极情绪会使我们不愿意与人交流，很难和小伙伴建立亲密关系。

2 **容易产生性格缺陷**

爸爸妈妈的离异对不同孩子的性格有不同程度的影响。比如，有的小朋友在爸爸妈妈离异后变得内向、胆小，有的小朋友会变得具有攻击性，有的小朋友会变得沉默寡言。

3 **存在爱的缺憾**

有的小朋友在爸爸妈妈离异后，跟随一方生活，而跟另一方接触很少，很少感受到另一方的爱与关怀，因此心里存在爱的缺憾。

爸爸妈妈离异对孩子产生不良影响的原因是哪些?

缺乏照顾与指导

爸爸妈妈离异后,我们只能跟爸爸或妈妈一方生活。他们往往还需要工作,生活忙碌、压力大,就算想给我们精心的照料和更好的教育也往往心有余而力不足。

有的小朋友目睹了爸爸妈妈离婚时闹得很难看的场面,留下了心理阴影。有的爸爸妈妈离异后,没有给孩子提供充满爱与和谐的家庭环境。

家庭环境不好

他人的偏见

爸爸妈妈离异,周围的人可能对我们指指点点,有偏见,我们甚至会受到嘲笑,这也可能会给成长在单亲家庭的我们带来心理上的不良影响。

我来支招儿啦！

如何走出爸爸妈妈离异后的困境?

1. 接受爸爸妈妈离异的现实

无论我们多么不想接受，但爸爸妈妈离异已经成为现实，我们要尊重爸爸妈妈的决定，接受这个现实。而且，我们的生活已经发生改变，我们要努力去适应。

2. 多参加各种社团活动

爸爸妈妈离异，我们难免会有一些负面情绪，这时候就要让自己多参加一些活动，转移一下注意力。而且，参加活动可以消减因为爸爸妈妈离异而填充在我们脑中的郁闷与不安，减弱爸爸妈妈离异给自己带来的不习惯。慢慢地，我们就会习惯爸爸妈妈离异后的生活。

3. 专注学业，努力让自己成长

爸爸妈妈离异后，我们依然要走自己的人生之路。我们要尽量让他们少操心，专心学习，提高自己的各种能力。用学习与成长来分散父母离异给自己带来的坏心情。而且当我们成长之后，我们就能更为理智地看待爸爸妈妈的离异，不会只怀着负面的心态去看待。

4. 经常联络感情

虽然爸爸妈妈离异了，但对我们而言，爸爸永远是爸爸，妈妈永远是妈妈。无论我们跟谁生活，另一方也还是我们的至亲，我们的亲子关系永远存在。我们要经常联络感情，让这份感情始终存在于我们的生活中。

5. 倾诉、排解

爸爸妈妈离异后，我们如果很难过，不必闷在心里，可以直接向爸爸妈妈倾诉，也可以去爷爷奶奶或姥姥姥爷家住一阵子，感受他们的关怀，向他们倾诉，告诉他们我们心里的感受。我们也可以写日记，在日记里排解我们的苦闷，与自己的内心交谈。

6. 寻找期待的未来

我们可以把目光转向未来，想一想，我们未来要成为什么样的人，对未来的生活有什么期待，有什么想实现的梦想。当我们对未来充满希望，我们便会忘记过去和现在的痛苦。

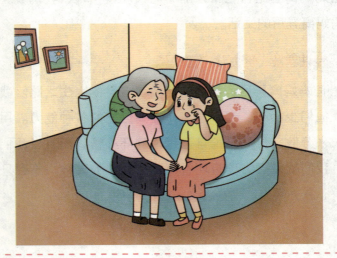

NO.21

突然**意外**受伤，我笑对生活

上个星期五放学后，小明和王伟开心地走在路上，谈论着明天去哪里玩。

绿灯亮了，他们走上了斑马线。正当他们走到马路中央，这时有人惊叫起来，原来是一辆小轿车失控了。

　　眼看失控的小轿车要往斑马线上飙来，路上的行人，包括小明、王伟都惊呆了，反应过来之后撒腿就跑。谁知道小明还是慢了一点，被车撞到了。

　　小明的腿受伤了，幸好不算太严重，但医生说要静养一段时间，一周内最好不要走动。

　　小明这几天在家里养伤，一个人好郁闷，虽然妈妈给他买了一些有趣的书，但他一个字都看不进去，心想："我好倒霉呀。为什么偏偏出车祸的是我？我的腿受伤了，不知道会不会影响以后走路？我以后还能不能再跑步、踢球？班里的同学会怎么看我呢？我的功课会不会落下？"又想："怎么没人来看我？他们是不是想不起我了？"小明满脑子想法，没法安心养伤。

　　成长的路上从来不是一帆风顺的。有时候遇到一点意外是很正常的。像遭遇车祸这种事，有时候难以幸免。往好的方面想，我们只是受了点伤，情况并不严重。不要懊恼，阳光总在风雨后，给自己希望，学会豁达乐观，一切都会很快好起来的。

抗挫大讲堂

生活中哪些情况易导致儿童意外受伤？

1 车祸

车祸是造成儿童意外受伤的常见原因。如果我们不注意看信号灯随意过马路、离机动车道太近、坐车不系安全带、坐摩托车不戴头盔等，或者遇到司机酒驾、车辆失控等状况，都有可能导致我们因发生车祸而受伤。

2 被动物抓咬

无论我们是跟家里的宠物玩耍还是碰到流浪猫狗，都可能被咬伤。还有可能遭遇毒蜂、毒蛇等的叮咬。

3 模仿危险行为

当我们盲目模仿一些危险性动作，比如，模仿影视剧里跳楼、上吊等行为，模仿大人劈柴、切瓜、举重物，模仿一些魔术、杂技里的高难度动作等，就有可能导致我们意外受伤。

4 运动

当我们运动方式不当、运动过度、没做好防护措施、摔倒，或与其他运动的人相撞，也可能意外受伤，如骨折、关节韧带损伤、肌肉拉伤等。

意外受伤为什么会使人感到受打击？

身体受到影响

当我们身体受伤，身体的变化会使我们难过。比如，疼痛让我们难以忍受，行动不便让我们烦躁，流血会让我们觉得虚弱。我们暂时不能像以前一样支配我们的身体。

受伤后，我们需要治疗。在这个过程中，我们不可避免地要离开我们熟悉的学习和生活环境，难免会有不适应的感觉。而且，一个人独自养伤，带着伤痛容易胡思乱想，容易有孤独的感觉。加上长时间没有去上课，会害怕学习跟不上、成绩下降，从而增加心理负担。

生活节奏被打乱

担心身体

有时候我们受伤了，会无限放大我们的悲观情绪，既担心身体恢复不了，又担心就算伤好了也会留下后遗症，影响以后的生活。

我来支招儿啦！

怎样走出意外受伤的影响？

1. 积极治疗

受伤后，我们要积极治疗，尽快恢复。我们要遵从医嘱，该做手术做手术，该吃药吃药。如果有心理阴影，可以寻求爸爸妈妈的帮助，严重的话可以看心理医生。

2. 找点事做，转移注意力

受伤后，我们可以找点适当的事做来转移注意力。比如，看一本有趣的书、看一部动画片，也可以画画、听音乐、看新闻等。我们不要只专注于身体的伤痛。

3. 多跟他人联络

当我们独自养伤时，我们可以通过电话、网络与小伙伴们联络，听听他们讲述最近发生的事，和他们聊一聊开心的事。不要让自己孤单一人，独自悲伤。

4. 积极学习，跟上进度

意外受伤后，我们可以在养伤时学习，尽量不落下太多功课。恢复后，我们更要多花时间学习，多向老师、同学寻求帮助，赶上进度。

NO.22

面对疾病，我们要积极乐观

晓丽今天起床后就不高兴，因为嘴角又长溃疡了，这已数不清是最近第几次了，简直反反复复，没完没了，左边刚痊愈，右边又开始了。对着镜子刷牙时，晓丽看着嘴角的溃疡，想："唉，好丑啊，也好疼啊，什么时候才能不再长啊？怎么会有口腔溃疡这种病啊？为什么是我长这东西啊？"

吃早饭时，晓丽小心翼翼，结果还是不小心碰到了溃疡处，痛得直冒汗，心里更沮丧了。上完药后，晓丽捂着嘴、低着头去学校，路上碰见同学也没心情打招呼，又加上说话会疼，更是不想开口说话。

在长溃疡的这些天里，晓丽都是这样过的。虽然已经看过医生了，但口腔溃疡一直没完全好。这期间，晓丽变了，以前的她活泼开朗，喜欢跟同学们在一起，学习成绩也很好。而现在，晓丽不敢面对别人，经常低着头，没心思学习，又很担心成绩受到影响，心里很郁闷。

人有生老病死，生病是很正常的事。生活中有许多因素能使人生病。虽然生病会不舒服，但只要我们好好就医，保持乐观心态，很快就会康复的。我们的身体像棵树，多经历些风雨，它会更加坚强。

抗挫大讲堂

 生病后消极悲观有什么坏处?

1 影响治疗

如果我们生病后过于消极悲观，就有可能觉得"一切都是天意"或者不相信治疗会有效果，从而逃避或不配合治疗，耽误我们身体的恢复。而且，过于消极悲观也可能使病情恶化。

2 降低免疫力

生病时，我们的身体机能降低，情绪低落会进一步导致我们的免疫力下降。而且，消极悲观也会影响我们的饮食、休息，让我们食欲降低、睡眠质量变差，这同样也不利于我们身体的恢复。

3 影响学习和交友

生病后，我们消极悲观，可能导致记忆力减退，学习时注意力不集中，提不起精神跟小伙伴们沟通交流；也可能导致我们觉得学习、交友等都没有意义，不想去学习、交友。

人生病时为什么容易变得悲观？

身体不适或变丑

我们生病时，身体会产生种种不适，如疼痛、头晕、恶心等，这会扰乱我们的生活，让我们变得很虚弱，让我们容易产生无力感和挫败感，影响我们的心情。

而且，"爱美之心，人皆有之"，我们每个人或多或少都会关心自己的容貌，而有的疾病会使我们的容貌受影响，这必然会影响我们的情绪。比如，一些皮肤病，既让我们痛痒难忍，又让我们看起来不美观。

有时候我们因为疾病难过消沉，是因为我们不了解疾病。我们会高估疾病的影响，把病情和后果想象得很严重，因此忧心忡忡。

对疾病不了解

担心他人的态度

我们可能会觉得自己生病是因为太弱了，担心其他小伙伴会因此觉得我们是"病秧子"，不愿意和我们玩、嘲笑我们。

我来支招儿啦!

如何走出疾病影响?

1. 积极治疗，早日康复

当我们生病了，我们要积极治疗，争取早日康复。在这个过程中，我们要有耐心，尊重疾病发展的客观规律，不要过于心急。

2. 理性看待疾病

"人吃五谷杂粮，难免三灾八难"，人活着避免不了病痛，再怎么注意也还是会有疾病"找上门"。我们要意识到，谁也不想生病，生病并不丢人。而且，当我们生病时，我们可以去了解这种疾病，知道病程，这样做到心里有数，就不会胡思乱想、无限扩大疾病的危害。

3. 保持良好的生活习惯

保持良好的生活习惯有助于增强体质和提高免疫力，让我们少生病，或是缓解疾病痛苦。比如，早睡早起，均衡饮食，这些对我们的身体很有好处。除此之外，我们还要多参加户外运动，这既可以增强体质，也可以使我们心情愉悦。

NO. 23

养的花死了，我在伤心中成长

芳芳家有一盆栀子花，在它还是幼苗的时候，芳芳就把它买回来了。

自从它来到这个家，芳芳就精心照顾它，还专门上网了解它的生活习性，总是及时地把它搬到太阳下，给它浇水、施肥、除虫。

每天放学后，芳芳放下书包就去看她的栀子花，仔细看它有没有长高一点点，有没有新叶子，有没有花苞。可以说，那盆栀子花有几片叶子芳芳都一清二楚。要是哪片叶子有点发黄，芳芳都担心它是不是生病了。

后来，盛夏季节，栀子花开花了，那洁白的花朵、浓郁的花香让芳芳特别高兴。就这样，这盆花在芳芳家里生长了好几年。可是，最近这盆花却枯死了，怎么想办法救都没用。芳芳很伤心，看着那只剩下土的花盆，满脑子都是它绿叶白花的样子，有时候做梦也会梦见它。

现在的芳芳每天都郁郁寡欢的，依然无法接受栀子花已经枯死的事实，做什么都高兴不起来。该如何是好呢？

养了好久的花突然死亡，我们内心一定非常悲伤，怀念它曾经陪伴我们的日子。但是，事情已经发生了，再难接受也要接受，只有接受了它已死亡这个事实，才能与它好好告别，开始新的生活，抚平伤口。我们要让自己振作起来，活在当下。

抗挫大讲堂

 养的花死了，对孩子有什么负面影响？

❶ 悲痛、沮丧

养了很久的花死了，我们可能非常难过、沮丧，很久都难以走出悲伤，痛苦得没有兴趣做其他事情。

❷ 自责、内疚

我们会觉得都是我们的错，是我们没有照顾好它，若是我们早一点发现它的问题，或者尝试别的方法拯救，或许花就不会死了。

❸ 以后不敢再养花

悉心养了这么久的花死了，可能会在我们心中留下阴影，从此再也不想养花了。

❹ 有挫败感

我们曾经那么悉心地照顾花，结果却养死了，这让我们心灰意冷，有挫败感，觉得："是不是我们很没用，做不好事情？以后做事情会不会也这样？"

为什么养的花死了这件事会打击到我们?

与花感情深厚 →

我们与花共同度过了许多时光，早已把它当作日常生活的一部分，对它已经非常有感情了，甚至觉得它和家人、朋友没什么区别。它的枯死对我们而言，是失去了一个非常重要的情感支柱，就好像痛失亲友一样，悲伤、产生巨大的丧失感，甚至出现情绪问题是很正常的，是人之常情。

养的花死了，会让我们意识到，原来生命是有生老病死的，我们那么呵护它，它还是枯死了。我们人类不也会离开这个世界吗? 考虑到这个问题，我们难免会有些悲伤、困惑。

← **难过生命的逝去**

得不到理解 →

我们因为养了很久的花死了，非常悲伤难过，有时候却得不到大人的理解。他们可能觉得只是一盆花而已，我们为花难过太幼稚、可笑，这也会让我们痛苦。

 我来支招儿啦!

如何走出养的花死去的影响?

1. 好好"安葬"花

养的花死了,我们要认真跟它道别。我们可以好好收拾它的"遗体",回顾它所走过的一生,找个好的地方"安葬"它。妥善处理这一切,会让我们那种遗憾的心情减轻,悲伤的心情也会逐渐平复。

2. 释放情绪

面对自己养了很久的花的离去,我们会悲伤,如果觉得自己无法独自承受这么大的打击,可以在家人的陪伴下一起面对。我们不要压抑自己的情绪,哭泣、倾诉可以让我们的痛苦情绪释放出来。我们也可以通过制作相册、绘画、写作文的方式来表达情感。

3. 转移注意力

我们在情感上受到很大的冲击,心情会非常糟糕,但我们不能沉溺其中。我们可以试着转移自己的注意力,忘记悲痛。比如,多参加体育活动,看一本有趣的书,帮忙干些家务活,去逛逛公园,看看美景等。

我的抗挫 百宝箱

抗挫小技巧

1.容纳挫折。

挫折是不可避免的，接纳现实、正视挫折才能获得解决方法。

2.沉着冷静，不慌不怒。

冲动急躁不仅解决不了问题，还会加剧问题。

3.学会坚强和乐观。

如果内心强大，就没有什么可以打倒我们。

4.经常自勉，增强自信，提高勇气。

用积极的信念来暗示自己，勉励自己。

5.厘清思路，寻找原因和解决方法。

受到挫折时，先静下心来把可能导致挫折的原因找出来，再寻求解决问题的方法。

6.再接再厉，锲而不舍。

遇到挫折时，如果目标是坚定的，那就要勇往直前，加倍努力。

7.换个目标，获得新的胜利。

确定目标，犹如心中点亮了一盏明灯，产生信念和意志力，从而排除挫折。尤其是如果原来的目标一时无法实现，可以用比较容易达到的目标来替代。

8. 转移注意力。

可以先暂停，做点别的事转移自己的注意力，也可以让头脑放空。也许我们休息一下就能想出好办法。

9. 调整情绪。

可以通过做自己喜欢做的事，如看电影、听歌、写作等，使情绪得以调整。

10. 学会倾诉。

找一两个亲近、理解自己的人，把心里的痛苦全部倾诉出来。

11. 必要时求助于心理咨询。

如果觉得心理压力过大，可以在爸爸妈妈的陪同下找心理医生进行一些咨询。

12. 学会幽默，自我解嘲。

用"吃亏是福""破财免灾""有失有得"等来调整心态。

13. 不去抱怨，避免消极。

遇到挫折抱怨个不停、产生消极情绪有害无益。

14. 不要逃避。

逃避虽然可以让人暂时躲避挫折，但问题仍然在，迟早要面对。

15. 请人帮忙。

个人的能力是有限的。遇到挫折时，多听取一些有建设性的意见和建议，寻求他人给自己支持和帮助。这样就能尽快走出低谷。

16. 看到时间的力量。

这并不是逃避，而是有些问题本身并不需要解决，随着时间的推移会自动消失。

17. 充分认识自己，客观评价自己，

发现自己的优势和潜力，不看低自己。

18. 优势比较。

想想那些比自己受挫更大、困难更多、处境更差的人，获得心理平衡。

这样提升抗挫能力

1. 加强体育锻炼，增强意志力。

适当的锻炼不仅有益身体健康，提升免疫力，还可以缓解心理压力，使我们保持良好的精神状态，让我们在磨炼中养成百折不挠、不向挫折屈服的精神。

2. 培养广泛的兴趣爱好，让情感可以有所寄托。

当我们遇到挫折时，兴趣爱好可以让我们放松下来，调整情绪。

3. 建立良好的人际关系和支持系统。

可以帮助我们在遇到挫折时得到及时的帮助和支持，缓解负面情绪。

4. 不断尝试没做过的事情。

只有经历的事情多了，才会有魄力和胆量，用积极的态度面对挫折。

5. 不断学习和提高自己。

不断学习新知识和技能，可以提高自身的竞争力，帮助自己增强自信心和抗挫能力。

6. 坚持积极思考。

在遇到挫折和困难时，积极思考能让我们不沉迷于消极情绪，而是主动寻找解决问题的方法，并敢于尝试新方法。

7. 学会管理情绪。

良好的情绪管理能力能让我们在遇到挫折时保持平静，不因为挫折和困难而过分悲伤或愤怒。

8. 充分认识挫折。

我们应从心理上做好准备，认识到挫折是客观存在的，生活不可能一帆风顺。无论读书、做事，还是社会活动、与人交往等，都可能出现挫折。遇到挫折后，我们应意识到任何挫折都具有两面性，一方面可能使人产生痛苦，举止无措；另一方面也可以给人教益和磨炼，使人坚强。这样，我们便不会再害怕挫折，而是把它看成是自己学习、锻炼的机会，勇敢地面对，如果处理得好，我们还会从中获得很大的益处。

这样自我勉励

1. 宝剑锋从磨砺出，梅花香自苦寒来。

2. 不经苦难，难得王冠。

3. 烈火见真金，逆境出英雄。

4. 或许我们离成功，只差挫折。所以，挫折来时，我们不怕。

5. 人只怕自己倒，别人骂不倒。哪怕我们跌倒了，只要我们肯爬起来，继续努力，就一定有赢的希望。

6. 人生本就是波澜万丈，活着就会遇到各种挫折。有些挫折会在我们的微笑中被征服。

7. 每一天都是新的开始。

8. 不管有多少阻挡，总有一道属于我的明媚阳光。

9. 沉溺挫折比挫折本身更可怕。

10. 最可怕的挫折是当我们有了奋斗的力量却放弃了。

11. 大漠之中，有小草在生长；绝境之中，会有奇迹出现。每个挫折里面都隐匿着一些新的可能。

12. 我们如何看待世界，世界便是什么样子的。

13. 未来的每一种可能，其实现在就在我们自己手中。

14. 不管过去我们怎样困苦，总会拥有现在和将来的希望。

15. 微笑是一种勇敢、一种自信、一种对命运的挑战。

16 不可压倒一切，但你也不能被一切压倒。

17. 想象你自己对困难做出的反应，不是逃避或绕开它，而是面对它，同它打交道，以一种进取的和明智的方式同它战斗。

18. 如果你看到面前的阴影，别怕，那是因为你的背后有阳光。

帮助孩子从容不迫、健康成长

给孩子的
成长技能书

情绪管理书

李正歧 / 主编

北京工艺美术出版社

图书在版编目（CIP）数据

情绪管理书 / 李正歧主编 . —— 北京 ：北京工艺美
术出版社，2023.12
（给孩子的成长技能书）
ISBN 978-7-5140-2681-8

Ⅰ．①情… Ⅱ．①李… Ⅲ．①情绪－自我控制－儿童
读物 Ⅳ．① B842.6-49

中国国家版本馆 CIP 数据核字（2023）第 144211 号

出 版 人：夏中南　　　策 划 人：杨玲艳　　　责任编辑：王亚娟
装帧设计：宏源设计　　　责任印制：王 卓

法律顾问：北京恒理律师事务所　丁 玲　张馨瑜

给孩子的成长技能书

情绪管理书
QINGXU GUANLI SHU

李正歧　主编

出　版	北京工艺美术出版社	
发　行	北京美联京工图书有限公司	
地　址	北京市西城区北三环中路6号　京版大厦B座702室	
邮　编	100120	
电　话	（010）58572763（总编室）	
	（010）58572878（编辑室）	
	（010）64280045（发　行）	
传　真	（010）64280045/58572763	
网　址	www.gmcbs.cn	
经　销	全国新华书店	
印　刷	天津海德伟业印务有限公司	
开　本	700 毫米×1000 毫米　1/16	
印　张	8	
字　数	76千字	
版　次	2023年12月第1版	
印　次	2023年12月第1次印刷	
印　数	1～20000	
定　价	199.00元（全五册）	

　　成长是美好的、多彩的，也是有烦恼和麻烦的，在孩子成长的过程中会遇到各种问题，有的孩子缺乏自信，有的孩子不懂社交，有的孩子不爱学习，有的孩子无法承受挫折，有的孩子不能管理情绪……

　　当孩子遇到这些问题时，就需要给予孩子正向的引导，用科学的方法帮助孩子在成长中掌握技能，为孩子未来勇敢面对成长路上的"坑坑洼洼"赋能，帮助孩子不断突破自我，成长为更好的人。

　　为了提高孩子的综合素养和成长技能，让孩子在成长路上少走弯路，我们根据孩子的认知情况精心编写了这套《给孩子的成长技能书》，本书共包含《自信口才书》《社交能力书》《学习方法书》《抗挫力量书》《情绪管理书》五个分册，每个分册围绕一个主题，每个主题都是孩子成长过程中需要掌握的技能，书中从多个角度阐述成长主题，从不同方向提升孩子的成长技能。

　　本书以故事的形式代替了枯燥的说教，选择孩子身边经常

发生的成长故事，贴近孩子的实际需求，让孩子在轻松、有趣的氛围中认识学习成长过程中遇到的问题，能够引起孩子的情感共鸣，调动孩子的阅读积极性。本书从孩子的角度出发，在逐步指出问题的同时，提供了切实可行的解决方法，让孩子轻松提高自信和口才，学会社交，找到正确的学习方法，提升抗挫能力，懂得管理情绪，轻松掌握成长道路上的各种技能，帮助孩子健康、智慧地成长。

全书语言生动简洁，通俗易懂，全彩手绘插图，色彩鲜艳，形象生动，让孩子身临其境；版式活泼，栏目丰富，集知识性、实用性和趣味性于一体，可极大地提高孩子的阅读兴趣。

希望这套专门为孩子打造的成长技能培养书，能够悄悄走进孩子的隐秘世界，做真正理解孩子的知心人，陪伴孩子快乐成长，让孩子变得更加优秀。

目 录
Contents

NO.1

评班干部落选了，难免失落

新学期到了，婷婷听说班里要评选班长，决定参加竞选。因此，她一直努力学习，帮助同学，觉得自己是班长的不二人选。但在竞选时，小青竟然当选了班长。婷婷认为自己的各项能力都比小青强，所以心里非常失落，连学习的积极性都没有了。

班主任知道后，专门找到婷婷说："你这次落选不代表以后每次都会落选，你好好想想，是不是总按照自己的方式来帮助同学，完全没有听取他们的意见呢？"婷婷委屈地说："难道我帮助他们也有错吗？"

班主任说："你帮助别人当然没有错，但如果别人不和你商量就替你下决定，你会开心吗？"婷婷摇摇头说："不开心。"班主任说："对呀，所以你现在知道自己的问题出在哪里了吧？"婷婷似乎明白了老师的话，对老师说："老师，我知道了，原来我自己还有很多不足之处，今后我会多向大家学习，等自己足够优秀时，相信大家一定会选我的！"

从此，婷婷不再失落，并为自己定下新的目标，每天都干劲十足。

生活、学习中我们可能经常遇到"落选"这样的事情，难免会有些失落，但我们不应该一直陷入失落的旋涡，应该静下心分析失败的原因，最后找出自己的不足之处，再制订新的计划，不断努力，让自己变得更加优秀。

情绪大课堂

评选失败后，调整失落情绪的好处？

1 积极向上

评选失败后，心情失落是很正常的事情，但是如果一直陷入失落的情绪中，会让我们的心情变得一团糟，让我们丧失学习的动力，从而影响学习成绩。如果我们能及时调整失落情绪，就会变得豁然开朗，心情愉悦，积极向上。

2 激发斗志

我们正处在成长、发展的重要阶段，偶尔遇到像落选这样令人失落的事情，反而是好事。可以让我们意识到自己的不足，及时调整失落的情绪，可以激发我们的斗志，唤醒我们内心的欲望，激励自己更加努力学习，使自己变得更加优秀。

3 取长补短

落选说明我们在某些方面没有别人优秀，这也是我们学习的机会。我们可以向当选的人"取经"，学习他的长处，弥补自己的短处，在实践中不断成长，逐步提高自己的综合实力。

3

评选失败，为何会有失落情绪？

自信心受挫

在成长的过程中，我们很容易将一些小事看作大的挫折，而挫折会打击我们的自信心，我们的情绪自然就会变得失落。

竞选失败，说明自己暂时没有得到同学们的认可，为此害怕同学们疏远自己，丧失优越感，自尊心被伤害，进而产生失落的情绪。

自尊心在作祟

自我怀疑

落选之后，可能会怀疑自己的能力和价值，觉得是因为自己不够优秀才导致落选，从而产生失落情绪。

可能是爸爸妈妈对我们期望较高，当我们没有达到爸爸妈妈的期望时，就认为没办法向爸爸妈妈交代，从而产生失落的情绪。

爸爸妈妈的影响

我来支招儿啦!

如何调整失落的情绪?

1. 转移注意力

可以通过做自己喜欢的事情,如打篮球、唱歌、下棋等来转移自己的注意力,做喜欢的事情能让我们感到快乐,还能将失落的情绪抛到脑后,等冷静下来再重新规划。

2. 与他人诉说

可以与亲近的朋友或爸爸妈妈沟通,将落选的事情告诉他们,得到他们的宽慰,失落、顾虑、委屈就会消散,心情就会好很多。

3. 适当肯定自己

我们对自己要求非常严格,总希望把所有的事情做到最好,只要有一件小事做得不够好,失落感就会涌上心头,这个时候就应该适当肯定自己。语言肯定,如"我不怕失败,这次我已经做得够好了,以后继续努力";行为肯定,如虽然评选失败了,但并不代表自己很差,重在参与,可以奖励自己一根棒棒糖、一个冰激凌;肯定自己的优点,如帮助了小伙伴说明自己乐于助人。这样,失落的情绪不仅会"偷偷溜走",自己也会慢慢拥有信心。

NO.2
为什么别人总比我考得好

依依一直是同学眼里的"学霸"，每次考试都是满分。一次期末考试，依依信心满满地交了卷。试卷下来时，她发现自己竟然错了一道题，而她的好朋友兰兰竟然得到了满分。依依一时接受不了别人比自己优秀的事实，变得十分焦虑，竟连学习的劲头也没有了。

班主任看出了依依的焦
虑，找到她温和地说："看
到别人比你考得好，比
你优秀，心里不舒服了
是吗？"

依依没想到班主任
看出了自己的心事，委屈
地说："我学习那么努力，怎么能比别人差呢？"

老师说："你本来就是优秀的孩子，不用和别人比，这次别
人比你考得好，说明你还有进步的空间，不应该为这件小事焦虑，
如果把这次事件当作提升自己的机会，相信你会变得更优秀的。"

听了班主任的话，依依回去进行了反思，发现有些知识点
她确实掌握得不够牢固，所以才没有之前考得好。找到自己的
问题后，她不再焦虑，还经常向比自己优秀的同学请教问题。

我们都想成为优秀的人，这是正常心理，但"天外有天，人外
有人"，我们能做的就是使自己变得更优秀。就算别人超过了自己，
也不要为此焦虑、沮丧，而应该找到自己的不足，努力弥补，不断
努力、不断进步。

情绪大课堂

 别人比我优秀，我应该怎么做？

1 为他喝彩

如果别人比我们考得好，说明他们的知识点掌握得牢固，平时学习努力，我们应该真心为他们喝彩，可以这样说："你的努力得到了回报，恭喜你，我真为你高兴。"

2 虚心向他请教

在得知别人比自己考得好后，我们可以主动向他请教，可以问他平时都做哪些习题、课后时间是怎么安排的、有哪些学习技巧等，向优秀的小伙伴学习，我们的学习成绩也会提高。

3 反思自己的不足之处

如果对方的考试成绩超过了自己，我们在为别人高兴的同时也要反思自己，是不是这段时间对学习懈怠了，是不是总想着看电视、玩游戏，才导致学习成绩下降，找到原因后，我们一定要想办法改正，将心思放在学习上，争取下次把成绩提上去。

为什么别人比我优秀，我就焦虑？

爸爸妈妈期望过高

爸爸妈妈总是希望我们在考试或竞赛时超过某些同学，成为最优秀的那个，一旦没有达到爸爸妈妈的期望，我们就很容易出现紧张不安、焦虑的情绪。

平时我们总是用高标准来要求自己，不论在哪一方面都要做到优秀，一旦发现自己某一方面不如别人优秀，就进行自我贬低，觉得自己是个失败者，进而产生焦虑情绪，这都是我们的好胜心在作祟。

好胜心太强

目标过高

看到其他同学比自己优秀，就认为这是一种威胁，为了赶超比自己优秀的人就为自己定下过高的目标，对自己的能力和知识水平缺乏全面认识。那么，当我们在学习上遇到一点挫折，就会感到力不从心，从而产生焦虑情绪。

9

我来支招儿啦!

该如何消除焦虑?

1. 允许别人比自己优秀

班里不单单是自己,每位同学都在努力,甚至比自己还要刻苦,因此,我们要允许别人比自己优秀,与其焦虑,不如重新定位自己的位置,积极改变,奋力追赶,让自己变得更优秀,从而消除焦虑情绪。

2. 找人诉说

诉说是可以放松心情的。如果因为别人比自己优秀而焦虑,可以找亲近、值得信任的人诉说内心的想法,诉说后会让自己心情舒畅,进而消除焦虑。

3. 转移注意力

我们可以将注意力转移到运动、下棋、跳舞中去,通过这些方式将焦虑、不安的消极情绪宣泄出来。

4. 和优秀的人成为朋友

优秀的人身上有很多优点,我们应该和他们交朋友,学习他们的优点,互相勉励,共同进步,焦虑自然就消失了。

NO.3
又拖班级后腿了

学校组织合唱比赛，为了给班级争光，小可每天起早贪黑地练习。可是到了比赛这天，小可却把一个尾音拉长，导致与合唱团"脱节"了。小可的这个失误拖了班级的后腿，使他们班最后只得了亚军。小可感觉自己愧对同学们，比赛结束后不敢和同学们亲近。

　　放学后，小可回到家连晚饭也没吃就回房间了。妈妈来到小可身边问道："还在为今天的事情感到愧疚吗？"小可一脸不可置信地问："妈妈，您怎么知道的？"妈妈笑着说："你们班主任打电话告诉我了，还说让你不要太自责，同学们没有怪你。"小可说："可我还是感觉很愧疚。"妈妈安慰说："你有愧疚感说明你是一个有集体意识、注重大局的孩子，妈妈为你感到骄傲。但是事情已经发生了，你再愧疚也没有用呀，反而为自己徒增烦恼。而且谁也不敢保证自己做什么事都不会出错，爸爸妈妈、老师都有失误的时候，出现失误，下次提醒自己注意，不再犯就好。你说是不是？"小可点点头。妈妈继续说道："老师说不久后还会有一次集体比赛，让你好好准备。"听到这话，小可顿时就开心起来了，下定决心不再出错，为班级争光。

　　因为自己的失误而导致集体荣誉受损，为此感到愧疚，说明我们是有集体荣誉感的人。但我们应该第一时间分析失误的原因，调

整心态，保证不再出现类似的错误。如果一味地愧疚，不仅无法解决问题，还会让自己产生更多的负面情绪。

给班级拖后腿了，为什么会有愧疚感？

1 与期望不符

以自己的水平和同学们的努力，原本可以在合唱比赛中夺得冠军，却因为自己的失误而给班级拖后腿，导致比赛结果与自己的期望不符，因此就会产生愧疚感。

2 共情能力强

共情能力强的小朋友，很容易被周围人的情绪所感染，因为自己的失误而导致合唱比赛没拿冠军，看到同学和班主任的情绪都比较低落，受这种情绪的感染，就会产生深深的愧疚感。

3 取悦别人

在学校，老师关心我们的身体、教授我们知识，同学帮助我们解决困难，我们对此非常感激，自己也希望他们开心。当合唱比赛因自己的失误而导致结果不如意时，老师和同学会因此失望、情绪低落，我们会因自己无法取悦他们，得不到他们的认可和称赞而感到愧疚。

愧疚有哪些不良影响？

失去动力

对拖班级后腿这件事，适度的愧疚能增强自己的责任心，借机提升自己。如果长时间陷入自责、愧疚中，会让愧疚变成一种负面情绪，让我们越来越消极，而消极的情绪会让我们越来越沮丧和无助，失去前进的动力。

一味地愧疚，会让我们觉得自己能力不足，陷入无限的自我怀疑和自我否定中，从而失去面对挑战的勇气和信心，这对我们以后的发展是不利的。

失去自信

无法专注

愧疚感"爆棚"会让我们无法专注以后的事情，稍有失误，就会将思绪转移到自己的错误上，无法聚精会神做其他事情。

 我来支招儿啦！

拖班级后腿了，怎样处理愧疚感？

1. 转化为动力

这次比赛没有发挥好，可以下次比赛的时候谨慎一点，试着将这种愧疚化为动力，向老师和同学请教经验，弥补自己的不足，提升自己的能力，以免下次参加比赛时再犯错。

2. 主动承担责任

当因为自己的失误导致比赛没有夺得冠军时，我们要勇于承担责任，采取积极的行动来弥补所犯的错误，比如向同学们表示歉意，取得他们的原谅，这样我们的心里会好受一些，愧疚感也会慢慢消失。

3. 自我安慰

因自己的失误导致比赛失去冠军头衔，并不是我们想要的结果，这时可以这样安慰自己：既然事情已经发生了，我们再愧疚也没办法挽回了，如果深陷愧疚之中，只会浪费自己的精力，不如改正错误，继续前进。

NO.4

家长**期待**过高，让我很有压力

　　徐熙是一名六年级的学生，面临着升学考试。因为平时她的成绩不错，所以爸爸妈妈对她的期望很高，认为她一定能考上一所好的初中。

　　这天，妈妈下班回来，看到徐熙在看电视，就问："小熙，今天的作业写完了吗？"

徐熙说："写完了。"

妈妈又说："马上就升初中了，作业写完了可以复习学过的知识。你平时学习就不错，如果再加紧复习，肯定能考个好成绩。"

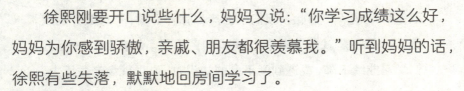

徐熙刚要开口说些什么，妈妈又说："你学习成绩这么好，妈妈为你感到骄傲，亲戚、朋友都很羡慕我。"听到妈妈的话，徐熙有些失落，默默地回房间学习了。

虽然妈妈没有大声呵斥徐熙，但是徐熙心里很不舒服，因为妈妈总是这样带着超高的期待来要求自己，这让她很有压力。

成长过程中，我们有时候会因爸爸妈妈的期待而倍感压力，这是一种正常的现象。但是当压力过高时，就要想办法缓解这种压力，不然会有不良影响，所以我们应该理性看待爸爸妈妈给予的这种压力，与他们好好沟通，可能会有意外的收获。

情绪大课堂

家长期待高，为什么会有压力？

1 为了弥补爸爸妈妈

爸爸妈妈可能时常这样对我们说："我们这么辛苦工作，就是想让你有个好的生活条件和学习条件，你一定要争口气，取得好成绩。"因此，我们就会产生弥补心理："只要我的成绩好，是不是就能弥补爸爸妈妈的劳累了。"所以，一旦我们学习成绩下降，或遇到学不会的知识时，心里就会产生压力。

2 爸爸妈妈夸大其词

爸爸妈妈会在人前夸大我们的成绩，可能我们这次只考了80分，而邻居家的孩子却考了85分，为了"赶超"邻居家的孩子，爸爸妈妈可能会夸大我们的分数，对外宣扬我们考了90分，爸爸妈妈这种虚假的高期待，无形中会给我们带来压力。

3 自身能力不足

我们明明知道爸爸妈妈的期待很高，他们希望我们未来有个好生活，但现实是，我们因学习能力不足、学习方式不对等原因，导致自己的学习成绩无法快速提高，自己又想达到爸爸妈妈对自己提出的要求，就会产生较大压力，感到力不从心。

压力太大，对我们有什么影响？

影响身心健康

爸爸妈妈总是对我们有着过高的要求，总是用各种方式让我们成为最优秀的孩子，会增加我们的心理压力，过度的压力只会让我们的身心备受煎熬，不利于我们的身心健康。

压力太大会让我们的神经长时间处于紧绷状态，这种紧张的信息传递给大脑后，会让大脑紊乱，影响记忆力。

影响记忆力

产生厌学心理

爸爸妈妈对我们的期待过高时，就会否定我们以前的成就，只看"现在是否优秀"，导致我们只会看到自己的缺点，看不到自己的优点，久而久之就会产生厌学心理，成绩一落千丈。

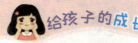

我来支招儿啦！

如何缓解家长期待过高导致的压力？

1. 主动与父母沟通

我们评估了自己的实力后，可以主动与爸爸妈妈沟通，把自己的真实感受告诉爸爸妈妈，让爸爸妈妈了解我们的真实想法和实际能力，相信与父母沟通后，能得到父母的理解，压力也会得到缓解。

2. 做自己喜欢的事情

当感觉爸爸妈妈给予的压力过大时，我们可以暂停让自己有压力的事情，听一听自己喜欢的音乐，想一想令自己开心的事情，转移我们的注意力，让自己开心起来，缓解压力。

3. 学会规划

父母期待过高是希望我们有个好的未来，所以我们应该理解父母，并做好学习规划，有一个明确的时间安排，每个时间点干什么都要计划好，要有休息的时间以及锻炼身体的时间，保证每一天都能让大脑得到放松，才能让自己减轻压力。

NO.5
被插队了，真没素质

周日，班级组织去游乐园游玩，班主任让大家排好队，明明排在了第一个。马上要进游乐园的时候，小豪才刚刚赶到，他没有到后面排队，而是直接插到了明明的前面。明明非常生

气，就想冲他大吼。因为两人是
同班同学，明明不好发脾
气。内心经过一番挣扎，
明明渐渐平息了自己的怒
气，平静地对小豪说："小
豪，插队是不对的，你看
全班同学都在排队等待进
游乐园，你突然插进来，会让大
家都不高兴的。"

小豪扭过身来，看了看后面的队伍，见大家都向自己投来
异样的眼光，顿时满脸羞愧地说："明明，对不起，我现在就
去排队。"听到小豪的回答，明明松了一口气说："没关系。"

事后，明明对这件事进行了总结，如果当时自己在怒气的
驱使下向小豪大吼，事情一定会变得很糟糕，还会影响与小豪
的感情；相反，如果控制自己的怒气，事情就会变得不一样。

生活中，我们遇到被插队的情况，产生不满或愤怒的情绪，是
我们的本能反应，这说明我们是一个懂礼貌、充满正义感的人。只
不过一时的愤怒会影响我们的判断力，让事情恶化，所以如果我们
及时控制自己的怒气，或许会有意想不到的结果。

情绪大课堂

插队行为会带来哪些不好的后果？

1 引发冲突，发生混乱

当有小朋友插队时，正在排队的小朋友很容易产生不满的情绪，这时插队的小朋友态度不好的话，那么两个人就很容易发生矛盾，甚至会发生争吵和打斗。

2 影响自己的形象

插队是一种不文明、不礼貌的行为，是对他人不尊重的表现，大庭广众之下，插队行为会被小伙伴们看在眼里，从而有损个人在别人心中的形象。

3 让队伍变得混乱

如果两个小朋友因为插队问题争吵起来，不仅会延长其他小朋友的等待时间，还会打破原来的秩序，让整个队伍变得混乱和拥挤。

被插队了，为什么会容易发怒？

延长等待时间

　　之所以有序排队，是为了缩短等待时间，当有人在自己前面插队，就会延长自己的等待时间，从而导致内心极度不平衡，就很容易发怒。

打破原来的计划

　　我们在排队时，可能已经计划好之后要做的事情。例如，我们在游乐场外排队时，心里可能会想：我早早地来排队，早点进去肯定能多玩几个项目。当有小朋友插队时，自己的计划会被打破，原本可以玩五个项目，可能最后只能玩两个项目。此时，我们的心情会变得很糟，容易向插队的人发火。

优势被破坏

　　在我们的思想里，"先来后到"的观念根深蒂固，一旦有小朋友插队，自己"先到先得"的优势就会被打破，容易激起内心的愤怒，向别人发火。

我来支招儿啦！

怎样平息被插队的怒气？

1. 直接表达

当我们遇到被插队的情况，可以大方地将自己的感受与想法表达出来，可以这样说："你好，我们都在排队，请你到后面排队好吗？"如果对方自觉去排队那自然是好的；如果对方执意要插队，应避免肢体冲突，我们可以请求管理人员的帮助。

2. 情感宣泄

如果别人的插队行为让自己很愤怒，这种情绪始终得不到缓解，回家以后可以采用一些宣泄方法，如做运动、唱歌，或者用

笔将事情的经过写下来。这些方法都可以让我们的情绪平复下来，这个时候再冷静思考一下，就不会那么愤怒了。

3. 换位思考

如果对方插队的行为激起了我们的怒气，我们可以先调整情绪，换位思考一下：对方插队是不是有什么原因？特殊情况下，插队的行为也是可以理解的，这样就不会发怒了。

25

NO.6

玩游戏被嫌弃了

　　课间的时候，乐乐见小伙伴们在操场上跳绳，他也很想一起玩，在征求上伙伴们同意后，乐乐就加入了进去。一开始，乐乐跳得不是很好，所以几局下来，每次都是乐乐跳不对。前几次队友们还不在意，但是次数多了，队友们个个都有了意见。

这次乐乐又跳错了，一个队友忍不住抱怨道："乐乐，怎么又是你！"还有一个队友嘀咕道："要是你不在我们队就好了。"另一个队的人赶紧说："千万别来我们队。"

乐乐自然很伤心，但又不想放弃，于是说："真是对不起，我真的在努力玩了，你们可以再跟我说一下技巧吗？"队友只好又给乐乐讲了一些技巧。

这次，乐乐终于学会了，跳得越来越好了，队友们也不再嫌弃他了。乐乐回家回想了一下今天的事情，认为被人嫌弃的滋味很不好受，但是也不能因此贬低自己，而是要鼓起勇气向队友们请教，这样大家都可以玩得很开心。

如果我们在做某件事时遭到别人的嫌弃，可能是我们的表现没有达到他们的预期，但这并不代表自己很差，没必要贬低自己。可以先找到原因，然后提升技能，努力把事情做好。

情绪大课堂

玩游戏时，嫌弃别人有哪些表现？

1 言语轻视

我们在与队友玩游戏时，一旦发现队友总是输，那么在语言表达上会有嫌弃的表现，如"你怎么那么笨，这么简单的游戏都不会""你的水平太差了，要不你别在我们队了"等，说出轻视队友的话来。

2 行为具有攻击性

如果我们的好胜心很强，一旦发现队友拖后腿，影响比赛结果，在好胜心的驱使下，我们可能会做出推搡、出拳等动作攻击队友，从攻击性行为中发泄自己的不满。

3 动用"权力"

有些小朋友是孩子中的"王"，一旦发现有人玩游戏的水平比较差，就会动用自己的"权力"，把他"顶"下去，命令式地说："你连这个游戏都不会玩，你走吧，我们不和你一起玩。"

为什么玩游戏时，总是嫌弃别人？

好胜心作怪 →

我们在家里被父母惯着、宠着，万事以自己为主，很容易养成争强好胜的性格。有时，玩游戏需要众人配合才能取得胜利，一旦发现队友拖自己的后腿，我们就会毫不掩饰地嫌弃对方，希望队友的能力能在自己的嫌弃下有所提升，让自己一方获得胜利。

如果我们渴望得到队友的肯定，让他们称赞自己的水平，就会不自觉地抬高自己，在抬高自己的同时也会嫌弃别人，以此来衬托自己的优秀。

← **渴望被肯定**

丢了面子 →

在玩集体游戏时，如果自己玩游戏的水平很高，得到了很多人的赞美，体会到了优越感，很容易深陷其中。队友的低水平影响着整个团队的发挥，会感觉自己的"名誉"受损，很没面子，这时候就会嫌弃队友。

29

我来支招儿啦！

玩游戏被同伴嫌弃，该如何应对？

1. 选择不分组的游戏

在分组游戏中，我们的水平高低会直接影响整个小组的成绩，我们的队友嫌弃我们拖后腿，这是可以理解的。在这种情况下，我们可以选择不分组的游戏，这样，自己的成绩就不会影响到小组成绩，自己也不会被嫌弃了。

2. 选择退出

小伙伴们在一起玩游戏，是为了释放压力、放松心情，输赢并不是那么重要，如果有小伙伴因为我们拖后腿了，而使用不好的语言，甚至有推搡、攻击行为，这明显违背了娱乐精神，这种行为是不对的，我们可以选择退出游戏。

3. 寻求帮助

我们也可以想办法扭转自己在游戏中的劣势，可以当场向小伙伴请教，争取短时间内提升自己的游戏水平，让小伙伴不再嫌弃自己。

4. 调整心情

有些小朋友在玩游戏时被人嫌弃后，常常表现出低落、伤心的情绪，这些不良的情绪可能会影响我们以后的学习成绩，这时我们要学会调整心情，自我安慰，可以这样想：这只是游戏而已，并不是专业的比赛，表现不好也没关系，没必要为此产生不好的情绪，影响自己的心情。

5. 主动学习

在玩集体游戏的过程中，我们能力不足，屡战屡败，肯定会遭到同伴的嫌弃，如果当时没有小伙伴愿意帮助我们，而我们还想和他们一起玩，可以等到游戏结束后，默默练习，提升自己玩这项游戏的水平，争取下次再玩同类游戏的时候，不拖同伴的后腿。需要注意的是，玩游戏之前，主动加入，并告知他们自己已经加紧练习，水平有所提高，相信就不会再被队友嫌弃了。

　　每周二是晶晶和甜甜课后擦黑板的时间，每到擦黑板的时候，总是不见甜甜的身影，晶晶只能独自一人完成任务。为此，她非常生气，但是如果与甜甜说，又怕她觉得自己小气，不说又觉得自己吃亏了。

这天，晶晶先调整了自己的心态，保证自己没有带情绪，然后对甜甜说："甜甜，每周二擦黑板是我们两个人的事，每次都是我自己擦，这对我来说不公平，我觉得你这么做不对，你以后要和我一起擦黑板。"

甜甜挠挠头说："晶晶，真是对不起，我光想着玩了，完全把这件事忘了，你以后提醒我一下可以吗？"

晶晶心想：原来她不是故意不擦黑板，是忘记了。晶晶便笑着说："好啊，那以后我提醒你，我们两个一起来完成这项工作吧。"甜甜用力地点了点头，说："好！"

生活中我们总会遇到让自己吃亏的事情，这种情况下我们应该先分析事情产生的后果。如果觉得自己偶尔吃点亏无所谓，我们可以独自承担任务。但如果自己心里因为吃亏了而不舒服，那就要勇敢地说出心声。但注意要控制好情绪，提出合理的要求，这样事情才会得到顺利解决。

情绪大课堂

 怎样看待吃亏?

1 分清吃亏的程度

吃亏分为吃大亏和吃小亏,对我们来说,在我们所能承受范围内吃点小亏是可以的,但是,如当小亏转化为伤害我们人身安全、人格尊严时,我们要及时说"不",防止对我们造成更大的伤害。

2 吃亏要分情况

大人们总说"吃亏是福",但是吃亏也要分情况,如果是偶尔吃亏,且带给集体、别人和自己一定的价值,那么这是值得称赞的。但是,一味吃亏,无条件替别人办事,会被人贴上"容易欺负"的标签,不利于我们的成长和发展。

3 不卑不亢

懂得吃亏并不是毫无原则地顺从别人,而是懂得谦让、理解和宽容,我们要用不卑不亢的态度对待吃亏,既要有能吃亏的自信和态度,也要懂得拒绝不合理的吃亏。

4 是否从吃亏中成长

我们都有吃亏的时候,吃亏有无价值在于我们是否能从吃亏中进步,对于在吃亏中成长的人来说,吃亏才是一种福。

调整吃亏带来的糟糕情绪有哪些好处?

避免矛盾

我们年龄比较小,有时只注意眼前的喜怒哀乐,如果吃亏让自己不开心了,那必定会为日后的矛盾埋下祸端。而及时调整因吃亏导致的不满情绪,或直接告诉当事人,或找老师解决,可减少积怨,避免发生更深的矛盾。

如果我们不把吃亏当作损失,这对我们来说是一件好事。能吃亏,说明我们内心平和、善良、大度,这样的人总能获得同学和朋友的认同和欢迎。

受人欢迎

养成良好的性格

吃亏时及时调整心态,将吃亏看作成长的一种历练,有利于我们培养良好的性格,如团结、善解人意、乐于助人等,成年后与他人相处会变得更加轻松。

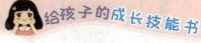

我来支招儿啦！

吃亏之后心情不好怎么办？

1. 接受事实

觉得自己吃亏了不甘心该怎么办？首先还是需要让自己接受这个事实，毕竟事情已经发生了，如果继续生气也没有用，而且过于气愤的话，还可能对自身的健康产生影响，那么损失就变得更大了。

2. 与别人倾诉

可以多和自己的朋友或者家人倾诉，将内心的不舒服说出来，也能够帮助我们将情绪释放出来。一般在交流一番之后我们的心情都会有所好转。

3. 与对方沟通

心里实在过不去可以当场与对方说清楚，告知对方自己的想法，如果对方接受了，或者经过商议后，有更好的方法，那么皆大欢喜；如果对方坚持己见，我们可以告知老师、爸爸妈妈，然后将对方约出来再进行一次交流，将整件事情再讲一遍，但不是让大家吵架，而是将话说开，这样问题解决之后，我们的心情就能变好。

NO.8
骄傲会让我们没朋友

　　小阳在这次学校举办的演讲比赛中得了第一名。领完奖后，同学们都来祝贺他，小阳则扬着头说："这算什么，比这更大的演讲比赛我都得过奖，这个小奖我根本不放在眼里。"听到他的话，大家互相看了一眼，没再说什么，都默默地走开了。

后来，小阳又在一次演讲比赛中得奖了，他以为同学们都会来祝贺他，结果却没有一个人来祝贺，这让他很失落。

小阳回到家将这件事告诉了爸爸，爸爸听后则说："这是因为你太骄傲了，虽然你很优秀，但是你太目中无人了，所以大家才会远离你。"小阳伤心地说："那该怎么办呢？"爸爸说："你首先要意识到自己的错误，以后不要再骄傲自满。"小阳听了爸爸的话，进行了深刻的反思，并意识到了自己的错误。

第二天，小阳主动向同学们分享自己的经验，还感谢他们之前对自己的祝贺。此后，小阳每次获得成功，都会很谦虚，并表示自己会继续努力。

我们如果因为一些小的成就而沾沾自喜、骄傲自满，甚至目中无人，这是不对的。我们应该时刻保持谦虚的态度，不断提升自己，这样才能获得更大的成就。

情绪大课堂

骄傲会给我们带来哪些负面影响？

1 受人排挤

如果我们骄傲的情绪被无限放大，变得以自我为中心，目中无人、狂妄自大，身边的同学就会远离我们，我们甚至会受到他们的排挤。

2 不思进取

骄傲的小朋友总认为自己非常优秀，不需要过多的努力就能取得好的成绩，很容易让我们不思进取，逐渐落后于他人。

3 发生矛盾

我们在骄傲自满的时候，认为自己很优秀，很难听取别人的意见，还总用狂妄的口吻与别人说话，这样就很容易激怒别人，进而产生矛盾，甚至出现打架的行为。

4 情绪不稳定

骄傲自大的小朋友往往自尊心比较强，如果受到排挤就会感到沮丧；如果遇到挫折，就很容易自卑、自暴自弃；如果被人嘲笑，就很容易与人产生矛盾。因此，骄傲的小朋友的情绪很不稳定。

为什么会产生骄傲情绪?

保护过度

我们在爸爸妈妈的羽翼下长大,做什么事情都很顺利,即使遇到困难,爸爸妈妈也会替我们解决。久而久之,我们就会生出"优越感",并不断膨胀,从而容易产生骄傲情绪。

不真实的赞美

爸爸妈妈总是夸大我们的成就,比如这次考了100分,爸爸妈妈就觉得我们是天才,到处跟亲戚朋友们炫耀。爸爸妈妈的这种不真实的赞美,让我们以为自己真的像爸爸妈妈说的那样优秀,慢慢的,我们就会变得骄傲自满起来。

家庭优越

家庭富裕的小朋友,很容易有一种优越感,认为自己就应该比别人优秀,所以总是沉溺于别人的赞美中,还经常嘲笑别人,目中无人,态度嚣张,这样就会滋生骄傲的情绪。

我来支招儿啦！

怎样调节骄傲情绪？

1. 认清自己

我们应该清楚地知道"人无完人"，每个人都有长处和短处，如果只看到自己的长处，就会变得不思进取，那么自己的长处也会消失。所以，不能只看到自己的长处，还要看到自己的短处，并鼓励自己多学习别人的长处，弥补自己的短处，专心提升自己，骄傲的情绪自然会消失。

2. 多看书

我们可以看一些具有深刻寓意的故事书，如教导我们"骄傲使人退步，谦虚使人进步"的书，耳濡目染下，骄傲的情绪就会烟消云散。

3. 不与他人比较

错误的比较方式很容易滋长我们的骄傲情绪。在生活、学习中，如果总是将自己的长处与别人的短处相比较，就很容易让自己沾沾自喜、骄傲自满。所以，我们不要总是用自己的长处与别人的短处进行比较，这样就能将骄傲的情绪扼杀在摇篮里。

NO.9

不要背后说人是非

　　欣欣和芳芳是同班同学，而且是很要好的朋友，经常一起学习和玩耍。一天，欣欣偶然听到芳芳在和别人说自己的坏话。欣欣一直把芳芳当作自己最好的朋友，没想到芳芳竟然在背后说她的坏话，这让她非常伤心，一时不知该怎么办，经过一番思考，欣欣决定找芳芳把事情说清楚。

欣欣找到芳芳伤心地说："那天你和别人说我的坏话我都听到了，你为什么要在背后这样说我呢？"

芳芳愣了一会儿，说道："我也是听别人说的，然后才说的。"

欣欣一下子哭了起来，说："我们是最好的朋友，你怎么能和别人一起说我的坏话呢，况且那都是谣传。"

芳芳顿时手足无措起来，急忙向欣欣道歉。听到芳芳向自己道歉，欣欣很快停止了哭泣，哽咽地说："以后我有做得不对的地方，你可以当面和我说。"芳芳也为自己的行为感到后悔，并答应以后再也不说别人的坏话了。

最好的朋友在背后说自己坏话，确实是一件令人伤心的事情。如果朋友说的是真的，那么自己应该将缺点改正，并请他不要背后说自己坏话。如果发现不是真的，就应该立刻解释这是误会，不要让矛盾升级而影响自己的情绪。

情绪大课堂

 背后说别人坏话有哪些坏处？

1 破坏信任

如果我们在背后说别人的坏话，听的人可能会这样想：
"他会不会也跟别人说我的坏话？" "难道我在他心中也这么不好吗？"久而久之，别人对我们的信任感就会降低，使人际关系变得紧张。

2 影响小组成绩

在一个学习小组中，最重要的就是成员之间的合作和信任，如果我们在背后说某位成员的坏话，不仅会影响自己与对方的合作关系，还会破坏小组其他成员之间建立的合作关系和信任关系，从而影响整个小组成员的学习成绩和整体表现。

3 影响身心发展和学习成绩

如果我们在背后说别人坏话被拆穿了，肯定会感到羞愧或无措，事情一旦传开，可能有人会在背后对自己指指点点，这样自己也很难高兴起来，就可能让自己陷入不良情绪中，时间一长，就会影响我们的身心发展和学习成绩。

为什么会背后说别人的坏话？

嫉妒心在作祟 我们在背后说别人的坏话，大多是因为嫉妒心在作祟，比如嫉妒别人比自己学习成绩好，嫉妒别人的新衣服等。在嫉妒心的驱使下，我们希望通过在背后说对方坏话的方式，让别人了解他的缺点。

如果我们从小就喜欢在背后议论别人，说小伙伴的坏话，而且爸爸妈妈并没有制止我们的这种行为，我们就不会认为这种行为是不好的，从而导致我们时常在背后说别人坏话。 **观念错误**

模仿爸爸妈妈 我们年龄小，与爸爸妈妈的接触最多，很多习惯、思想都是在模仿爸爸妈妈，如果爸爸妈妈下班回来经常诉说对单位同事的不满，说某人的坏话，爸爸妈妈的这种行为会被我们完全复刻，我们就很容易养成背后说别人坏话的习惯。

我来支招儿啦！

朋友在背后说自己坏话该怎么办？

1. 弄清真相，及时沟通

如果听到朋友在背后说自己的坏话，先想想自己有没有对不起好朋友的地方，他眼中的"坏"是不是自己的坏毛病，如果是，我们应该自觉地改正。然后，找一个合适的机会，主动与好朋友交流，说出自己正在努力改正不足之处，并告诉他背后说别人坏话是不好的习惯，希望他以后能当面指出自己的不足。如果好朋友口中的"坏"是假的，那我们更应该及时找好朋友说清楚，这样不仅能消除彼此之间的误会，自己也不会因此伤心了。

2. 不予理会

我们可以不理会朋友背后说自己的坏话，也不必为此纠结，往往越纠结越烦恼，只要自己问心无愧就让别人去说吧，自己用行动去攻破别人说的坏话，这也是一种好办法。

3. 不能重犯好朋友的错误

背后说别人坏话是不道德的行为，不仅会使友谊破裂，还会给好朋友带来烦恼和痛苦，我们不能重犯好朋友的错误。

NO. 10
我不要做爱骂人的孩子

今天学校组织体检，班主任交给班长小刚一项任务——让同学排好队伍。经过很长时间，小刚才让全班同学整齐地排成了一队。为了带领大家前往体检地点，小刚站在了第一排，正准备往前走的时候，后边的同学开始你推我，我推你，好不容易排好的队伍一下子又被打乱了。

小刚非常生气，他来到那些不遵守纪律的同学面前，对他们进行大声指责，说到激动之处一句骂人的话脱口而出。这时，同学和老师都向他投来异样的目光。班主任批评了他，随后也批评了那几个不守纪律的同学。小刚非常后悔，心想：我怎么能这样呢，骂人不仅损害了自己在大家心中的形象，还让整个班级的荣誉受损。于是，他立刻向那几个同学道歉，并保证一定会改正骂人的习惯。那几个同学也原谅了他，并乖乖地排好了队。之后，班主任就让小刚继续带领同学们去做体检了。

我们年龄偏小，自控力较弱，所以生气的时候，很容易口无遮拦说出骂人的话。但是，情绪失控的时候骂人不仅解决不了问题，还会伤害别人。所以，生气的时候不要骂人，可以等情绪稳定的时候再和对方沟通。

情绪大课堂

 骂人会产生什么负面影响?

① 影响性格

经常骂人、说脏话的小朋友，很容易变得以自我为中心，把自己的利益放在第一位，不肯听取别人的建议，这样就容易形成暴躁易怒、自私自利的性格，这对我们以后的成长和发展是极为不利的。

② 不被人喜欢

在群体环境中，如果我们时常骂人、说脏话，就可能会让老师和同学讨厌，得到的关注就会比较少，甚至会没有朋友，这不利于我们在集体中的成长。

③ 被认为没礼貌

如果我们身边都是文明、有礼貌的同学，偏偏自己总是骂人，别人就会认为我们没礼貌、没家教，不仅会轻看我们，还可能会远离我们。

为什么有些小朋友容易骂人？

家庭影响

环境对我们的影响非常大，我们的一举一动都在模仿身边的人，如果爸爸妈妈在家里经常说脏话，我们无形中就会学会骂人的话，一旦遇到令自己不开心的事情，骂人的话就会脱口而出。

朋友影响

自己不说脏话不代表身边的同龄人不说脏话，当同学、朋友等骂自己时，我们肯定也想骂回去，甚至会比对方骂得更厉害，久而久之，就会形成以骂人解决问题的习惯。

网络影响

现代社会高度发达，很多小朋友都有玩智能手机的习惯，而网络上信息繁杂，不论是正面的还是负面的，我们都会下意识地去模仿，由于我们的是非观念比较弱，很容易受到诱惑，学习一些骂人、说脏话的行为。

我来支招儿啦！

怎样做到生气的时候不骂人?

1. 相互监督

如果爸爸妈妈生气时经常骂人、说脏话，我们可以与爸爸妈妈达成相互监督的约定，如果听到对方骂人，可以相互提醒，或做一些小小的惩罚，让我们和爸爸妈妈都重视起来，相信我们会慢慢改正骂人的习惯。

2. 培养理性思维

我们平时应该加强修养，培养自己的理性思维，可以玩一些思维游戏，看一些提高理性思维的书等，慢慢改变自己冲动的毛病。这样当自己想骂人、想说

脏话的时候，理性思维就会"跑"出来，让我们把骂人的情绪"收"回去。慢慢的，骂人的冲动就会"溜"走，使我们用平和的态度与别人沟通、交流。

3. 多与用语文明的同学交流

生活中，我们可以多多亲近讲文明、懂礼貌的小伙伴，在日常的对话中，对方的语言习惯会影响自己，渐渐的，我们骂人、说脏话的次数就会减少。

NO.11

假期旅游泡汤了，失望啊

　　马上就要期末考试了，小亮的爸爸对他说："这次你考试结束后，我和你妈妈决定带你去海南旅游，好好放松一下。"小亮听到这个消息高兴极了，他兴奋地说："爸爸妈妈，我一定会好好复习，争取考个好成绩。"

期末考试终于结束了，小亮兴奋地问："爸爸妈妈，我们明天就去海南旅游吗？"爸爸面带愧疚地说："这次旅游恐怕要泡汤了。"小亮有些不高兴地问："为什么？"爸爸说："我

刚好有个工作需要出差一段时间，你妈妈也有工作要忙。"小亮听后，感觉很失望。妈妈对他说："妈妈知道你很失望，其实不能兑现承诺，爸爸妈妈感到很愧疚，但是爸爸妈妈确实有很重要的工作要做，你能体谅我们吗？"

想起爸爸妈妈每天起早贪黑地工作都是为了自己，小亮决定不让爸爸妈妈愧疚，于是说："妈妈，没关系，这次旅游泡汤了，我们可以下次去。"

生活和学习中总会出现一些紧急情况，它们打乱了我们原定的计划，我们不能因为这些紧急情况而将失望、不满的情绪随意发泄到别人身上，要先让自己冷静下来，有效地疏导自己失望的心情，不要因为没有达到自己的预期而做出一些冲动的事情。

情绪大课堂

 旅游泡汤了，对我们有哪些影响？

① 变得消极

　　如果我们总是对旅游泡汤一事耿耿于怀，可能生活的方方面面都会受到它的影响，比如写作业时会猛地想起，影响写作业的进度；听到其他小伙伴讨论旅游，自己会变得失落，无法与小伙伴进行正常的交流。长时间下去，自己的精力就会被这件事占据，变得消极。

② 不信任爸爸妈妈

　　旅游的计划是爸爸妈妈提起的，然而最后爽约的也是爸爸妈妈，很容易让我们产生一种错觉——爸爸妈妈说话不算数。这样的事情发生多了，我们就会对爸爸妈妈的话不再相信，从而产生信任危机。

③ 总是发脾气

　　一些情绪比较激动的孩子，一旦发现旅游或者其他事情达不到自己的预期，可能会大发脾气。如砸东西、对父母大吼大叫等，久而久之，对孩子的成长是不利的。

旅游泡汤了，我们为什么会失望？

不符合预想

生活中，我们总会对旅游这件事充满了期待，可能预想了很多美好的事情，但是实际结果却与我们预想的完全不同，这种情况下，我们的心理就会产生落差，从而产生失望情绪。

过于重视

一旦被告知近期将会去旅游，我们常常将其看作近期最重要的一件事，因此会对这件事产生一种执念。一旦旅游计划泡汤，我们内心的失望感就会油然而生。

难以理解

在我们的世界里，万事以自己为重，责任感很弱，当爸爸妈妈因工作不得不取消旅游计划时，我们因无法理解爸爸妈妈身上需要承担的责任，就会认为爸爸妈妈说话不算数，进而产生失望情绪。

我来支招儿啦！

旅游泡汤了，很失望怎么办?

1. 愿望灵活

让自己的愿望灵活一些，可以设置多个愿望，即使这个愿望没有实现，也可以做其他的事情。比如，原本打算明天去旅游，那么就不要只有这一个安排，还可以去练习舞蹈、学习绘画、下棋等，如此一来，就算明天不能如约去旅游，也有其他的安排，就会大大化解失望情绪。

2. 从心里接受它

既然已经确定无法去旅游，那就从心里接受这个结果，告诉自己爸爸妈妈是去工作了，不是故意失约的，然后再制订新的计划，那么我们很快就能从失望的情绪中走出来。

3. 转移注意力

我们可以通过转移注意力的方式，调整失望的情绪。可以看一些幽默故事、笑话，也可以看喜欢的动画片、吃爱吃的食物等，让自己开心起来，失望的情绪自然会大大减弱。

NO.12
我被嫉妒冲昏了头脑

围棋大赛

晴晴和小琳是同班同学，也是一对好朋友。晴晴一直是班里的围棋高手，在很多围棋比赛中都得过奖。小琳也特别喜欢下围棋，也很努力学习，她经常向晴晴请教。后来在一次围棋比赛中，小琳超过晴晴获得了第一名。从此以后，老师和同学都对小琳刮目相看，认为她是个有天赋又努力的人。晴晴很是嫉妒，认为如果不是自己经常教小琳，小琳也不可能得奖。之后，小琳来向晴晴请教围棋，晴晴就再也不肯告诉她了。

　　小琳在自己的努力下，变得越来越优秀，而晴晴的嫉妒心也越来越重，最后竟然不与小琳做朋友了。晴晴的妈妈知道这件事后，耐心地劝导她："晴晴，你嫉妒小琳说明你有上进心，但是你为此做了一些不好的事情，不仅破坏了你们之间的友谊，自己心里也很煎熬，这是不对的。小琳变得这么优秀，这都是她努力的结果，你应该向她学习，这样你们的关系不仅会变得更亲密，棋艺也能一同进步。"

　　听了妈妈的话，晴晴非常后悔，主动向小琳道了歉，小琳也原谅了她。从此，晴晴与小琳经常一起下棋，棋艺都有了很大的提升。

　　我们这个年龄最容易产生争强好胜的心理，一旦输给别人，就会萌生嫉妒心理，嫉妒不可怕，重要的是怎样处理它。如果把它转

化为激励自己学习的动力，不断提升自己，是最好的结果，但是如果成为伤害别人的导火线，那就是错误的。

 嫉妒心理会产生哪些后果？

❶ 徒增烦恼

嫉妒包含很多情绪，如委屈、苦涩、愤怒等，这些情绪加起来会让自己极度不开心。每天都和这些情绪做斗争，会徒增烦恼。

❷ 影响学习成绩

如果我们陷入嫉妒之中，就很难集中精力去学习，也不会向比我们优秀的人虚心请教问题，别人的学习成绩进步时，自己还在为某件事、某个人而嫉妒，很难将心思放在提高学习成绩上，时间一长必然会导致成绩下降。

❸ 丧失竞争力

遇到挫折时，有的人将嫉妒化为动力，有的人只会嘴上抱怨，不思进取。为了维护自己的自尊心，我们会表现出满不在乎的样子，甚至自欺欺人地认为别人比自己优秀是因为自己没有努力，在这样的心理下，就会逐渐丧失竞争力。

我们为什么会产生嫉妒心理？

存在竞争关系

因为我们与别人参加相同的比赛时，存在竞争关系，所以当对方比自己优秀时，我们就很容易产生嫉妒心理。

适度的自尊心能激励我们奋发向上，而过强的自尊心很容易发展为嫉妒心理。一旦发现自己不如别人，就感觉自尊心受到了伤害，有时会通过贬低他人或抬高自己来维护自尊心，慢慢的，自尊心就发展成了嫉妒心。

自尊心过强

不公平的环境

当我们长期处于不公平的环境中时，就很容易产生嫉妒心理。比如，围棋比赛小琳获得了第一名后，老师更看重小琳，同样是老师的学生，为什么不看重我呢？这就使晴晴产生嫉妒心。

我来支招儿啦！

如何克服嫉妒心理？

1. 专注自己的事情

无论什么时候，我们只有专注自己的事情，才会克服嫉妒心理。如果故事中的晴晴在得知自己的棋艺没有小琳好后，把注意力放在如何提升棋艺上，努力钻研，那么晴晴就不会产生嫉妒心理了。

2. 为他人喝彩

世界上有很多比自己优秀的人，遇到比我们优秀的人，我们应该为他们喝彩和鼓掌，并以他们为榜样提升自己。我们也会在赞美、欣赏他人的过程中，完善自我，矫正嫉妒心理。

3. 远离嫉妒心重的人

生活、学习中，我们会与各种性格不同的人做朋友，与积极向上的人做朋友，我们也会变得积极向上；与嫉妒心重的人做朋友，也会潜移默化地影响自己。因此，远离嫉妒心重的人，也是帮助自己克服嫉妒心理的好方法。

4. 发现自己的优点

只有不断发现自己的优点，发挥自己的长处，才不会将注意力放在别人的优点上，这样也就不会生出嫉妒心理。

NO.13
理解朋友的迟到行为

周五，小天与小强约定明天去图书馆，并约定九点准时在图书馆门口见面。第二天，小天早早地来到图书馆门口等待小强，眼看九点马上就到了，却始终不见小强的身影。等到九点半，还是不见小强前来。小天非常生气，心想等他来了一定要狠狠地说他一顿，但又怕他是因为重要的事情耽搁了。十点的时候，小强终于来了。小天虽然生气，但没有立刻发火，而是等着小强主动说明迟到的原因。小强向小天解释："真是对不起，我妈妈早上出门崴到脚了，我陪她去医院处理了一下。"

小天一听，心里的怒气立刻就消了，连忙说道："没关系，如果是我妈妈受伤，我也会先送妈妈去医院的。"说完，他就拉着小强，两人说说笑笑地进了图书馆。

从图书馆回来，小天把今天的事情告诉了妈妈，妈妈说："小天，你做得很对，如果你当时没等小强开口就冲他发火，那么你一定会后悔的。相反，你不仅压制了发火的冲动，在小强告知真相后，还谅解了他，说明你是一个有同理心的孩子，妈妈为你感到高兴。"

生活中，我们一定要先试着理解别人再做决定，如果别人真的是因为不得已的原因没办法守约，我们一定要表示理解，而懂得理解的人很容易获得别人的认可和好感。

情绪大课堂

 理解朋友，对自己有什么好处？

1 避免矛盾

　　小伙伴因为一些不得已的原因而没有准时赴约，这是可以理解的，如果我们咄咄逼人，不懂得理解，那么一定会与小伙伴发生矛盾。相反，正是因为我们懂得理解，才能与小伙伴进行良好的沟通，快速了解事情发生的原因，找出解决问题的方法，从而避免矛盾。

2 加深友谊

　　懂得理解他人的小朋友总带着积极乐观的心态处理问题，很容易得到大家的尊重和喜欢，从而加深彼此的友谊。

3 增强幸福感

　　如果我们因为谅解了他人而感到很开心，这说明我们收获了理解他人带给自己的好处，能帮助我们找到与同学、朋友和谐相处的方法，被爱和温暖包围，能增强我们的幸福感。

为什么小伙伴不愿意试着理解他人？

以自我为中心

有的小伙伴在与人交往和处理问题的时候，总是以自我为中心，将自己的得失放在第一位，却很少关心他人的需要，更别说理解他人，或站在别人的立场来看问题了。

同理心是指能站在别人的角度，对别人的境遇、情绪等感同身受。在倾听、沟通、尊重等方面，我们如果无法站在对方的角度去思考问题、解决问题，就容易导致我们缺乏同理心，没有同理心的小朋友是没办法理解他人的。

缺乏同理心

受家庭影响

我们自有意识以来，家里长辈给了我们足够的保护和信任，会使我们对他们产生崇拜心理，因此会以他们的言行举止为准则，同时他们的一些性格缺点会对我们产生潜移默化的影响，也会导致我们养成不理解他人的性格。

我来支招儿啦！

怎样学会理解他人？

1. 多交流、沟通

我们应该多与人沟通、交流，这样才能从对方的言语中体会到对方的情绪，才能试着去理解对方，从而化解矛盾，增进双方的感情。

2. 学会换位思考

在生活和学习中，我们总会遇到各种矛盾和问题，如果在矛盾发生时，我们先不计较自己的得失，而是站在对方的角度考虑问题，比如对方迟到了，可以先关心他："你没事吧，是不是遇到什么事情了""迟到没关系，

有紧急事情的话，你可以先回去解决问题。"这样，不仅能避免很多不必要的矛盾和麻烦，还能学会理解他人。

3. 多倾听

我们在与别人沟通的时候，可以多倾听别人的想法，尝试理解对方想要表达的意思，这样就能慢慢学会理解他人了。

NO. 14
及时反省自己的错误

  文文和小飞是同班同学，也是很要好的朋友。今天，文文和小飞一起值日，因为什么时候去倒垃圾的问题，两人发生了争吵。文文在与小飞争吵的时候口不择言，最后两人闹得很僵，小飞决定不再与文文做朋友了。

为此，文文难过极了，后来经过几天的反省，他意识到自己确实很容易因为一件小事与别人发生争吵，每次都闹得不欢而散。可是小飞是他最好的朋友，他不想失去小飞，于是决定向小飞道歉。他找到小飞说："小飞，对不起，这几天我进行了深刻的反省，我不应该因为一件微不足道的事情与你发生争吵，还说了那么多违心的话，希望你能原谅我，继续和我做朋友。"小飞说："我本来打算再也不和你做朋友了，但是看你及时反省，意识到自己的错误，态度还这么诚恳，我就不跟你计较了，我们还继续做朋友吧。"文文笑着说："谢谢你原谅我。"

这件事情以后，文文开始收敛自己的脾气，如果与别人发生不愉快，也会及时反省。文文现在不仅与小飞的友谊更深了，还交到了很多好朋友。

我们在与别人发生矛盾时，很容易固执己见，意识不到自己的错误，这对我们以后的生活是非常不利的。而及时反省能让我们意识到自己的缺点，增强判断力，还能保持情绪稳定，与别人和睦相处。

情绪大课堂

懂得反省自己的错误，有哪些好处？

1 变得优秀

世界上没有十全十美的人，懂得反省就可以更好地了解自己的劣势，也能找到方法弥补自己的不足，帮助自己成为一个优秀的人。

2 增强自信

我们在反省的时候，不仅能发现自己的劣势，还能发现自己的优点，知道这些优势都是自己可以依赖的能力，能极大地增强我们的自信心，靠着这份自信心我们可以勇敢地面对前方的挑战。

3 提高解决问题的能力

我们反省时，常常会思考这样的问题——"我为什么要这么做呢""下次我应该怎样做呢"，并努力寻找解决问题的方法，久而久之，就能提升我们解决问题的能力，这对我们以后的成长和发展是非常有利的。

为什么有些小朋友不懂得反省？

父母的"包庇"

爸爸妈妈对我们非常宠溺，可能会"包庇"我们的过错，以至于我们失去了正确的判断力。当自己犯错后，不仅常把责任推给别人，还理直气壮地认为自己没错，导致我们不懂得反省。

有时候我们犯错后，爸爸妈妈可能也会无法控制自己的情绪，对我们非打即骂，这种错误的教育方式很容易引发我们的叛逆情绪，总想与爸爸妈妈对着干。比如我们犯错了，被爸爸妈妈骂了一顿，并要求我们反省，我们在叛逆情绪的影响下，可能就会产生这样的想法——"反正你们已经骂过我了，我就不反省"。

教育方式有误

过于骄傲

在现实生活中，有些小朋友是非常骄傲的，认为自己很优秀，不会犯错，就算有错也是别人的错，久而久之，也就不懂得反省了。

我来支招儿啦！

如何提高自我反省的能力？

1. 设置固定的反省时间

我们可以要求自己每天或每周反省一次，如果时间充足，可以每天反省一次；如果学习任务重，时间比较紧，可以每周反省一次，这样可以帮助我们深入了解自己的想法，及时发现自己的问题。

2. 寻求朋友的帮助

我们不知道该如何反省，往往是因为看不到自己的缺点，这时可以向自己的朋友倾诉，听一听他们的想法和建议，让他们帮忙指出自己的缺点，这样我们就可以快速地发现自己的不足，

就能深入了解自己，也就可以进行自我反省了。

3. 写日记

写日记不只是为了记述每天发生的小事，还是一种自我反省的方式。在日记中，我们可以记录对某一件事的想法、感受等，通过日记可以看到真实的自己，找出自己的优点和缺点，并对缺点进行反省，找出有效的解决方法。

NO.15

勇于挑战 不胆怯

学校组织运动会，张航报名参加了跳高运动。训练时，教练先给大家讲了背越式跳高的动作技巧和注意事项，并做了标准的动作示范。然后他让学生排成队，一个一个地训练。张航是第一个，但他怕自己摔伤，始终不敢迈出第一步。教练耐心地说："张航，没关系的，下边有垫子，我也会在旁边保护你的。"

后边等待训练的同学，纷纷催促张航快点跳，并为他加油打气。可张航还是有点害怕，这时，班主任也走过来为张航加油："张航，加油，你可以的，相信自己！"

张航受到大家的鼓励，心想："老师说得对，我要相信自己。我越是害怕它，就越不敢尝试，我一定要战胜它！把心中的'胆小鬼'赶走。"只见张航奋力奔跑，学着教练的动作，一下就跳了过去。"原来跳高这么简单。"张航从垫子上站起来后，自言自语道。

之后，张航顺利地完成了训练，在跳高技巧方面增长了不少经验，对自己也更加有信心了。最终，张航在跳高比赛中取得了优异的成绩。

我们容易被从未尝试过的事情吓住，这是胆怯在作怪。这时，我们要鼓起勇气，勇于突破自己，对自己充满信心，这样才能战胜心中的胆小鬼，以后就不会对这件事胆怯了。

情绪大课堂

 过于胆怯有哪些不好的影响？

1 容易自卑

如果我们过于胆怯，连和同龄人、老师、邻居等沟通的勇气都没有，那么就很难融入集体，同学们都聚在一起玩耍、学习，自己整天形单影只，很容易感到孤独，久而久之，很容易封闭自己，产生自卑情绪。

2 从众心理强

我们如果胆怯，往往会没有主见，很多时候只是听从别人的意见，或大家做什么自己就去做什么，有很强的从众心理。而我们年龄偏小，辨别是非的能力比较弱，当别人做坏事时，我们也跟着去做的话，很容易误入歧途。

3 无法脱颖而出

胆怯的小朋友基本上不会主动表现自己，更不会当众发表自己的意见，这就导致自己的想法无法被外界知晓，才华很容易被埋没，这样就没办法脱颖而出，无法取得更高的成就。

对跳高感到胆怯的原因是什么?

身材的影响

随着生活水平的不断提高，我们平时不注意养成良好的生活习惯，身材变得偏胖或矮小。因为身材偏胖、矮小，做事情不方便，所以就不愿意参加体育运动。而跳高对爆发力与速度有一定的要求，如果身材偏胖、矮小，就会跑也跑不动、跳也跳不高，这样会使我们产生胆怯心理。

背越式跳高是一项复杂的运动项目，其技术较难掌握，如果自己在跳之前没有接受过系统的动作指导和技术训练，由于自己的跳高技术不佳，就会担心自己失败，这样就很容易产生胆怯心理。

技术不过关

硬件条件影响

有的学校教学硬件条件较差，没有像样的跳高器材，比如垫子太硬，落垫时会让小朋友摔得身体疼痛，当我们看到其他小朋友受伤，被摔得龇牙咧嘴时，就会产生胆怯心理。

我来支招儿啦！

跳高时，怎样让自己摆脱胆怯？

1. 做好充足的准备

跳高时，我们之所以胆怯，是因为我们没有做好充分准备，如果跳高前准备得足够充分，比如加紧训练、技术过关、熟悉场地等，那么就没什么好怕的了。

2. 不要犹豫

有的时候，越犹豫越容易产生不好的想法，例如，万一我姿势不对，摔伤了怎么办；万一我起跳的时候崴到脚怎么办；等等。这些不好的想法会影响我们发挥，加剧胆怯心理。因此，跳高

之前不要犹豫不决，告诉自己"往前一冲就过去了"，慢慢就会克服胆怯心理。

3. 采取保护疗法

保护疗法指降低动作标准，采取有效的保护措施，改变造成动作失败的环境，增加安全保护措施，如加厚海绵垫，用泡沫杆代替横杆等，让自己对所进行的练习充满安全感。

NO. 16
陌生的环境让我很不安

　　爸爸妈妈带着晓红搬到了另一个城市，晓红因此面临着转学、认识新老师、交新朋友的问题，这让晓红有些不安，因为她不知道该怎么和他们交流。上学的第一天，看着同学们一起讨论问题、一起玩闹，气氛十分和谐，而自己不能融入他们，就感觉很焦虑。

连续一周，晓红都闷闷不乐。

班主任发现了晓红的异常，主动找到她，微笑着说："晓红，是不是新环境有些不适应啊？"晓红看着老师，愁眉苦脸地说："是的。"班主任继续说："放轻松一点，多和大家交流，你这样把自己封闭起来，大家怎么和你交朋友呢？"晓红低着头说："可是我不知道怎么和大家交朋友。"老师就教给她一些方法，比如微笑着跟人打招呼，当别人说到自己感兴趣的话题时主动发表自己的看法，等等。

回到教室后，晓红看到同学们一起说笑的场面，想想老师的话，开始让自己放松起来，微笑着上前和大家打招呼，并加入他们的话题。慢慢的，晓红与同学的沟通越来越多，她心里的不安逐渐消失不见了。

我们在成长的过程中，面对陌生的环境，总会感到害怕、焦虑、不安等，这是很正常的现象。但是，如果我们一直处在不安的情绪当中，不想办法改变这种情况，会对我们的身心造成不利的影响。

情绪大课堂

为什么孩子进入陌生环境会感到不安？

1 年龄小

我们年龄比较小，经历也比较少，所以当接触到陌生的人、进入陌生的环境中时，在外界的刺激下很容易出现紧张、不安的情绪。

2 爸爸妈妈的影响

我们对陌生的环境感到恐惧、不安，这与爸爸妈妈的影响有很大关系。有些小朋友在跟爸爸妈妈外出时，会被告诫不能和陌生人说话、不能在自己不熟悉的环境里乱走，这就会加剧我们对陌生环境的不安感。

3 缺乏交流

我们在陌生的环境中，不仅充满了不安，还常常表现出沉默寡言。这是因为我们平时与朋友、邻居、同学交流得少，不懂交流的方法所导致的，所以在陌生的环境中不敢说话，不安就会更加强烈。

4 本身缺乏安全感

我们对陌生的环境充满了恐惧和不安，与自身缺乏安全感有关。缺乏安全感的小朋友，内心比较脆弱，在无法确定所处环境是否安全的情况下就会感到不安。

孩子总处于不安状态有哪些坏处？

影响身体健康

每次感到不安，小朋友的身体就会出现一系列反应，如心脏加速、手掌冒汗、腹胀、头晕等，时间一长会影响身体健康，不利于孩子健康成长。

我们在成长的过程中会经历小学、中学、高中、大学等，每次升学都会进入陌生的环境，如果我们每进入一个陌生的学习环境都感到不安，那么我们遇到难题时，会不敢与老师、同学沟通，自己又没有能力解决问题，时间一长就会影响我们的学习进度，降低学习成绩。

影响学习成绩

脾气暴躁

有些小朋友的不安感大多出现在进入陌生的环境时，当长期处于陌生环境中，无法发泄自己的不良情绪，一旦进入自己熟悉的环境，很容易"放纵"自己，随意向亲近的人发火，脾气暴躁，甚至说脏话。

我来支招儿啦！

陌生环境中，怎样缓解自己的不安?

1. 主动交流

来到新学校这样一个新环境，我们可以先观察一下同学们都喜欢什么游戏、运动，我们可以主动加入他们，这样就会和大家慢慢熟悉起来，久而久之，我们内心的不安也就慢慢消失了。

2. 自我疏导

心理产生不安的情绪时，可以分析不安的原因，如果是因为进入陌生的环境而导致不安，可以告诉自己："我不是小孩子了，我可以的。"当内心变得强大了，不安也就消失了。

3. 让自己独立起来

如果自己是个比较内向、怕生的孩子，可以尝试着让自己独立起来。比如独自去超市购物，独自去邻居家借东西等，这些活动会让我们独立起来，当敢于接触外界事物了，进入陌生环境时，不安感就会大大减弱。

NO. 17
做个不抱怨的孩子

　　这次期中考试，宏宏考得不是很好，内心非常郁闷，他忍不住向林林吐槽说："这次期中考试的题目太难了，出题老师肯定是想为难我们。"林林说："我觉得不难啊，只是最后一道大题我们从来没有学过，所以看起来比较难。"听到林林的话，宏宏更不开心了。

回到家中，宏宏又跑到爸爸身边抱怨考试题目太难，爸爸说："为什么林林说题目不难呢？"宏宏说："可能是他比较聪明吧。"爸爸说："那

你认为自己比他笨吗？"宏宏摇摇头。爸爸语重心长地说："林林说题目不难，说明他平时肯定好好学习了，你应该向他学习，想办法提高成绩，而不是一直抱怨。你平时总是抱怨作业太多，抱怨休息时间太短，现在又抱怨考试题目太难，其实都是在为自己的不努力和贪玩找借口。"

宏宏有些心虚，不敢抬头看爸爸，怯懦地说："爸爸，我知道错了，我以后要改正爱抱怨的缺点。"

爸爸笑着说："你能意识到自己的错误，说明你是一个懂得上进的孩子。"宏宏用力点点头就去房间写作业了。

如果我们总是抱怨这个，抱怨那个，那就应该坐下来好好想一下，抱怨能提高自己的成绩吗？能将事情办好吗？恐怕不能。因为

抱怨是毫无用处的，与其为自己徒增烦恼，不如摒弃抱怨，拿出实际行动来，将知识掌握牢固，将成绩提高，做一个不抱怨的孩子。

情绪大课堂

停止抱怨有哪些好处？

1 提高学习成绩

停止抱怨能让我们的头脑更加清晰，能在短时间内明确自己的目标。比如这次考得不好，我们会第一时间寻找原因，制订新计划，为取得好成绩而努力。

2 获得朋友

停止抱怨能吸引小伙伴向我们靠拢，顺畅地与他们进行沟通，可以减少不必要的矛盾和争吵，与他们建立良好的关系，从而获得友谊。

3 提高解决问题的能力

抱怨会让我们逃避问题，将责任推到别人身上。而停止抱怨，会让我们反思自己的问题，或用积极的心态想办法解决问题，时间一长，就会提高我们解决问题的能力。

我们为什么会抱怨？

缺乏责任感

爸爸妈妈在教育我们的时候，过于注重学习，忽略了对我们责任心的培养，导致我们总是抱怨。如考试成绩差，就会抱怨老师出题难；演讲没得第一名，就会抱怨演讲题目难；等等，这些都是推卸责任的表现。我们推卸责任后，往往不会再寻找真正的原因，所以每次都以抱怨结束。

如果我们是一个消极的人，心中就会装满各种不开心的事，那么很容易对周围的人和事产生不满，当心里的不满积累得多了，就会用抱怨来发泄自己的不满，使自己减少焦虑。

态度消极

爸爸妈妈的影响

如果爸爸妈妈总是在我们面前怨天尤人，如抱怨工作太累、饭做得不好吃等，家里就会被抱怨的情绪环绕。我们年龄偏小，很容易被爸爸妈妈的言行影响，从而养成遇到事情就抱怨的习惯。

我来支招儿啦！

在学习中，怎样减少抱怨？

1. 分析原因

当我们想抱怨考试题目难、学习压力大时，应该学会自我调节，先让自己冷静下来，然后分析抱怨的原因，把问题想通、想透。如果是自己贪玩导致成绩下降，那就把贪玩的心收一收，增加学习时间，争取在下次考试中取得好成绩。

2. 与不抱怨的人交往

身边的朋友总会影响我们的情绪，他们每天开开心心的，我们会被这种情绪感染，自己每天也开开心心的；如果身边总围绕着爱抱怨的朋友，总有一天自己也会成为爱抱怨的人。所以在生活

和学习中，我们应该多接触优秀、不抱怨的朋友。

3. 保持平常心

面对学习和爸爸妈妈施加的压力，一定要保持一颗平常心。这次考得不好不代表每次都考不好，这次比赛没拿第一名不代表每次都拿不了第一名，这样想的话就能使自己保持一颗平常心，减少不必要的抱怨和牢骚，让自己不断进步，从而得到想要的结果。

NO.18
原谅别人能让自己快乐

　　盼盼与小雪是同桌。一天上午，小雪无意中看到盼盼在读一本故事书，好像很有意思的样子。小雪感到很好奇，于是在一个课间趁盼盼不在，偷偷把故事书拿过来看。里面有趣的故事立刻吸引了小雪，使她爱不释手，都不想把书还给盼盼了，于是小雪就把故事书藏到了自己的课桌里。

盼盼回来后，发现自己的故事书不见了，就问小雪："小雪，你看见我那本故事书了吗？"小雪心虚地说："没见过。"盼盼有些纳闷地摸摸头，自言自语道："真奇怪，我明明放在书桌里了，怎么不见了呢？"

又到了课间休息时间，小雪看到盼盼走出了教室，就偷偷拿出故事书看，谁知盼盼突然回到教室，看到小雪手里的故事书正是自己那本，不禁生气地说："小雪，你怎么能偷我的故事书呢？"小雪有些不知所措，撒谎说："这是我捡的。"盼盼说："你说谎，这明明就是我的。"小雪蛮不讲理地说："你说是你的就是你的呀！"

盼盼没想到小雪这么不讲理，很生气，不再理小雪。小雪想到自己以前和盼盼一起玩闹的情景，也不禁后悔起来。这天，小雪把书还给盼盼，不好意思地说："盼盼，对不起，这就是你的书，现在还给你，你能原谅我吗？"

盼盼见小雪跟自己道歉，便说："其实和你生气，我也很难过，以后你想看，可以直接和我说，我一定会借给你的。"小雪顿时开心地笑了，两个人和好如初。

如果生别人气，自己也会难过，与其被不好的情绪环绕，不如学会原谅，不仅能给小伙伴一个机会，还可以让自己保持愉快。

情绪大课堂

原谅别人对自己有什么好处？

1 提升自我价值

原谅小伙伴并不代表认同对方的行为，而是鼓励自己怀着一颗宽容的心来处理人际关系，有利于自我价值的提升。

2 加强人际关系

原谅小伙伴能加深我们与小伙伴的互动、交流和沟通，加强彼此之间的信任，建立积极、健康的人际关系。

3 减轻心理负担

如果我们总是用愤怒的态度对待冤枉过我们的小伙伴，会影响我们的理智和情感，造成心理负担。如果我们尝试着原谅他们，可以帮助我们从负面情绪中解放出来，减轻心理负担。

为什么有些孩子不懂得原谅？

以自我为中心

在家里，爸爸妈妈总是围着我们转，满足我们所有的需求，这样我们就很容易形成以自我为中心、心胸狭隘的性格，所以当别人让自己伤心、难过时，很难原谅他人。

我们年龄偏小，缺乏人生阅历，独立思考的能力弱，当自己被冤枉、被欺骗、被欺负时，无法做出正确的反应，常感到沮丧、手足无措，会把这种挫败感无限放大，从而产生狭隘、偏激的情绪，当这种负面情绪深入内心时，我们就很难原谅别人。

认知度低

爸爸妈妈的影响

有些爸爸妈妈是爱挑剔的人，哪怕是一点错误，也会对孩子唠叨不停；又或者爸爸妈妈对别人的失误不依不饶，那么我们在与爸爸妈妈的相处中，会受到潜移默化的影响，不懂得宽容、原谅他人的过失。

我来支招儿啦!

怎样提高我们原谅别人的能力?

1. 不斤斤计较

我们要知道,懂得原谅别人是一种能力,也是自己成长和进步的标志,总是斤斤计较、怀恨在心,是很难成功的。因此,我们应反复提醒自己不斤斤计较,当自己的心胸变得宽广,自然就具备原谅别人的能力了。

2. 放下愤怒

当别人无意中伤害了我们,既然是无意的,说明是值得原谅的,我们不要总想着报复别人,应该想想对方的优点、对自己的帮助等,放下愤怒,让自己冷静下来,这样就能原谅别人了。

3. 告诉自己原谅别人的好处

我们做的每一件事都希望对自己有利,如果反复告诉自己原谅别人的好处,如赢得更多的掌声、拥有更多的朋友等,我们可能会改变态度,选择原谅对方。

NO.19
被拒绝，让我很尴尬

　　小飞跟着爸爸妈妈来到新的城市，所以需要到新的学校上学。今天是他上学的第一天，他所在的班级是六年级一班。为了不迟到，他早早地来到了学校。可是找了半天，也没有找到六年级一班，这让他很着急。

这时，小飞看到一个同学朝自己这个方向一路小跑过来，忙上前问道："同学你好，请问六年级一班在哪个

方向？"这位同学似乎有什么着急的事，连忙说："我不知道，你问别人吧。"说完，就继续向前跑去了。

小飞有些尴尬，没想到在新学校的第一天就被拒绝了。但是，小飞转念一想，觉得没什么好尴尬的，他对自己说："没关系，看这位同学一路小跑，肯定是有着急的事情，所以才拒绝为我指路，不应该为此斤斤计较。"

整理好情绪后，小飞继续寻找，终于在上课之前找到了六年级一班。

在生活中，我们总有遇到困难的时候，当我们向别人寻求帮助时，难免会遇到被人拒绝的情况，我们可能会为此感到尴尬，这是正常的。如果能一笑置之，便不会影响我们的情绪，如果始终过不去尴尬的坎，就会对我们的成长产生不利影响。

情绪大课堂

尴尬情绪会对我们产生哪些影响？

1 影响成长和发展

容易尴尬的小朋友会为自己带来一些负面影响。我们在生活、学习中会遇到不同的人和事，如果因为一点小事就让自己陷入尴尬，就很容易使自我形象受挫、信心不足，这对我们今后的成长和发展是不利的。

2 培养良好性格

如果我们不仅能感受到自己的尴尬，还能感受到他人的尴尬，并想办法替别人解围，这代表我们同情别人出糗的遭遇，有利于我们善解人意、富有同情心等良好品格的培养。

3 提升自己

感到尴尬，说明我们做了一些自认为不明智的事情，就会想办法规范自己的行为，有利于发现自身缺点，改正不足，并不断提升自己。

寻求帮助时，为什么会被拒绝？

时机不对

我们向别人寻求帮助被拒绝，可能是因为时机不对，比如，我们快上课的时候拦住一位同学问路，这种情况下，对方不想迟到被批评，就可能拒绝提供帮助，这是一种正常现象。

有些小朋友没有同理心，当我们向他寻求帮助时，对方可能会有这样的心理：你找不到路关我什么事？说明对方不想提供帮助，我们不能强求。

对方不想提供帮助

表达不清楚

我们年龄比较小，语言组织能力不强，在向对方表达需求时，抓不住重点，无法准确表明意图，对方不想浪费时间，可能会拒绝提供帮助。

我来支招儿啦！

怎么缓解被别人拒绝的尴尬情绪?

1. 用幽默化解

当寻求帮助被拒绝而感到尴尬时，可以使用幽默的语言、诙谐的动作化解尴尬的气氛。

2. 及时沟通并解决

如果对方是因为没有听清自己的意思而拒绝提供帮助，我们可以积极地与对方沟通，明确表达自己的需求，最后获取帮助，从而缓解因第一次被拒绝而产生的尴尬情绪。

3. 自我心理暗示

当我们被拒绝而感到尴尬时，可能会脸红、心跳加速等，但至少我们外表上要看起来很镇定，然后给自己心理暗示：这没什么大不了，大家都会经历这样的尴尬场面，应坦然面对尴尬的场面。

4. 学会自嘲

既然尴尬的局面无法挽回，那就拿出足够的勇气来面对，可通过自嘲的方式转移自己的注意力，让自己快速摆脱尴尬的局面。

NO.20

在课上被批评，感觉很丢人

数学课上，小琪一直在开小差。这时，张老师准备找人站起来回答一下讲过的问题，张老师一眼看到了开小差的小琪，说道："请小琪站起来回答一下吧！"

小琪被吓了一跳，慌忙站起来，可是却想不起来老师提的是什么问题。张老师严厉地说："小琪，从上课到现在，你一直在开小差，刚讲过的问题都不知道，老师在这里要批评你，希望你不要再犯同样的错误。大家要以小

琪为戒，上课要好好听讲，不要开小差。"然后就让小琪坐下了。

　　小琪坐在那里，心想：老师这样当众批评我，真是太丢人了，真想找个洞钻进去。

　　课后，小琪依然感觉很丢人，但是想到老师这样也是为自己好，如果不是老师的提醒恐怕自己还在神游，应该感谢老师。从此，小琪开小差的毛病再也没有犯过。

　　丢人并不是一件坏事，当我们感到丢人时，说明我们也认为自己的言行、举止有令自己不满意的地方，这恰好是我们改正缺点的机会。

情绪大课堂

课上的哪些行为会被老师批评？

1 课上吵闹

在课堂上吵闹不仅是对老师的不尊重，也是对同学的不尊重。因为自己不想学习不代表别人也不想学习，所以在课堂上吵闹会被老师批评。

2 走神、发呆

老师负责教授我们知识，一旦我们出现走神、发呆等情况，为了提高我们的学习效率，老师会对我们提出批评。

3 课上做小动作

有的小朋友总喜欢做一些小动作，在课堂上也不例外，有时还会影响到其他同学，在这种情况下，老师发现之后就会提出批评。

4 故意干扰同学学习

有些小朋友上课不学习、不听课，总是和周围的同学说话、打闹，故意干扰其他同学的学习。老师发现后，会提出批评。

被老师批评，为什么感觉很丢人？

自尊心太强

自尊心太强的人，被老师批评后，会觉得自己的形象被破坏了，同学们肯定会在背后议论自己，从而感觉很丢人。

承受能力差

在家里，爸爸妈妈总是围着我们转，从小到大都有爸爸妈妈的包容，不管我们做什么事在爸爸妈妈眼里都是正确的，我们甚至连一句批评的话也没有听过，这让我们的承受能力较差，只能接受别人的赞美，接受不了任何批评的话。所以我们在被老师批评后，就感觉很丢人，在同学们面前抬不起头来。

以好学生自居

如果我们是老师、同学眼中的好学生，那么我们常常比别人更加小心翼翼，希望自己在老师、同学心中一直是好学生。自己一旦被老师批评，就会感觉自己"好学生"的形象被破坏了，从而感觉很丢人。

我来支招儿啦!

被批评感觉丢人，应该怎么做?

1. 勇于承认错误

因为自己上课开小差，才导致无法回答老师的问题，要勇于跟老师承认错误，认真听取批评，只有勇于承认错误，接受批评的小朋友才会进步，不仅不会让自己有丢人的感觉，还会让这种批评变成一种学习动力。

2. 知错就改

知错能改才是好孩子，既然知道上课开小差是错误的，那么就要改正，下次就不要犯同样的错误了，一心想着改正错误，丢人的情绪自然就会慢慢消散。

3. 努力学习

我们被批评了，不开心，感觉很丢人，这是正常的，但是我们可以将心里的不舒服化为动力，努力学习，发愤图强，努力把学习成绩提高，让老师和同学们对我们刮目相看，当我们名列前茅时，就会感谢老师当初的批评，让我们有了今天的成绩。

NO.21

同学嘲笑我穿得土，我很伤心

　　一次体育课上，大家都穿上五颜六色的衣服来到了操场。笑笑换好衣服后兴高采烈地来到了操场，这时，耳边传来同学们的嘀咕声："你看她穿得真是太土了。"笑笑看着同学们穿的漂亮衣服，再看看自己又土又丑的衣服，感觉又丢人又伤心，真想找个地方把自己藏起来。

回家后，笑笑一脸伤心，连吃饭也没有胃口。妈妈问她："笑笑，怎么这么不开心，是遇到什么事情了吗？"

笑笑把今天被嘲笑的事情告诉了妈妈，妈妈拉着笑笑的手说："首先，嘲笑别人是一种不好的行为，你千万不要学习这种行为。其次，你穿的衣服都是爸爸妈妈辛苦赚钱买的，而且是和你一起买的，我们都觉得很好看，每个人的审美不一样，怎么能因为别人的话，就否定自己的选择呢！"虽然妈妈说得很有道理，但笑笑还是有些闷闷不乐。

被同学们嘲笑，我们心里肯定会不好受，但不应该为此贬低自己、否定自己。每个人都是独一无二的，我们应该发现自己的独特之处，这样才不会被别人的话伤到自尊，为人处世才能不卑不亢。

情绪大课堂

被嘲笑穿得土，对我们有哪些影响？

① 变得自卑

穿衣打扮是我们形象的一部分，如果长时间被人嘲笑、打击，会怀疑自己的审美，觉得自己穿什么都是丑的，穿什么都会被人嘲笑"土"，久而久之就会产生自卑心理。

② 生出叛逆心理

如果我们的穿衣打扮一直被人嘲笑，我们可能会这样想："既然怎么穿都被人嘲笑，那我就穿更奇怪的""我偏不和你们穿的一样"。在这种心理的影响下，我们可能会变得十分叛逆，穿一些奇装异服，甚至出现一些极端行为。

③ 虚荣心变强

当我们因穿得土被嘲笑时，为了和同学们穿得一样"华丽""时尚"，在虚荣心的驱使下向父母要钱打扮自己，要的钱数可能远远超过了自己家庭的消费水平，慢慢的，会养成虚荣的性格。

为什么有些孩子喜欢嘲笑别人的穿着?

环境影响

如果我们身边有长辈总嘲笑别人，如"那个同事穿得不好看""他的衣服很便宜"，我们可能没有较强的判断是非的能力，在这样的环境下时间长了，自己的言行举止就会受到影响，当学习了他人嘲笑别人的语气、动作等，自己也会养成嘲笑别人的习惯。

年龄小，认知浅

我们这个年纪，正处于语言敏感期，想通过自己的言行获得别人的关注，穿衣打扮是我们这个年龄段最关心、最在意的事情，而嘲笑别人穿得土很容易引起一些人的关注，殊不知这是一种不礼貌的行为。

为自己带来快感

嘲笑别人能给自己带来快感，认为自己的衣服比别人好、比别人贵，在这种心理的影响下，我们嘲笑别人的行为会越来越多，逐渐形成一种习惯。

我来支招儿啦！

被人嘲笑穿得土，应该怎么做?

1. 置之不理

有些时候，小伙伴嘲笑我们穿得"土"，可能是为了让我们尴尬，惹我们生气，这个时候，我们越是生气，他们就越高兴，所以我们可以无所谓地说："我就喜欢穿这样的衣服，跟你没关系。"这样一来，对方觉得无趣，就不会再嘲笑我们了。

2. 及时制止

如果对方对我们的穿着不依不饶，还使用不文明的语言，我们可以及时制止，直截了当地说："不要再嘲笑我了，你们这种行为是不对的。"这种方式能减少嘲笑对我们带来的伤害。

3. 幽默处理

当别人嘲笑自己时，可以试着幽默一些，比如，别人嘲笑自己穿得土，可以说："我这叫独一无二，世界上可只有这一件丑衣服呢！"有时把别人的嘲笑用幽默的语言化解，不仅能挽回自己的形象，还能让对方觉得他的行为很无趣。

NO. 23
不断尝试让我很开心

今天，张星来茹茹家里玩，还带来了一个魔方。茹茹看到后说："你能把魔方的六个面都拼好吗？"张星挠挠头说："我刚开始玩，只能拼好两个面，还拼不好六个面。"

茹茹笑着说："我觉得我能拼好六个面，我可以试试吗？"

107

张星有些不相信，就把魔方递给她，说："好，给你，我看你怎么拼好六个面，我也学学。"

茹茹接过魔方，开始拼起来。她找了好多方法，有时拼好了两个面，别的面要想拼好，只能把那两个面再打乱。茹茹尝试了很多次，始终无法达到目的，但她不想放弃，于是在拼不好时，就会停下来，开动脑筋想一想该怎么拼。就这样，茹茹在一遍遍的尝试下，终于拼好了六个面。茹茹开心地把拼好的魔方又递给张星，高兴地说："看，怎么样？"张星接过来，翻来覆去地看了好几遍，称赞道："茹茹，你太厉害了。"

从那以后，茹茹总想尝试不同的事物，哪怕失败了也不气馁，她会再接再厉，"发现新大陆"的开心情绪是无法言喻的。

虽然尝试不一定会成功，但是不尝试一定不会成功，也不会有新的发现，这能培养我们的探索能力，增强我们的想象力和创造力，我们从中还能收获一份好心情。

情绪大课堂

 勇于尝试有哪些好处？

1 获得自信

　　勇于尝试，能不断地积累成长经验，并在不断尝试中，发现自己的优势，从而增长我们的自信，使我们获得成功。

2 增长见识

　　如果我们勇于尝试，说明我们愿意走出舒适区，敢于接受新事物、新环境带给自己的挑战，能够让我们在实践中不断拓宽自己的视野，增长见识。

3 交更多朋友

　　我们在尝试新事物的过程中，会认识许多同龄人，可以极大地扩展自己的人脉和社交圈，交到更多的朋友。

4 获得更多的机会

　　勇于尝试会让我们发现更多领域和方向，并为我们带来一些新的机会，这或许能让我们在新的领域中获得成功。

我们为什么不敢尝试新事物？

性格原因 如果我们本身就是胆小、怕事的性格，那么做什么事情都谨小慎微，只愿意接受自己熟悉的事物，对于新事物总是表现出抗拒情绪，甚至害怕尝试新事物。

如果缺乏自信，我们就会常常怀疑自己的所作所为，认为自己不够优秀，会把事情办砸，在这种情况下，我们就不愿意尝试新事物。 **缺乏自信**

受到过惊吓 如果曾经因为尝试新事物受到惊吓，就会让我们对尝试新事物产生极强的抵触心理。比如第一次学习游泳时被水呛到、第一次跳远时崴到脚等，这些不好的体验会给我们留下一定的心理阴影，导致我们对尝试新的事物产生抵触情绪。

我来支招儿啦！

怎样提高我们尝试新事物的勇气？

1. 多鼓励自己，建立信心

不管生活还是学习，我们都应该学会自我鼓励，给自己足够的自信，久而久之就有了尝试的勇气。

2. 学习名人敢于尝试的精神

国内外许多名人之所以能够成功，是因为他们有不断尝试的勇气，多学习他们是如何坚定信念不断尝试的，当看到了别人的成功，自己内心也会涌出尝试新事物的想法。

3. 不要害怕失败

俗话说"失败乃成功之母"，我们如果害怕失败，也就无法获得成功，如果有了不怕失败的心，就没有太多的顾忌，我们也就不害怕尝试新事物了。

4. 多与别人交流

我们在成长的过程中，总有不敢尝试的事物，当无论怎样鼓励自己都不敢去尝试时，我们可以与爸爸妈妈、朋友诉说自己的想法，让他们帮自己出主意，相信在他们的帮助下，我们能勇敢地迈出尝试的第一步。

NO.22
用幽默化解不良情绪

运动会

　　在学校运动会上，笑笑所在的班级和其他班级举行女子组跳远比赛。几轮比拼下来，笑笑所在的班级输掉了比赛。同学们的情绪都很低落，一个个垂头丧气的。

　　有的同学说："都怪我，我当时要是调整好状态，就不会

输了。"有的同学说是
自己的失误，每个参加
比赛的同学都很自责。

　　这时，笑笑从教室
外面走过来，看到大家
都愁眉不展的，她凑近
同学们说："你们说的我
都听到了，比赛输了很
正常嘛！战场上没有常胜的将军，咱们要吸取教训，找出原因，
然后一步一个脚印地努力，我相信下次我们一定能获得胜利。"

　　这时笑笑灵机一动，又说道："大家别自责了，我们又不
是可爱的袋鼠，怎么可能都是跳远冠军呢！"说完，她学着袋
鼠的样子跳了一下。大家见了，顿时笑起来，情绪也慢慢变得
好起来。

　　幽默的孩子总能发现快乐、创造快乐，可以化解尴尬的气氛，
化解矛盾，为别人带来快乐。这是一种能力，也是我们应该学习的，
这有助于管理我们的负面情绪，让我们的生活、学习不那么枯燥。

情绪大课堂

 幽默的性格对我们有哪些好处？

1 受人欢迎

如果我们转入一个新的班级，使用幽默的语言与同学交流，那么很容易吸引同学们的注意，受到他们的欢迎，拉近与他们的距离。

2 促进身心健康

幽默可以使我们心情愉悦、积极乐观、意志坚定、缓解疲劳，从而促进身心健康。

3 摆脱困境

幽默感不仅能让自己、让身边的人心情愉悦，还能让我们从中汲取力量，以积极向上的态度和乐观的情绪面对困境，让自己冷静下来，思考解决问题的方法，进而摆脱困境，减少烦恼。

4 善于表达

幽默的小朋友能将语言巧妙地组织起来，清楚地表达自己的思想，使身边的人乐于接受自己的意见。

为什么有些孩子幽默不起来？

缺乏自信

缺乏自信的小朋友，在说话、做事之前总是担心后果，担心说错话、做错事，当想到不好的后果时，就会停止将要进行的行为、言语，所以很难变成一个幽默风趣的人。

有的小朋友总是"盯"着书本看，缺少社交，很难发现别人有趣的灵魂，也学不到外界幽默的语言，自然离幽默越来越远。

缺乏与人交往

适应能力弱

我们年龄小，经历的事情比较少，无法像成年人那样及时调整情绪，我们来到一个新的环境，因为适应能力较弱，所以在介绍自己时既尴尬又无措，也就无法使自己变得幽默起来。

我来支招儿啦!

怎样培养我们的幽默性格?

1. 通过有效的方式提高幽默感

多从电视、电影、书籍中看一些笑话，能在潜移默化中教会我们幽默的语言，养成幽默的性格。除此之外，观看相声和小品也能培养我们的幽默感，因为相声和小品演员有着滑稽的动作、幽默的语言，我们可以模仿他们的动作和语言，久而久之，说起笑话来就会得心应手，从而变得幽默起来。

2. 适当地自嘲

自嘲是每一位幽默的小朋友应具有的能力。遇到尴尬的场面时，为了打破僵局，我们可以适当地拿自己开玩笑，以此营造愉快的氛围。

3. 加强训练

我们要将平时学习到的幽默动作和语言应用到实际生活中，可以从身边的朋友、爸爸妈妈入手，与他们多说一些有趣的话，加强训练。时间一长，就算遇到突发的尴尬氛围，自己也能轻松用幽默化解。

4. 多和幽默的人相处

如果我们常和幽默的人在一起，对方的言行举止就会对我们产生一定的影响，我们试着模仿他们有趣的语言，慢慢的，自己也会成为幽默的人。

5. 拓展知识面

幽默感不仅体现在幽默的语言、诙谐的动作上，还必须建立在丰富的知识上。因此，要想提升幽默感，必须拓展我们的知识面。只有具备广博的知识，才能拥有审时度势的能力，才能妙言成趣，做出恰当的比喻，成为一个幽默的孩子。

6. 有良好的心态

要想养成幽默的性格，良好的心态也是非常重要的。即使做不到"不以物喜，不以己悲"，也要有积极向上的生活态度、学习态度。只有这样，我们才能看到事物的多面性以及与别的事物的相关性，然后利用事物的多面性和相关性使用幽默的语言和动作来表达。

我的情绪百宝箱

四种基本情绪

情绪一般分为"快乐""愤怒""悲哀""恐惧"四种基本形式，也就是我们常说的喜怒哀惧。

快乐：是指一个人盼望和追求的目的达到后产生的情绪体验。

愤怒：是指所追求的目的受到阻碍，愿望无法达成时产生的情绪体验。

悲哀：是指失去心爱的事物或理想，愿望破灭时产生的情绪体验。

恐惧：是指企图摆脱和逃避某种危险情境而又无能为力时产生的情绪体验。

情绪管理小技巧

1. 正确认识情绪

正确认识自己当前是什么样的情绪，如愤怒、焦虑、伤心、尴尬、胆怯等，然后采用合适的方法来缓解情绪。

2. 直面情绪

当不良情绪来临时，不要回避，要学会直面它，只有更好地了解情绪，才能更好地处理它们。

3. 深呼吸和冥想

采用合适的方法来缓解不良情绪带来的紧张感，让自己保持平静和冷静，如深呼吸和冥想。

4. 做喜欢的事情

做喜欢的事情来释放自己的情绪，如参加体育活动、唱歌、跳舞等。

5. 调整心态

积极向上的态度能化解很多矛盾，减少消极情绪的干扰，所以改变自己对事物的看法和思考方式很重要。

6. 找朋友倾诉

找到能支持、理解自己的人，向他们分享自己此时此刻的心情，不论开心还是沮丧，从他们的话语中寻求安慰。寻找与自己有共鸣和能理解自己的人一起分享情绪，可以让我们感到被关注和支持，从而缓解不良情绪造成的心理压力。

7. 寻求专业帮助

在尝试了各种方法后，发现情绪问题依然很严重，可与爸爸妈妈沟通，在爸爸妈妈的带领下寻求专业心理医生的帮助，让自己走出负面情绪，以免造成更大的影响。

情绪管理经典语句

1. 如果我们不善于管理情绪，即使我们的能力再大，别人也不愿意与我们共事。

2. 我们应该学会控制自己的情绪，三思而后行，也不要轻易相信别人的话，自己永远是自己的太阳。

3. 善于控制情绪的小朋友有着很强大的人格魅力，这样的小朋友嘴角总是带着微笑，让人觉得舒服，站在人群中总是自带光芒。

4. 如果我们能控制情绪，说明我们是优雅的人；如果我们能控制心态，说明我们是成功的人。

5. 生活、学习中的弱者总是被坏情绪控制，因为这类小朋友没有能力控制坏情绪，所以只能任由它们"摆布"，让自己走向更糟糕的局面。

6. 生活、学习中，千万不要小瞧那些善于管理情绪的小朋友，懂得管理情绪的小朋友，更懂得管理好自己的人生，进而走向成功。

7. 懂得控制情绪的小朋友，遇到困难时，总能通过理智的判断和从容的行动，让自己摆脱困境。

8. 我们一定要学会控制自己的情绪，不要成为被坏情绪控制的人，

不要轻易发脾气，让自己的内心始终保持平和。

9. 不管遇到什么事，只有控制好自己的情绪，让自己冷静下来，才能做出正确的决定。

10. 如果我们连自己的情绪都控制不了，那么就算拥有全世界，也会被我们毁掉。

11. 善于管理情绪的小朋友，对人生有很多的感悟，有很多自己的见解，能在平凡的道路上成为不平凡的人。

12. 不管遇到什么样的事情，都有解决办法，当内心的怒气值达到巅峰，就会激化问题，让自己坠入无底的深渊。

13. 能控制情绪的小朋友，内心会更加平和，能用不一样的眼光去看世界，进而看到世界上更多美丽的风景。

14. 带着情绪说话，用恶语伤害别人的行为是最愚蠢的。

15. 要想管理好自己的人生，就要戒掉不良情绪。当别的小朋友挑衅自己时，以退为进，常常能够达到更好的效果。

16. 我们不仅要懂得知足、感恩，学会换位思考，不要自私自利，也要学会控制情绪，不要用情绪伤害别人。

17. 就事论事，往往有着很强的说服力，而带着情绪办事，不仅办

不成事，还会把事情弄得一团糟。

18. 对待不同的人，有不同的方式，只有控制好情绪，才能获得更多的真情！

19. 化解不良情绪最重要的一种方法就是与自己和解，忘记这件事带来的负面影响，让自己脱离坏情绪的束缚。

20. 勇敢面对负面情绪，用正确的方式表达自己内心的不悦，才是控制情绪的好方法。

21. 我们的情绪就像音乐指挥家手里的指挥棒，如果控制不好，演唱者就会唱出杂乱无章的乐曲。

22. 只有管理好自己的情绪，才能用积极、主动的心态去面对自己的人生。